たの神である主を愛しなさい。』これが最も重要な第一の掟である。第二
も，これと同じように重要である。『隣人を自分のように愛しなさい。』律
法全体と預言者は，この二つの掟に基づいている。」

（マタイによる福音書22章36-40節）

　キリスト教の教えは，神を愛することと，自分を愛するように隣人を愛する
ことに集約される。そしてその　　　　　　古の性質は「シャローム」（平和）
なのである。キリスト教が最も　　　　　　　　　　との平和，そして
②隣人（他者）との平和を愛を　　　　　　　　　　れに加えて，
自己受容も含めた③自己との　　　　　　　　　　界を大切に
する④自然環境との平和も，シャローム

　シャロームとは，旧約聖書が書かれているヘブライ語　　　」と訳される
ことの多い語であるが，非常に包括的な言葉である。戦争がなく平和であり，
経済的に豊かであり，社会的な正義が実現されており，経済的にも文化的にも
繁栄している状態，安定した社会を意味する。また良好な国内及び国際関係，
友好的な人間関係，健康，心の平安，安心を意味する。そしてシャロームは，
神との信頼関係，愛の関係の上にあるものであり，神からの贈り物として理解
されるものである。

　広い意味では，シャロームには，平和構築，安全保障，民族間の共生，共存，
和解，フェア・トレード，環境保全，また平和を促進する土壌づくり，人の尊
厳が尊重される社会構築に含まれるあらゆるものも含まれるといってよい。

　キリスト教的平和の語として，シャローム（ヘブライ語），エイレーネー（ギ
リシア語），パックス（ラテン語）がある。3年間の研究においては社会学的観
点から，シオニスト的ニュアンスのある「シャローム」を避け，「エイレー
ネー」（新約聖書が書かれたギリシア語での「平和」）を用いていた。しかしキリス
ト教における「エイレーネー」は本来シャロームが持っていた内容を受け継い
でいるので，出版に際しては「シャローム」を用いることにした。

　本書においてそれぞれの研究者は，自らの研究領域で，シャロームとシャ

ロームに含まれるそのような広い内容を共通の核として意識し，各章を執筆している。そしてシャロームの理解はそれぞれの研究者に委ねられている。

　３年間の研究活動を終え，第１期生を送り出し，４年目の2019年度にも出版のための研究会を持ちながら準備を行ってきた。
　敬愛する先生方と共にこの研究を進めてこられたことを嬉しく思っている。

　本研究および出版は，青山学院大学総合研究所の支援によって行われたものであり，感謝を申し上げたい。

研究代表　藤 原 淳 賀

青山学院大学総合研究所叢書

地球社会共生のためのシャローム

藤原淳賀・真鍋一史・高橋良輔 [編著]

ミネルヴァ書房

まえがき

　本書は，青山学院大学地球社会共生学部の専任教員を中心とした研究プロジェクト「多元共生の思想と動態：現代世界におけるエイレーネーの探求」(2016-2018，青山学院大学総合研究所・キリスト教文化) の研究成果である。この研究に東方敬信先生 (青山学院大学名誉教授) が加わってくださったことに感謝している。この「エイレーネー」また本書のタイトルに用いられている「シャローム」は聞き慣れない言葉かと思うが，基本的には「平和」を意味している。その語の詳細については第 1 章で論じる。

　地球社会共生学部は青山学院大学の10番目の学部として2015年 4 月に開設された。地球社会共生学部には 4 つの専門領域が設けられている。「コラボレーション領域」「経済・ビジネス領域」「メディア・空間情報領域」「ソシオロジー領域」である。そしてその中心にあるのは平和的共生・共存を求めていくキリスト教的精神である。

　青山学院の教育方針は以下のように銘記されている。

　　　　青山学院の教育は
　　　　キリスト教信仰にもとづく教育をめざし，
　　　　神の前に真実に生き
　　　　真理を謙虚に追求し
　　　　愛と奉仕の精神をもって
　　　　すべての人と社会に対する責任を
　　　　進んで果たす人間の形成を目的とする。

　地球社会共生学部，第 1 期生の入学式当日2015年 4 月 1 日，表参道のカフェ

で，同僚で初等部から青山学院出身の高橋良輔教授と，青山学院の設立理念であるキリスト教を統合理念においた共同研究を行いたいという話をした。まさに学部の開始初日に構想が始まった。そして青山のキリスト教精神を深く尊重しながら研究を進めてこられている重鎮，真鍋一史教授にまず相談することにした。（本書の出版においてはこの3人が編者となったのだが，真鍋先生が編集上の多くの労を取り若い研究者をご指導くださったことを記しておきたい。）そして関心のある先生方にお声がけした。それが青山学院大学総合研究所のキリスト教文化部門研究に採用され，3年にわたって研究会を重ねてきた（2016-2018年度）。

本研究は，各研究者がそれぞれの専門領域の研究を行う中で，扇の要のように，キリスト教的平和（シャローム）を置きまとめた，青山学院大学地球社会共生学部らしい共同研究である。

新しく船出したばかりの学部であり，何事も始まりはそうであろうが，本当に様々な問題への対処が必要であった。それに加えて，地球社会共生学部では原則として学生を全員半年間，語学留学ではなく正規留学に送り出す。素晴らしい事務職員の方々に恵まれたが，担当の教員も非常に多くの責任を負わなければならなかった。多くの犠牲があった。どうしても途中で研究継続が困難になった先生方もおられた。ご無理を言って残っていただいた先生もいる。そして新たに学部に加わって来られた若手の先生方がこのプロジェクトに加わってくださり研究を進めてきた。

シャロームに含まれる内容

どの学問領域でもそうであろうが，その本質を一言で言える人は，本当にその内容を熟知している。

キリスト教の教えの中心は何であろうか？　ある律法の専門家がイエス・キリストにこのことを問うている。

「先生，律法の中で，どの掟が最も重要でしょうか。」
イエスは言われた。「『心を尽くし，精神を尽くし，思いを尽くして，あな

地球社会共生のためのシャローム

目　次

第Ⅰ部

シャロームの理論

第1章
シャロームについて

　私たちは皆，平和を必要としている。19世紀には楽観的な雰囲気があった。ヨーロッパにおいては科学が発展し，生活水準も右上がりであった。キリスト教神学に関していえば，「罪」の問題は，無視されてはいなかったが，軽視されていた。

　20世紀は2つの世界大戦という人類史上かつてなかった凄まじい戦争を経験した。原子爆弾が作られ，使われ，地球を破壊するに十分なまでになった。20世紀の神学は，罪の問題，苦難の問題を大きく取り上げなければならなかった。[1]マーティン・ルーサー・キング Jr. 牧師（Martin Luther King, Jr., 1929-1968）の「われわれは兄弟として共に生きることを学ばなければならない。そうでなければ愚か者として滅びることになる[2]」という言葉は象徴的である。

　21世紀はテロと戦争をもって始まり，排他的ナショナリズムの高まりが世界中に広がっている。平和探求の重要性は以前にも増して重要な課題となっている。

　本章は，本書における「シャローム」が何を意味するのかを提示することを目的とする。本書は，広い意味におけるキリスト教社会倫理学研究であり，そこにおける中核的概念はキリスト教的平和としての「シャローム」である。したがって本章では，まずキリスト教社会倫理学とは何かについて概説し（第1節），平和主義を論じる（第2節）。そして最後に「シャローム」の内容を明らかにしていく（第3節）。

1　キリスト教社会倫理学

キリスト教社会倫理学とは

　キリスト教神学は最も古い学問の1つである。キリスト教は紀元1世紀における
その誕生からミラノ勅令（313）が出されるまで，ローマ帝国の公認宗教
ではなく，常に迫害される可能性があった。キリスト者は，殉教する可能性も
ある中で，自らのいのちをかける信仰が真理に根差していることを求め，神学
的な探求が必要とされた。また4世紀にローマ帝国の公認宗教となり，さらに
は唯一の国教となってからも，迫害の危険がなくなり，神学研究にエネルギー
を注ぐことができるようになった。

　中世に大学がつくられたとき，そこで研究・教育されたのは医学，法学，そ
してキリスト教神学であった。病院が医学を必要としており，法廷が法学を必
要としていたように，教会はキリスト教神学を必要としていた。神学の歴史は
常に教会の生活とともにあった。

　伝統的に，キリスト教神学は大きく4つの分野に分かれている。すなわち，
聖書学研究，歴史研究，実践神学研究，教義学研究である。聖書学では主にユ
ダヤ教研究とともに，聖書の研究が行われる。歴史研究では，キリスト教の歴
史および教理（教会の教え）の歴史を扱う。実践神学では，礼拝，説教，牧会，
伝道，また最近ではカウンセリングなどについても扱う。教義学は，組織神学，
弁証学，倫理学に分かれている。教義学は聖書学，歴史研究を用い，教理を研
究する。組織神学は教理を体系的，総合的に研究する。弁証学は，その時代に
キリスト教に対して向けられている問いに答え，キリスト教の正当性を論じる。
倫理学は，キリスト教と現実社会との関わりを論じる。それは実践的な研究で
ある。そこにはキリスト者の個人倫理だけでなく社会倫理が含まれる。個人倫
理はキリスト者としていかに正しく，「蛇のように賢く，鳩のように素直に」
（マタイ 10：16）生きるかということが論じられる。キリスト教社会倫理学は，
社会において，キリスト教的真理，価値観がいかに実践されるべきか，またさ

れ得るのかを論じる。特に自由，平等，尊厳，人権，経済秩序，政治体制，平和，暴力（戦争）といった問題がその考察には含まれる。

　時間論的観点からみると，学問研究というものは，基本的に後ろ向きの「反省」(reflection) 的行為である。過去の研究成果に学び，事象を振り返り，熟考し，考察する。しかし，倫理学は，反省的研究に支えられつつ，それを前へと突破していく，キルケゴール的な意味での「直接性」の要素を含んでいる。[5]信仰の行為というのは常に直接性の行為であるが，キリスト教倫理学は，過去の研究に支えられながら，今ここにおいて，「それではいかに生きるべきか」という問題を扱う。

キリスト教社会倫理学としての本研究

　青山学院はキリスト教学校であり「キリスト教信仰にもとづく教育」をめざしている。[6]本書における各研究は，必ずしもキリスト教信仰の視点からなされているわけではないが，青山学院大学の教員として，キリスト教的価値であるシャローム（平和）の実現を念頭に置きながら，それぞれの分野での研究がされている。また本書の研究は青山学院大学総合研究所キリスト教文化研究部門の研究として行われてきた (2016-2018)。そのような意味で，本研究は広い意味でのキリスト教社会倫理研究である。

2　キリスト教社会倫理と平和主義

　人類は，平和を求めながら，争いを続けてきた。平和主義，特に「絶対平和主義」はキリスト教にその源流をみることができる。キリスト教はその初期から絶対平和主義という立場を統一見解として持っていたわけではない。しかしイエス・キリストの生き方に倣い，その教えに従う時に，人を殺すことはできないと考えた。

　しかし今日，キリスト教社会倫理における絶対平和主義は少数派である。なぜか？

　あるいはこう問うてもよいかもしれない。「キリスト教国はなぜ戦争を行うのか？」これはキリスト教倫理学を教えていく中で学生たちが最も関心を持つテーマである。

　学生たちは聖書を学び，イエス・キリストの教えを学ぶ。「だれかがあなたの右の頬を打つなら，左の頬をも向けなさい。」（マタイ 5：39），「敵を愛し，自分を迫害する者のために祈りなさい。」（マタイ 5：44）。しかしながら，（いわゆる）キリスト教国は武力をもって他国を攻めるのである。

キリスト教国はなぜ戦争を行うのか？

　（キリスト教国とも呼ばれる）アメリカ合衆国の大統領就任式では，聖書に手をおいて宣誓がなされ，牧師による祈り（Invocation, Benediction）がある。アメリカ合衆国は，世界最強の軍隊を持ち，数多くの戦争を行ってきた国でもある。第一次世界大戦，第二次世界大戦は，プロテスタント宗教改革の発祥の地ドイツから始まった。そして（いわゆる）キリスト教世界であるヨーロッパから広がっていった。さらには，ヒトラーの軍隊のほとんどは（ドイツの国教である）ルター派と，またカトリックのキリスト教徒であった[7]。これだけを考えても，（いわゆる）キリスト教国が，イエス・キリストの教えと生き方（に多少の注意を払いながらもそれ）を規範としていないことがわかるだろう。

　（いわゆる）キリスト教国は絶対平和主義に立っていない。では彼らはどこに立っているのか。またいつからキリスト教国は戦争をするようになったのか。

　結論を先取りするなら，（いわゆる）キリスト教国の立場は義戦論の枠の中に入る。戦うべき戦いがあると考えているのである。キリスト教がローマ帝国の国家宗教となる 4 世紀以降，その傾向は顕著になっていく。神を愛し，自分を愛するように隣人を愛し，暴力を用いない生き方[8]は，それを「絶対平和主義」と呼ぼうと呼ぶまいと，教会やキリスト者個々人の倫理ではありえても，国の政策にはならないのである。国策としては，自然法的理解に立つ「常識的」な戦争が排除されることはなかったし，政教分離が不十分な社会においては宗教的戦いも行われてきた。（いわゆる）キリスト教国は，最初から絶対平和主義で

はなかった。国家としての平和主義は，後述する「平和優先主義」にとどまらざるを得ない。

キリスト教の戦争と平和に対する態度：平和主義，義戦論，十字軍

　イエール大学神学部で長く歴史を教えていたローランド・H. ベイントン（Roland H. Bainton, 1894-1984）は，30年以上かけて『戦争・平和・キリスト者』を書き，キリスト教の平和と戦争に対する態度を論じている[9]。彼は，2000年にわたるキリスト教の歴史を概観し，キリスト教の戦争と平和に対する態度を3つに分けている。すなわち，平和主義，義戦論，そして十字軍である。そして「年代的にもこの順に起こっている」という[10]。

　初期のキリスト教は暴力を認めず，平和を非常に重んじた。それはだいたい4世紀まで続く。1世紀におけるその始まりから，キリスト教は，発祥の地パレスチナにおいてもローマ帝国の他の地域においてもしばしば迫害の対象となっていた。その大きな理由は，キリスト教徒は偶像礼拝をせず，当然のことながら皇帝崇拝をしないということにあった[11]。キリストに従順に生きようとしていた教会にとって，迫害に対して暴力で立ち向かうという選択肢はなく，多くのキリスト者は苦難を甘んじて受けていた。教会は，軍隊の警察機能は認めていたが，殺人は否定していた。使徒言行録10章には異邦人（ユダヤ人以外の人）最初の回心者としてイタリア隊の百人隊長コルネリウスの物語が出てくる。しかしそれ以外では，ベイントンによると，キリスト者の軍役の最古の記録は173年にみられる。軍役に対する批判の声は4世紀のコンスタンティヌス帝の時代まで続く。西方教会よりも東方教会の方が軍役には批判的で，東方教会では250年まで軍役に就いたキリスト者の記録はない[12]。

　大きな変化が起こるのは4世紀である。4世紀の始めにはディオクレティアヌス帝（284-305）による大迫害が起こる（303-311）[13]。しかしその10年後にはコンスタンティヌス帝のミラノ勅令（313）によってローマ帝国の公認宗教と認められ，キリスト教に対する迫害は終わる。さらにはテオドシウス帝のもとキリスト教はローマ帝国の唯一の国家宗教となる（392）。この90年の間に，大迫

害から帝国の国教となるという凄まじい変化を経験するのであるが，キリスト教は，それまでの，明確な信仰を持った信仰者の教会（believers' church）から国家教会（state church）へと変わっていくことになる。ここで，いわゆるキリスト教国が生まれてくるのである。

　初期のキリスト教では，迫害を覚悟して洗礼を受ける必要があったが，帝国の国家宗教となっていく中で，その性質は変化していく。真剣な信仰者に対する高い基準は以前と変わらず保持するのであるが，そこまでの高い意識を持っていない「すべての人々」を包括する緩やかな国家宗教としての役割が要求されるようになる。メノナイトの神学者ジョン・H. ヨーダー（John Howard Yoder, 1927-1997）の表現を用いるなら，郵便局が国家の通信部門を担うように，教会は国家の宗教・道徳部門を担うことが期待されていく。神に仕えることに加えて，国家に仕えるという役割が生まれてくる。

　また当然のことながら，ローマ帝国には軍隊があり，キリスト教徒となった皇帝たちも，その振る舞いにおいては，キリスト教徒ではない皇帝とほとんど変わらなかった。現実社会の中で生き残り，国を統治するためには，新約聖書のイエス・キリストの倫理は，皇帝にとって実行不可能な「理想」であったし，おそらく実行するつもりもなかったであろう。

　さらには，4世紀にはゲルマン人の大移動（375）があった。ゲルマン人はローマ帝国内に徐々にそして様々なかたちで侵入し，略奪や戦いが起こった。そしてついにローマが陥落する（410）。ゴート族によるローマ略奪である。

　北アフリカ，ヒッポの司教となるアウグスティヌス（Aurelius Augustinus, 354-430）が生きていたのはそのような困難な時代であった。アウグスティヌスは愛を重んじ，また決して好戦的な人ではなかったが，武力を用いてでも異教徒の蛮族からキリスト教国ローマ帝国をそして市民を守ることは当然のことと考えた。彼は義戦論を体系的に発展させているわけではないが，やむを得ず行われるべき正当な戦争はあると考えた。アウグスティヌスはヒッポがヴァンダル人に包囲されている中で76歳の生涯を閉じる。

　義戦論はストア派の哲学に源流をみる自然法的な考え方である。秩序の回復

と正義の確立を目的として，不当に攻撃を受けた時，また後には取られたものを取り返すために，武力の使用を認める。したがって本来必ずしも宗教的土台を必要とするものではない。

　アウグスティヌスはキリスト教の立場から，旧約聖書に記されたいくつかの戦争を正当なものと考え，またそれ以外にも正当な戦争はあったと考えた。キリスト教がローマ帝国の国教になったことで，彼は，旧約聖書のイスラエルの戦争と似たものになったと考えたようである。(16)アウグスティヌスは戦争が正当であるためのいくつかの制限を設けている。それは愛を動機とすることであり，また戦いは軍人に限られるというものである。聖職者は戦ってはならなかった。この頃からキリスト教世界において義戦論が主流となっていく。395年のテオドシウス帝の死後，ローマ帝国は東西に分裂する。西ローマ帝国は100年ももたず，476年に終焉を迎える。しかしキリスト教に改宗したゲルマン人たちによりキリスト教世界は存続していく。戦いによって西ローマ帝国を滅ぼしたゲルマン人のキリスト教が平和主義に向かうということはなく，彼らのキリスト教が戦争を完全に否定することはなかった。

　十字軍が出てくるのは，ゲルマン人によって一度破壊され，7世紀に現れたイスラーム勢力によって領土を失ったヨーロッパが，外に向かっていく力をつけた11世紀である。西ヨーロッパは，800年以降，統一感と力を取り戻し勢力を増して行く。そこでは世俗国家（フランク王国）とローマ・カトリック・キリスト教が，手と手を取り合って，国家の安定とキリスト教世界の確立を進めていくことになる（神聖ローマ帝国）。

　正義の戦いは，宗教的な動機を必ずしも要求せず，自然法的・理性的な判断によって行うことが可能である。しかし十字軍は宗教的動機による戦いである。クレルモン教会会議（1095）における教皇ウルバヌス 2 世の呼びかけに応じ，十字軍は，聖地エルサレムを，巡礼のために，異教徒の手から解放するため旅立っていった。かつて救い主イエス・キリストが，人類を罪からの贖うために自らの血を流して十字架に架られたエルサレムに，十字軍は皆殺しの戦いのために向かったのである。(17)また十字軍は異端に対しても送られている。

十字軍的戦いを支持する人は今日ほとんどいない。ただ，すべての戦争を義戦論か十字軍かのどちらかに分類することはできず，両方の要素が混じっていることが多い(18)。

このように，平和を重んじ，非暴力・絶対平和主義的な道を歩んでいたキリスト教は，4世紀に義戦論を受け入れ，11世紀には十字軍を送り出した。しかし，中世の間にも，少数ながら死刑も否定するような平和主義の共同体は存在した(19)。

ルネッサンスの影響を受けたプロテスタント宗教改革者たちは，近代の始まりに，聖書の原典研究を重んじた。ルターやツヴィングリ，カルヴァンといった国家教会を保持した宗教改革者たちは，絶対平和主義ではなかった。しかし新約聖書の研究から，国家教会を離れて，初期キリスト教の信仰の回復を求めるグループが生まれてくる。再洗礼派である。彼らは国家教会を離れ，絶対平和主義を主張し，今日に至るまで非暴力のキリスト教の伝統を紡いでいる。

これまでの歴史からわかることは，国家は，また国家教会は絶対平和主義には向かわないということである。平和主義へと向かうのは，自らを国家と同一視せず，信仰者からなる教会（believers' church）として，社会をいかに導こうかと上から目線で考えず，新約聖書を重んじ，イエス・キリストの教えに誠実に従い人々を愛そうとする教会である。それはしばしば少数派で，世とは異なるもう1つの社会（alternative society）として生きようとしている。絶対平和主義は個人的確信および教会的確信として生きられるものといってよい。

2つの平和主義

平和主義とは，暴力を用いることなく問題解決を求める態度を意味する。それは戦争といった暴力的手段を否定し，非暴力的手段による問題解決を求めていく。

人は皆，平和を求めている。平和主義者だけが平和を求めているわけではない。「正義の戦い」の伝統に立つ人たちは，軍備を持つことなく，あるいは戦うべき戦いを避けて，平和をもたらすことはできないと考えている。大きな悪を抑えるためには，小さな悪をもって戦わなければならないと考えている。

「平和」を唱えているだけで平和が実現されるわけではなく，厳しい現実社会の中ではリアリスティックな効果のある対応が必要だと考える。そうしないことは「無責任」だと考える。

　この2つの立場の違いは，平和をもたらすための「手段」として，非暴力的手段だけが用いられるべきか，暴力も用いてもよいのかということである。またもたらそうとしている平和が，戦争と戦争の間の状態（第3節で論じる本来の意味でのエイレーネー）なのか，完全なる平和（シャローム）の実現なのか，にも関わってくる。

絶対平和主義　　日本大学の松元雅和准教授（1978-　）は「絶対平和主義[20]」
（Pacifism）　（Pacifism）と「平和優先主義」（Pacificism）を区別して論じ
ているが，この区別は有益である[21]。絶対平和主義は，どのような場面でも無条件に非暴力の立場を取るものであり「絶対平和主義者の最優先課題は，あくまでも自己の内面的良心に忠実であることに置かれ」，「政策や制度の次元には必ずしも直結しない[22]」という。これは正しい。上述のように，キリスト教的絶対平和主義は，キリスト者の倫理，教会の倫理とはなっても，様々な価値観や宗教的立場の人々を包括した国の政策にはならないのである。また絶対平和主義は「個人的信条としての非暴力の教え」とみているがそれもかなり正しい。そしてレフ・トルストイをこの立場の例として挙げ，絶対平和主義のルーツをキリスト教にみていることにも同意したい[23]。

　ただキリスト教は，単なる個人的信条を越え，教会として共同体的告白として，「イエスは主なり」と告白して生きる時に，人を殺すことはできないと，その最初の2-3世紀の間考えていたということも事実である。松元氏ご自身も言及しておられるが，宗教改革の後に生まれた再洗礼派の教会（平和教会）は今日に至るまで平和主義を貫いてきた。またそれ以外に，中世の間にも，数は多くはないが，平和主義の共同体があった。したがって，絶対平和主義は，単に個人的信条としてではなく，信仰共同体的告白でもあることを指摘しておきたい[24]。

　実はこの平和主義の共同体的性格は，平和を作り出していく徳を考えるときに非常に重要である。特に人格論的倫理学はこのことを重んじる。「行為それ

自体」だけでなく，行為を行う主体の人格，徳，性質がそのような行為へと繋がると考えるからである。そしてそのような人格は，その人が大切にしている共同体の中で養われるのである。

　オックスフォード大学で長く教えたジョン・マッコーリー（John Macquarrie, 1919-2007）は，ヘブライ語のシャローム（平和）は，包括的なキリスト教の美徳を表す言葉であり，私的あるいは個人的美徳（あるいは個人的救い）といったいかなる概念をも超越しており共同体における人間の真のありかたに関わるものである，と記している。またデューク大学名誉教授スタンリー・ハワーワス（Stanley Hauerwas, 1940- ）は，今日，最も影響力のある平和主義の神学者であるが，個人の平和を作っていく美徳は，平和を作ることを可能にする共同体（peaceable community）の中で形成されるものであり，またそのような共同体は，平和を作る物語を生きることで形成されると論じている。決して平和主義ではないアメリカ合衆国の『Time 誌』（2001.9.17号）がハワーワス教授を「アメリカの最も優れた神学者」（America's Best Theologian）と評したのは，21世紀初年の9.11のテロと期を同じくしており，非常に印象的な出来事であった。

　キリスト教人口 1 ％前後の日本のキリスト教は絶対平和主義の立場を取っているが，日本のキリスト教は政治的主導権を取ることは考えていない。キリスト教徒が多い諸外国のキリスト教においては，絶対平和主義は少数派である。彼らは現実的な対応を考え，正義の戦いも必要だと考える。

　キリスト教的絶対平和主義は，結果を計算した上で導き出される「手段」ではなく，あくまでも神への愛と従順，他者への愛を求める態度から導き出される「生き方」である。倫理学の種類でいえば動機論的倫理あるいは義務論的倫理であり，あるいは平和を作り出す人格形成の大切さを重んじるという点では人格論的倫理（徳の倫理）といえよう。絶対平和主義は，結果から考える功利主義的な倫理ではない。

平和優先主義
（Pacificism）　平和優先主義は，どのような場面でも暴力を用いないということではなく，いわば「条件付平和主義」である。平和優先主義は，原則として非暴力の手段を尊重する。しかし例外を認める。悪があま

りにも大きい場合には，暴力を用いてでも止めなければならないケースが存在し得る，と考える。しかし多くの場合，暴力的手段は，破壊的な結果を生み出し，人々の幸福に貢献しない。そのため平和優先主義は，ほとんどの場合，非暴力的手段を選ぶ。平和優先主義とは，基本的に功利主義的な考え方である。

　1世紀のキリスト教の始まりからみられるキリスト教絶対平和主義と異なり，平和優先主義が明確な形を取るのは19世紀以降である。またこれは「個人の生き方に直接関わる問題」ではなく，「政治的選択としての非暴力」の態度であるという。

　このタイプの代表として，松元氏は，核兵器の廃絶を掲げた「ラッセル=アインシュタイン宣言」(1955)や『西洋哲学史』で有名なバートランド・ラッセルをあげている。ケンブリッジ大学出身の数学者でありまた思想家であったラッセルは，無神論者であり，現実的な平和主義者であった。もっとも彼の平和主義への傾倒のゆえに彼はケンブリッジでの職を失うことになるのだが。ラッセルは基本的に平和主義であるが，全面的に暴力を否定したわけではなく，ナチス・ドイツに対する戦争は支持している。

普遍的平和主義，私的平和主義，公的平和主義

　松元氏はまた，平和主義の範疇を私的場面と公的場面に分けて考察し，普遍的平和主義，私的平和主義，公的平和主義を区別する。普遍的平和主義はいついかなる場合でも暴力の使用を否定する。トルストイにみられるように，私的場面でも公的場面でも非暴力の立場を取る。いついかなる場合でも暴力を用いない。それに対して，私的平和主義とは，国防等の公的場面では暴力を用いなければならないこともあるが，私的場面では暴力を用いてはならないと考える。アウグスティヌスはこの立場である。アウグスティヌス自身は，1人のキリスト者として人を傷つけるようなことはしないが，国家は民を守るために武力を用いることが許されると考えた。公的平和主義は，家族や恋人を守るという私的場面では必ずしも暴力を否定しないが，公的場面での暴力を否定する。ガンジーがこのカテゴリーに入る。非暴力的手段を用いるのは，それが望ましい結

果を手に入れるために最もよい手段であるからである。

　ここで重要なのは，私的領域と公的領域を区別するという考え方である。こ
れは愛と平和との関係について考察する際に言及したい。

カール・バルトの実際的平和主義

　平和優先主義との関連で，キリスト教の思想家として，20世紀を代表するス
イスのプロテスタント神学者カール・バルト（Karl Barth, 1886-1968）を紹介し
ておきたい。バルトは，一般的な平和優先主義よりもさらに絶対平和主義に非
常に近い立場を取っていた。彼は正当防衛すらも否定し，右の頬を打たれたら
左の頬を出すというイエス・キリストの教えを，単なる天の理想主義として退
けてはならないと考えた。しかしバルトは，絶対平和主義を名指しで批判して
いる。そして「新約聖書的意味では，われわれは原則的平和主義者とはなれず，
ただ実際的平和主義者となれるのみである」という。

　バルトがそのように主張する根拠は神の絶対的主権にある。バルトは，絶対
者である神は絶対的な主権と自由を持っているのであり，平和主義という「主
義」の枠の中に閉じ込めることはできないと考えたのである。そして限界状況
（Grenzfall）において神は特殊な例外的命令をされる可能性があることを否定
できないとした。そしてバルトは，第二次世界大戦中，母国スイスのために銃
を取った。

　神が，人間の考える法則や原理によって支配されることはないというのは神
学的に正しい。この点に関してはバルトを支持したい。ただし，バルトはキリ
スト教民主主義国スイスを守るための戦いを神の命令と考えたが，その根拠は
不明瞭であると言わざるを得ない。われわれは，特に自国が関わる時，ダブ
ル・スタンダードとなりやすい。何をもって「例外」とすべきかという基準が
容易に曖昧になることを覚えておかなければならない。

　絶対平和主義と平和優先主義のどちらを選ぶべきかという議論は，共同研究
である本書では行わない。ただ以下のことは指摘しておきたい。それは，目的
が手段を規定するということである。

目的が手段を規定する[35]

キング牧師は，1950，60年代，黒人の市民権獲得のために戦っていた。しかし，彼がめざしていたものは黒人の権利取得だけではなかった。彼は，人々が兄弟姉妹として生きる，愛のあるコミュニティ（beloved community）の構築をめざしていたのである[36]。

法的に対等な権利を得たとしても，人々が赦し合うことなく，敵対し，憎しみを持ち，猜疑心を懐きながら不安の中で生きるのでは，そこには平和な暮らしはない。キング牧師は，差別を超えた，愛のある共同体が築かれなければならないと考えていた。

暴力によって市民権を勝ち取ったならば，必ず憎しみや恨みが生まれる。傷つけられた者はその痛みを忘れず，その子や孫にまで負の連鎖が続いていく。愛のあるコミュニティを作り上げていくためには，非暴力と愛による戦いが行われなければならないと考えたのである。

目的が手段を決定する。

キリスト教においては，その最終的なゴールは終末論的な神の国となる。われわれが今生きている地上の生活がすべてではなく，それを超えた永遠の神の国がその視野に入ってくる。その原理は神の愛である。神の愛と平和が満ち満ちた終末的な神の国を見据えながら，この世における社会変革，発展を考える。それがキリスト教的社会倫理の方向性となる。この地上における平和実現の手段は，神の国の方向に沿ったもの，不十分であっても神の国に向かう一里塚として相応しいものでなければならない。

現実社会における，歴史的一里塚としての平和は，愛のある共同体の構築に向かうべきだと私は考えている。猜疑心を持ち，ただ共存するだけではなく，互いを受け入れ，支える，そのような共同体を育むことがなされていかなければならないと考えている。そしてそれに相応しい手段が選ばれなければならないと考えている。

3　シャローム（平和）

シャローム，エイレーネー，そしてパックス

　ユダヤ教の聖典である聖書（キリスト教にとっての旧約聖書）は，基本的にヘブライ語で書かれている。パレスチナを離れて地中海沿岸に移り，ヘブライ語を解せずギリシア語を話すようになったユダヤ人のために，紀元前 3-2 世紀にギリシア語に翻訳されるのだが，それは70人訳聖書（LXX）と呼ばれる。

　アレクサンドロス大王（356-323 BC）の東征以後，コイネー・ギリシア語が広い地域で共通語として広く用いられていく。イエス・キリストや弟子たちが話していた言語はアラム語であるが，キリスト教が生まれた 1 世紀のローマ帝国の共通語はギリシア語であり，新約聖書はコイネー・ギリシア語で書かれている。その後ヒエロニムス（Hieronymus, 347頃-420）がまとめ，翻訳したラテン語の旧新約聖書（ヴルガーター）がカトリック教会では広く用いられていくようになる。このため聖書の研究はヘブライ語，ギリシア語，またラテン語を視野にいれなければならない。

　「シャローム」（שָׁלוֹם, šālôm）は旧約聖書が書かれているヘブライ語で平和を意味する。それは70人訳聖書では「エイレーネー」（εἰρήνη, eirēnē）と訳されており，ヴルガーターでは，「パックス」（pax）が用いられている。

　古典ギリシア語のエイレーネーやラテン語のパックスと比べると，シャロームは非常に豊かな内容を含んでいる。古典ギリシア語におけるエイレーネーは，戦争と戦争の間の休戦期，「戦争がないという意味での『平和の状態』」を意味していた。戦争は常に起こるものであることが前提とされていた。またエイレーネーは，人々の関係や態度について用いられる言葉ではなかった。エイレーネーは単に戦争が行われていない状態を表す言葉であった。ラテン語のパックスは，当事者間の法的関係概念として戦争がない状態を意味する語であった。したがってラテン語を前提とするローマ社会において「エイレーネー」が用いられる時，ローマ皇帝が治める地中海世界において *Pax Romana*

（ローマの平和）の法的安全性が日常生活で保たれており，戦争が起こっていない状況を表していると理解することができる。[37]

　次にシャロームである。シャロームが用いられる時，常に宗教的な側面が取り立てて強調されているわけではない。ユダヤ教的世界観を前提としたうえですなわち神（ヤーウェ）との関係の中に生きているという理解のうえで，一般的な意味でも用いられている。シャロームの根本的な意味は，物質的な側面に重点を置いた「満足できる生活状態」（well-being）である。シャロームは体の健康についても多く用いられている。シャロームはまた，しばしば，国家などの集団が繁栄している状態も表している。これは「平和」に近い意味となる。またシャロームが用いられている多くの聖書の箇所では「状態」よりも「関係」が重視されており，個人間の平和的関係も意味している。これはエイレーネーとの大きな違いである。そういう意味で，シャロームは基本的に社会的な概念である。シャロームは「契約」（covenant）関係の意味でも用いられている。契約によって，シャローム的なよい関係を結ぶという意味である。またシャロームは，出会う時，別れる時の挨拶にも使われる。シャロームはさらに心の煩いなく安心して元気に暮らすことができる状態，心の平安も意味する。[39]

　旧約聖書の社会倫理は必ずしも絶対平和主義というわけではなく，シャロームは戦争に勝利した後の状態にも用いられており，シャロームを得るために戦争を行うという理解があることも指摘しておかなければならない。非暴力的平和，善をもって悪に打ち勝つという，愛と赦しによる救い主の平和が現れるのは新約聖書に記されたイエス・キリストおいてである。[40]

　シャロームはまた明確に宗教的な意味で，神（ヤーウェ）との関係で多く用いられている。物質的な繁栄は神からの祝福として理解されている。シャロームは，神からのみ与えられるものであり，神からの贈り物である。[41]詩編85はそのよい例である。

　　詩編 85：9 わたしは神が宣言なさるのを聞きます。主は平和を宣言されます／御自分の民に，主の慈しみに生きる人々に／彼らが愚かなふるまいに

戻らないように。10 主を畏れる人に救いは近く／栄光はわたしたちの地に
とどまるでしょう。11 慈しみとまことは出会い／正義と平和は口づけし12
まことは地から萌えいで／正義は天から注がれます。13 主は必ず良いもの
をお与えになり／わたしたちの地は実りをもたらします。14 正義は御前を
行き／主の進まれる道を備えます。

　神が平和（シャローム）を宣言し，栄光が自分たちの地にとどまる。憐れみ
と真理とが出会い，正義と平和が口づけし，自分たちの地が実りをもたらすと
語る。憐れみと真理と正義をもって，神がご自分の民を救うことによって完全
なる地上でのシャロームが実現すると理解されている。

　このようにシャロームとは非常に包括的な概念である。戦争がなく，経済的
に豊かであり，社会的な正義が実現されている状態を意味する。人々の間の関
係が良好で，国々の関係が良好である状態も意味する。さらには肉体的に健康
で元気で安全で安心な状態も含まれている。そしてこれらすべての基盤にある
のが，神との正しい信頼関係である。

　米国のエデン神学校とコロンビア神学校で長く教えた優れた旧約聖書学者，
ワルター・ブルッゲマン（Walter Brueggemann, 1933- ）は，シャロームに含ま
れている３つの側面をあげているが，それは上記のシャロームの様々な要素を
まとめて理解する１つの有益な見方といえよう。それらは，天地創造における
完全な秩序と調和（本来われわれに与えられていたシャローム），正義と公平が実
現している歴史・政治・経済的側面（持てる者と持たざる者とがいる現実社会の中
でわれわれが実現していくべきシャローム），そして「共同体における，世話をし，
分かち合い，よろこびあふれる生を生きる人格によって経験される幸福という
シャロームの感覚」である。

　これらに加えて，シャロームには終末的な平和の完成という非常に重要な側
面がある。アダムとエヴァの罪によって失われたパラダイスの回復といっても
よい。

　以下の箇所は，終末的なシャロームのヴィジョンとして理解されている。

狼は小羊と共に宿り豹は子山羊と共に伏す。

子牛は若獅子と共に育ち小さい子供がそれらを導く。

牛も熊も共に草をはみその子らは共に伏し獅子も牛もひとしく干し草を食らう。

乳飲み子は毒蛇の穴に戯れ幼子は蝮の巣に手を入れる。

わたしの聖なる山においては何ものも害を加えず，滅ぼすこともない。

図1-1　Edward Hicks, The Peaceable Kingdom (1826), National Gallery of Art, Washington, DC
出所：https://www.walmart.com/ip/The-Peaceable-Kingdom-American-Folk-Art-Bible-Christian-Animal-Painting-Print-Wall-Art-By-Edward-Hicks/657363427

水が海を覆っているように大地は主を知る知識で満たされる。

（イザヤ書 11：6-9）

また以下は戦いに関する絶対的なシャロームの実現の終末的ヴィジョンとして理解されている。

　主は国々の争いを裁き，多くの民を戒められる。彼らは剣を打ち直して鋤とし槍を打ち直して鎌とする。国は国に向かって剣を上げずもはや戦うことを学ばない。
（イザヤ書 2：4）

　これらは，われわれが生きている現実社会ですぐに実現するものではないが，明らかに将来において神が実現される世界のヴィジョンとしてわれわれに示されている。

　さて，旧約聖書のギリシア語訳としての70人訳聖書では，エイレーネーは完全にシャロームの意で用いられている。ギリシア語のエイレーネーには本来なかった内容が，新たに加えられている。新約聖書のコイネー・ギリシア語のエ

図1-2 "Let Us Beat Swords into Ploughshares" by the Soviet sculptor Evgeny Vuchetich.

出所：https://www.unmultimedia.org/s/photo/detail/102/0102702.html

イレーネーも，同様に旧約聖書のシャロームの豊かさを含んで用いられている。そして恵み，いのち，正義，聖霊の働きとの関連でも用いられている。さらには魂の平安という意味でもしばしば用いられている。

新約聖書における平和の中心は，救いをもたらすイエス・キリストである。キリストは平和をもたらすだけでなく，キリストこそが「平和」であると新約聖書は語る。

新約聖書におけるエイレーネーは「福音の真髄」とみることができる。インディアナ州のアナバプテスト・メノナイト・聖書神学校名誉教授（新約聖書学）ウィラード・スワートリー（Willard M. Swartley, 1936-2019）は，新約聖書は，「*Pax Romana*」（ローマの平和）がどうしても成し遂げることのできなかったものを，「*Pax Christi*」（キリストの平和）が成就すると語っているという。イエス・キリストの誕生が記されている箇所では，平和の君，愛による神の平和をもたらすイエス・キリストと，武力による平和をもたらした帝政ローマの初代皇帝アウグストゥスが対比的に記されているとみることができる（ルカ2章）。また十字架への裁判としてユダヤ属州総督ポンテオ・ピラトのもとにキリストが連れて来られる場面でも *Pax Romana* と *Pax Christi* の緊張を読み取ることができる。このことはデューク大学のウィリアム・ウィリモン（William H. Willimon, 1946- ）も指摘している。無秩序と混乱は抑えられなければならない。ルカは *Pax Romana* の恩恵を肯定的に受け取っている。しかし *Pax Romana* 的平和を超える終末的な神のシャロームが，イエス・キリストとともに始まりつつあるという理解が新約聖書にはある。いまだ完成はしていないが，すでに始まっている。そのようなシャロームのヴィジョンに参与して生きるというこ

とを初期の教会は受け取っていたのである。

愛とシャローム

キリスト教の教えを一言で表すと何なのか。聖書は膨大なものであるが，その本質は何なのか。

どの学問分野の研究者であってもその本質を一言で表せる人は，包括的に内容を理解している熟練した専門家である。イエス・キリストは聖書の中で最も重要な教えは以下の2つであると教えている。すなわち「神を愛すること」，そして「自分を愛するように隣人を愛すること」である。[53]

神の愛を知り，その愛の内に生き，神を愛する。そして自分と同じように神につくられ愛されている隣人を愛すること。キリスト教のすべての教えはこれに集約される。この両方の教えの中心は「愛」である。動機としての純粋な愛であり，愛のゆえに現れる行いとしての愛が問題となる。信仰，希望，愛は，キリスト教における中心的な徳であるが，その中で最も重要なのは愛である。[54]

このキリスト教にとって中心的な「愛」と本書の中心テーマである「シャローム」との関係について考えるとき，ジョン・マッコーリーの考察は有益である。彼はかつてニューヨークのユニオン神学校（Union Theological Seminary）でも教えていたのであるが，その神学には，20世紀前半に30年以上ユニオン神学校で教えていたキリスト教現実主義（Christian Realism）のラインホールド・ニーバー（Reinhold Niebuhr, 1892-1971）の影響を見ることができる。ニーバーは，その著『道徳的人間と非道徳的社会』が示すように，個人倫理と社会倫理の緊張を常に意識していた。かつてデトロイトで牧師をしていたニーバーは，教会では良心的な人が，企業や社会においてはより自己中心的になり，弱肉強食的論理で動くのをみていた。[55]

マッコーリーは，社会倫理の領域を2つに分ける。1つは，家族や親しい人たちとの関係である。ここにおいては良心的な関係を持ちやすい。このような関係は数十人以上にはならない。そしてもう1つはそれを遥かに超える，具体的に個人的関係を持っていない人々との関係である。例えば国家間の関係はこ

のようなものである。そこでは，個人的に知らない人々を「非人間化」し，冷淡な関係になる傾向が強い。もし冷淡でなくても，それは政府や国際機関を通しての関係であり，抽象的な関係である。

　マッコーリーは，今日，信仰，希望，愛は，個人的な生における性質として捉えられる傾向があり，「その高さ，広さ，長さ，深さを把握できなく」なっているという。そして「キリスト教的生の冠は，まちがいなく，平和という共同体的美徳でなければならない」という。また彼は，平和と愛は対立するものではなく，「正確に言えば，平和とは，社会的あるいはグローバルな仕方に翻訳された愛」だという。マッコーリーは「平和」を「愛と共に正義をも意味する」ものとして捉えており，「個人的美徳を単純に社会的形態に翻訳するだけでなく，多くの美徳を集め，新しいレベルでの複合体に転換したもの」でなければならないと考えている。

　さて，イエス・キリストは，隣人を愛することの大切さについて教えた際，「では私の隣人とは誰か？」という問いをある律法の専門家から受ける。それに対して，有名な善きサマリア人の話をされる（ルカ 10：25-37）。あるユダヤ人がエルサレムからエリコに下る途中で追いはぎに襲われ，半殺しにされた。祭司がその道を通るが，道の反対側を通り過ぎる。レビ人も同様に通り過ぎていく。しかしユダヤと敵対関係にあったサマリアの旅人が彼のことをかわいそうに思い，手当てをし，ろばに乗せて宿屋に連れて行き，介抱する。翌日，宿屋の主人にお金を渡して介抱を頼み，足らなければ，帰り道に支払うという。当時ユダヤ人とサマリア人は互いに相手を隣人とは考えていなかった。しかしこのサマリア人は民族間の抽象的な憎しみを超えて，具体的な隣人となることを選び，愛したのである。そしてその質問者に「行って，あなたも同じようにしなさい」と言われた。

　マッコーリーは，ユニオン神学校時代の同僚ダニエル・D. ウィリアムズ（Daniel D. Williams, 1910-1973）の「愛には知性が必要である」という言葉を引用する。愛とは，単なる情緒ではない。われわれは愛を実践するための方策を冷静に考えなければならないという。

　マッコーリーはイマジネーションを働かせ，善きサマリア人の物語を膨らませて考える。善きサマリア人が強盗についても思いを馳せたらどうするであろうか。強盗はなぜきちんとした職業に就かず犯罪を犯したのか。善きサマリア人は，エリコの住宅環境，学校，雇用条件，娯楽施設を調べ，若者たちが犯罪に関わらないですむような社会を作ろうとするであろう，という。[59]

　これはキング牧師の1967年のスピーチ「ベトナムを超えて」をわれわれに思い起こさせる。彼は，善きサマリア人の行為は始まりに過ぎず，「私たちは，いつの日か，人生のハイウェイの旅路で人々がいつも殴られ，略奪されなくても良いようにエリコの道全体が新しくされなければならない，ということに気付かなければならない」という。[60]

　愛は，必ずしも個人的なレベルでのみ捉えられなくてもよいであろう。また平和も社会的レベルでのみ捉えられなくてもよい。しかし平和を社会的，グローバルな次元で考えるとき，個人的親切さだけでなく方策に翻訳されていくことが必要になる。マッコーリーもキングもそのことを言っているのである。

　マッコーリーは，平和は人々の繁栄の基礎であり，個人的なレベルでの愛に対応したグローバルな美徳だという。[61]単に戦争や暴力がないというだけではなく，包括的なシャロームが実現しなければならないという。人々の間の和解，正義の実現，環境世界との一致，そして神との一致がなければならないという。愛を平和として実現させるためには，経済政策，社会政策，科学技術など多くの要素に加えて，「意志や動機づけといった宗教の役割」がある，という。そして「それは，結局あるヴィジョンから生まれてこなければならない」ものであると語る。[62]

　マッコーリーは，愛を具体的な状況の中で実践するヴィジョンの必要性を訴えるが，それ以上は論じていない。ブルッゲマンのシャローム理解に触れたときに，終末的なシャロームのヴィジョンについて言及したことを思い起こしてほしい。そして旧約聖書イザヤ書の終末的ヴィジョンを引用した。そのヴィジョンを念頭に置きつつ，南アフリカ，ケープタウン大学名誉教授ジョン・W. デ・グルーチー（John W. de Gruchy, 1939- ）のヴィジョンとシステムに関

する考察を紹介したい。

ヴィジョンとシステム

　デ・グルーチーは『キリスト教と民主主義』においてキリスト教と民主主義の関係について論じるのだが，「民主主義のシステム」と「民主主義のヴィジョン」を区別する。民主主義のシステムとは立憲的な原理と手続きであり，それは何世紀もかけて徐々に発展してきたものである。今日では，成人の普通選挙，有権者の代表による立法府，多数決による決定，法の支配，法の下における平等，司法の独立，言論の自由，信教の自由，結社の自由，報道の自由，教会と国家の分離といったものが含まれる。

　では民主主義のヴィジョンとは何か。それは「すべての人が真に平等でありながらしかも各自の違いが尊重されるような社会，すべての人が真に自由でありながらしかも個人の私利私欲より社会的責任の方が重んじられる社会，そして真に公正でありそれゆえに甚だしい貧富の差が克服された社会，そうした社会を求める希望」であるという。そしてデ・グルーチーはその民主主義を発展させてきたヴィジョンは旧約聖書の預言者的ヴィジョン，神のシャロームのヴィジョンであったというのである。

　　民主主義の〈ヴィジョン〉は，民主主義の〈システム〉の象徴的な発祥地である古代ギリシアというよりも，古代イスラエルの預言者たちの使信，なかんずく神の〈平和（シャローム）〉の支配が実現される社会に対して彼らが抱いていたメシア的希望に淵源する。

　デ・グルーチーは，民主主義を単なる手続きやシステムに還元することはできないという。「民主主義とはむしろ，不断に正義を探求し続けること」であり，よりよい社会，より平等で，自由で，公正で，人々が生かされる社会というヴィジョンと，そのヴィジョンに引き上げられて生まれてくるシステムだというのである。だから「この民主主義のヴィジョンに，民主主義のシステムは

仕える努力をしなくてはならないのである。」[67]

　デ・グルーチーは，ハーバード大学とエモリー大学で長年教えてきたハロルド・バーマン（Harold J. Berman, 1918-2007）の言葉を引用して民主主義とキリスト教の関係を語る。「『自由民主主義は，西洋史における最初の偉大な世俗的宗教──伝統的キリスト教から離婚した最初のイデオロギー──である。』しかし離婚とは，以前は結婚して多くを共有していたことがあり，離婚した後においてさえも過去の関係を完全には断ち切れないパートナー」であり，「民主主義はキリスト教から『聖なるものに対する感覚と，その主要な価値の一部とを』引き継いだのである。」[68]

　西洋キリスト教世界に源流を持つ近代自由民主主義は，旧約聖書の預言者的ヴィジョン，シャローム（平和）のヴィジョンに導かれ続けて，キリスト教的エートスに養われて今日まで発展してきたとデ・グルーチーはみている。近代民主主義の歴史的発展を考えるとき，これはおおむね正しいと思う。そう考えるとき，民主主義の今後の問題は，キリスト教世界の中で育まれてきた近代自由民主主義が，日本や中東のような，非キリスト教世界でどのようなヴィジョンとエートスを持って進んでいくことが可能なのかということになるであろう。

　キリスト教的シャローム（預言者的ヴィジョン）は，民主主義という政治分野に限らず，西洋社会のあらゆる分野において，よりよい社会へと発展させるヴィジョンとなってきたといってよい。それは常にシステムを導き，引き上げ，改革を迫るヴィジョンである。

　キリスト教には「悔い改め」という言葉がある。人が罪を犯し，真の悔い改めが起こる時，悔い改めは神の愛に触れるところから始まる。悔い改めには，犯した罪を悔い，罪を告白し，考えと行動が変わることが含まれる。[69]キリスト教会は2000年の歴史の中で多くの過ちを犯してきた。しかし悔い改めもなされてきた。絶対者である神の前に立つとき，自らを絶対視し，正当化し，他者に対して排他的であることはできない。H. リチャード・ニーバーはそれを「徹底的唯一神主義」（Radical Monotheism）と呼んだ。絶えず自らを恥じ，嘆き，罪を告白し，考えと行動が変わらなければならない。そして継続的にシステム

の改革を求めるのである。プロテスタント宗教改革者たちは，改革は一度だけ
のものではなく，継続的に起こらなければならないと考えていた。それは絶対
者である神の前に自らを相対化し，決して絶対化しない安全装置といってもよ
いかもしれない。⁽⁷⁰⁾

平和を作る性質と共同体

　人間は社会的存在である。人格は共同体の中で養われていく。私たちは多く
の共同体に同時に属している。家族，教会，親戚，学校，サークル，地域社会，
国家といった様々な共同体に属している。しかし自らのアイデンティティを決
定し価値観に大きな影響を与える最も重要な共同体がある。筆者はそれを「規
範的共同体」あるいは「本質的共同体」と呼ぶ。⁽⁷¹⁾そのような共同体が，その人
の人格形成に重要な影響を与えるのである。それは通常，家族，あるいはそれ
に準ずるもの，あるいはそれに代わるものということになるであろう。

　シャロームを求め，平和を作り出していく性質は，平和を作ることを可能に
する共同体（peaceable community）の中で培われていく。このことを最も雄弁
に論じてきたのはスタンリー・ハワーワスである。彼の主張を日本の文脈でわ
かりやすくまとめると以下のようになる。

　すべての共同体には「物語」がある。大学であれ，国家であれ，企業であれ，
物語がある。それがどのようにして始まったのか，どのような困難があったの
か，どのような過去の栄光があったのか，どのようにして発展してきたのかと
いった物語がある。ここでいう「物語」とは，作り話ではなく「歴史的事実に
基づいて解釈された歴史」である。私たちは，その共同体の一員になるときに，
その共同体の物語を自らの物語とするようになる。例えば，名門高校野球部に
入り甲子園を目指すとき，その学校の歴史が「彼らの物語」から「私たちの物
語」となる。その物語が選手 1 人 1 人の振る舞いやプレー，また人格に影響を
与えていく。そしていまや自分がその新しい 1 ページを刻んでいくと自覚する
ようになる。また日々の習慣が人格を形成していく。この「物語」「共同体」
「人格」，そして「習慣」は密接に関わっている。⁽⁷²⁾

　そしてもちろんハワーワスは，教会のことを念頭に語っているのである。教会が神のシャロームの物語の中に真に生きるとき，平和を作り出す生き方をこの世においてなすことができる。しかし実際には教会は，歴史上何度もなんども過ちを犯してきた。平和を作り出す性質は脆く，簡単に壊れて，失われてしまうものである。戦うことで，憎しむことで，教会は愛と平和に生きる性質を簡単に失ってきた。だからこそ，シャロームのヴィジョンを思い起こし，見上げて，短期的な結果だけを求めず，粘り強く，辛抱強く，善をもって悪に打ち勝つ生き方をしていかなければならない。倒れても立ち上がらなければならない。様々な機関に働きかけ，人の尊厳が尊重されるようなシステムを提案し，作り，改善し，地上の旅路を続けていかなければならない。教会は，何よりも，教会とならなければならない。神のシャロームのヴィジョンを見て，実現していく共同体とならなければならない。それが，教会が，この世界になすことのできる最も大切な貢献である。ハワーワスはこのように考えている。

　どのような物語（世界観）の中で自分は生きているのか。どのような共同体の中で自分は生きているのか，生きていきたいのか。その問いは重要である。なぜならその物語と共同体が私たちの人格を作っていくからである。

　人を自分に都合のよい働きをしてくれる労働者として見ているのか，自分の目的を達成する手段と見ているのか，倒すべき競争相手として見ているのか，憎むべき敵対国の民と見ているのか，あるいはいてもいなくてもいい人として近寄ることもせず道の反対側を通り過ぎていくのか。それとも神が愛をもって自分と同じようにつくられた愛すべき隣人と見ているのか。それは，私たちがその中で生きている物語，世界観によって大きく変わってくる。共同体，物語，そして徳が，私たちのシャロームの理解と実践に大きな影響を与えるのである。

4　ま　と　め

　本研究は，第一に，青山学院がその根幹に置くキリスト教的物語の中で緩やかに行われてきたことを記した。すべての研究がキリスト教的観点から行われ

図1-3　ライオンと子羊
出所：https://nextchurch.net/lion-lamb/

ているわけでは決してないが，シャローム／エイレーネーを中心として，それぞれの研究は行われてきた。そのような意味で本研究は，広い意味でのキリスト教社会倫理研究である。

　第二に，シャロームとは，非常に包括的な言葉である。戦争がなく平和であり，経済的に繁栄し，安定している状態を意味する。また社会的な正義が実現されており，社会における良好な関係，共同体同士の友好的な（契約）関係，友好的な人間関係を意味する。さらには健康，心の平安，安心も意味する。そしてシャロームはすべて，神との正しい信頼関係のうえにあるものであり，神からの贈り物として理解される。

　本書では，その他にも，共生，和解，平和を促進していくことになる土壌作り，平和的動機，人の尊厳が尊重されるあらゆるものとしてシャロームの範囲に含めて考えている。そしてシャロームをどのように受け止めるかは，各研究者に委ねられている。

　第三に，ヴィジョンとシステムについてである。シャロームはまた終末的な完全な平和のヴィジョンであり，具体的なシステムを導き，引き上げ，変革し，悔い改めを迫るものとして提示されている。終末において完成するシャロームを，いわば理想的イデアのごとく遠くに見つつ，そして現在において，いまだ完成していないがすでに始まっている神のシャロームを念頭に置きつつ，具体的なシステムを論じていくのが本研究である。そしてそのシャロームの中心にあるのは，愛である。

注
⑴　北森嘉蔵『神の痛みの神学』講談社，1986。これは神の苦難の問題を20世紀に世

界で初めて本格的に論じた研究となった（オリジナルの初版は1946年）。

(2)　Martin Luther King, Jr. "We must learn to live together as brothers or perish together as fools." 1964年 3 月22日セントルイスでの講演 *St Louis Post-Dispatch* 23 March 1964.

(3)　ローマ皇帝コンスタンティヌス・リキニウス会談の結果，リキニウス帝がニコメディアで公示（313年 6 月13日）。古山正人他編『西洋古代資料集　第 2 版』東京大学出版会，2009，234-237頁。

(4)　実践神学に霊性神学，倫理学を含む場合もある。Cf. 増田裕志編『カトリック神学への招き』上智大学出版，2015。

(5)　インマヌエル・カントの用語を用いるなら，純粋理性的領域が教義学研究であるのに対し倫理学は実践理性的であるといえよう。

(6)　青山学院教育方針は以下のように記されている。「青山学院の教育はキリスト教信仰にもとづく教育をめざし，神の前に真実に生き真理を謙虚に追求し愛と奉仕の精神をもってすべての人と社会とに対する責任を進んで果たす人間の形成を目的とする。」

(7)　筆者は，2018年のスタンリー・ハワーワスとの対談の中でドイツのこの驚くべき事実に気づかされた。ハワーワスは，世界の人口の 3 分の 1 を占めるキリスト教徒が，暴力に対して No! ということの意味と影響力について語っていた。スタンリー・ハワーワス，藤原淳賀訳「"スタンリー・ハワーワス，京都を歩く"」『ミニストリー38』キリスト新聞社，2018，8 頁。

(8)　カール・バルトに従って，ここではあえて絶対平和「主義」という言葉は用いない。バルトは，神は絶対的自由を持っており「主義」の枠にはとらわれないとする。そして戦いを命じられることがあるとする。彼は絶対平和主義を批判している。

(9)　Roland H. Bainton, *Christian Attitudes towards War and Peace*, (Nashville : Abington Press, 1990 [1960]). 邦訳はローランド・H. ベイントン，中村妙子訳『戦争・平和・キリスト者』新教出版社，1963。Cf. 拙著，「キリスト教と戦争：歴史的概観と今日の課題」『キリスト教年鑑2005』特集，キリスト新聞社，2004，4 -13頁。

(10)　30年以上をかけて書いたということにベイントンの大きな，また深い関心がうかがわれる。ベイントン，*op. cit.*, 5, 7 頁。1960年に出版された本書は "Scholar Select" として今日でも出版されており，2000年間にわたるキリスト教の平和，戦争に対する態度を概観するために有益な書である。

(11)　2 世紀から 3 世紀にかけてのローマ帝国におけるキリスト教に対する基本方針は，トラヤヌス帝（在位98-117）以降「キリスト教徒を積極的に探しだすことはしないが，もし彼らが官憲のもとに引き出された場合は処罰する」というものであった。フスト・ゴンザレス，石田学訳『キリスト教史・上巻』新教出版社，2014，54頁。

ただセプティミウス・セウェルスの勅令（202），およびデキウス帝（249-251）においては方針転換が見られる。Ibid., 100, 103頁。

⑿　ベイントン, *op. cit.*, 84-89頁。

⒀　副帝ガレリウスの主導によって始まったこの迫害は，ディアクレティアヌス帝の引退後も311年まで続いた。311年4月30日，ガレリウスは迫害を終わらせる勅令を出す。ゴンザレス, *op. cit.*, 117-121頁。

⒁　John Howard Yoder, *The Priestly Kingdom : Social Ethics as Gospel*,（Notre Dame : University of Notre Dame Press, 1984），p. 60.

⒂　ペレスによると，アウグスティヌスが戦争について言及するのは以下においてである。*Contra Faustum*, XII, 74-79. *Quaestiones in Heptateuchum*, IV, 44 ; V, 10.『神の国』。フランシスコ・ペレス，「アウグスティヌスの戦争論」『中世思想研究』（27）中世哲学学会，1985，31頁。アウグスティヌス，金子晴勇ほか訳『神の国（上）』キリスト教古典叢書，教文館，2014。アウグスティヌス，泉治典ほか訳『神の国（下）』キリスト教古典叢書，教文館，2014。アウグスティヌスはイタリア半島を387年に去り北アフリカに戻っていたが，彼がいたヒッポにもヴァンダル族が攻めて来る中，430年に亡くなる。Cf. Paul Ramsey, "The Just War According to St Augustine," *Just War Theory*, ed. Jean Bethke Elshtain,（New York, NY : New York University Press, 1992），pp. 8-22.

⒃　ペレス, *op. cit.*, 40頁。

⒄　カレン・アームストロング，塩尻和子・池田美佐子訳『聖戦の歴史』柏書房，2001，24-25頁。

⒅　ベイントンは，第一次世界大戦におけるアメリカの教会は十字軍的であり，第二次世界大戦は義戦論的であったという。そしてこの間の時期は平和主義的であったという。ベイントン, *op. cit.*, 6頁。

⒆　ベイントン, *op. cit.*, 151頁以下。

⒇　平和主義者でありながら，「非暴力」（nonviolence）あるいは英語での「平和主義」（pacifism）という言葉を好まない人がいる。それは，単に暴力を否定するのではなく（「非」暴力），普段から積極的に平和を作り出していくということを強調すべきという主張であり，"pacifism" は語感として "passive"（受動的）なニュアンスがあるという。しかし Pacifism は "pacific"（平和づくり）[Latin, *paci-*（from *pax*）meaning "peace" and *-ficus* meaning "making"] から来ており，本来は積極的な意味がある。"Pacifism," *Stanford Encyclopedia of Philosophy*, revised in 2018. https://plato.stanford.edu/entries/pacifism/

(21)　松元雅和『平和主義とは何か──政治哲学で考える戦争と平和』中央公論新社，2013, p. 5ff, 24ff. 松元氏は，20世紀におけるキリスト平和主義の代表的論客，ジョ

ン・H. ヨーダーの『愛する人が襲われた時』棚瀬多喜雄訳（新教出版社，1998）
にも言及し，キリスト教的な視点も理解しながら論じている。

⑵　松元, *op. cit.,* 26頁。

⑵　H. リチャード・ニーバーは『キリストと文化』の中でキリスト教の5分類を提
示し，最も新約聖書に近いキリスト教のあり方として「文化に対するキリスト」を
紹介する。そしてその代表的な人物の1人としてトルストイをあげている。イエ
ス・キリストの生き方に倣おうとする時，非暴力的にならざるを得ないとも言える
であろう。H. リチャード・ニーバー，赤城泰訳『キリストと文化』日本基督教団
出版局，1970，90-103頁。

⑵　また松元氏は非暴力抵抗主義と非暴力無抵抗主義を分けておられるが，イエス・
キリストが不当な裁判にかけられ，屠り場に引かれていく小羊のように，黙って十
字架に向かっていく姿は，父なる神と人々への愛の表現，善をもって悪に打ち勝つ
姿，と理解される。あるいは政治的選択と見る見方もある。したがって，単に受動
的な無抵抗平和主義という枠には収まらないことを指摘しておきたい。ジョン・H.
ヨーダー，佐伯晴郎・矢口洋生訳『イエスの政治――聖書的リアリズムと現代社会
倫理』新教出版社，1992。Glen H. Stassen, *Living the Sermon on the Mount: A
Practical Hope for Grace and Deliverance,* （Jossey-Bass, 2006).

⑵　John Macquarrie, *3 Issues in Ethics,* （London: SCM Press LTD, 1970), p. 66.

⑵　Stanley Hauerwas, *Peaceable Kingdom: A Primer in Christian Ethics,* （Notre
Dame, IN: University of Notre Dame Press, 1991).

⑵　スタンリー・ハワーワスは2001年9月17日号の Time 誌で America's Best
Theologian に選ばれた。その際の記事の見出しは，「ハワーワスは多くのキリスト
者は実際イエスの教えに従っていないと論じる」というものであった。Jean
Bethke Elshtain, "Christian Contrarian; Stanley Hauerwas argues that many
Christians aren't actually following the teaching of Jesus," *Time,* 17 Sept 2001.
ハワーワスが現代アメリカの最も優れた神学者か否かについては様々な意見もあろ
うが CNN のインターネットアンケートでは61％の人がハワーワスをアメリカの最
も優れた神学者とする判断に同意を示していた。

⑵　松元, *op. cit.,* 14, 27頁以下。

⑵　平和優先主義には3つのルーツがあるという。第一に「自由主義に基づく平和主
義」。自由な貿易と経済交流が平和を促進するとする。第二にベンサム的功利主義。
数量的に国民の幸福を考える時，戦争によっては幸福を実現することはできないと
する。第三に社会主義。一般に社会主義者たちは階級闘争は正しく必要な暴力とす
るのだが，漸新的社会改革と国際的連帯による反戦平和を主張した社会主義者たち
がいるという。Ibid., 28-31頁。

アダム・スミスもまた国際的な経済的関係が平和を促進すると考えていた。ジェリー・Z. ミュラー，池田幸広訳『資本主義の思想史——市場をめぐる近代ヨーロッパ300年の知の系譜』東洋経済新報社，2018，86-87頁。

(30)　バートランド・ラッセル，市井三郎訳『西洋哲学史』1 - 3，みすず書房，1970.

(31)　「私はあらゆる戦争が間違っているとは思わないのであって，非難したのはこの戦争［第一次世界大戦］であって，あらゆる戦争ではない。第二次大戦は必要と考えたが，それは戦争にかんする意見が変わったためではなく，時の事情が違っていたからである。」バートランド・ラッセル，中村秀吉訳『自伝的回想』みすず書房，1970，10頁。

(32)　Atsuyoshi Fujiwara, *Theology of Culture in a Japanese Context : A Believers' Church Perspective*. Princeton Theological Monograph Series Book 179. (Eugene, Oregon : Wipf and Stock Publishers, 2012), p. 110ff.

(33)　Karl Barth, *Church Dogmatics, III/4 : The Doctrine of Creation,* trans. A. T. Mackay, T.H.L. Parker, H. Night, H.A. Kennedy and J. Marks, eds. G.W. Bromiley and T.F. Torrance, (Edinburgh : T&T C lark, 1961), p. 458.

(34)　Karl Barth, *Church Dogmatics, IV/2 : The Doctrine of Reconciliation,* trans. G. W. Bromiley, eds. G.W. Bromiley and T.F. Torrance, (Edinburgh : T&T Clark, 1958), p. 550.

(35)　この点はすでに以下において指摘している。拙著「北東アジアにおける和解のために必要な4つの識別」『キリスト教と文化』(33)，2017，162-163頁。

(36)　"The aftermath of nonviolence is the *creation of the beloved community*. The aftermath of nonviolence is redemption. The aftermath of nonviolence is reconciliation. The aftermath of violence are emptiness and bitterness. This is the thing I'm concerned about. Let us fight passionately and unrelentingly for the goals of justice and peace. But let's be sure that our hands are clean in this struggle. Let us never fight with falsehood and violence and hate and malice, but always fight with love, so that when the day comes that the walls of segregation have completely crumbled in Montgomery, that we will be able to live with people as their brothers and sisters" (my italics). Martin Luther King, Jr's sermon, "Birth of a New Nation," 7th April, 1957?, Dexter Avenue Baptist Church in Montgomery, Alabama (https://kinginstitute.stanford.edu/king-papers/documents /birth-new-nation-sermon-delivered-dexter-avenue-baptist-church).

(37)　Werner Foerster, "Εἰρήνη, Εἰρηνεύω, Εἰρηνικός, Εἰρηνοποιός, Εἰρηνοποιέω, " eds. Gerhard Kittel, Geoffrey W. Bromiley, and Gerhard Friedrich, *Theological Dictionary of the New Testament* (Grand Rapids, MI : Eerdmans, 1964-), pp.

400-417.

⑶ Foerster, *op. cit.,* pp. 400-417. G. フォン・ラート，『旧約聖書神学Ⅰ』日本基督
教団出版局，1980，181頁。フォン・ラートによると「שָׁלוֹם はつまり共同関係の無
傷性，完全性を表わし，重量が均りあっている状態，二人の当事者の間のあらゆる
要求と必要性の均衡がとれている状態を表す。したがって契約締結は二人の当事者
の完全性，整然性，正しさの状態を目ざす。」

⑶ 山我哲雄「旧約聖書における『平和（シャーローム）』の概念（上）」北星学園大
学経済学部北星論集29，March 1992, 186頁。(出エジプト記 4：18，士師記 18：6)。

⑷ 山我，*op. cit.,* p. 189. 山吉智久「解説　古代イスラエルにおける『聖戦』思想を
めぐる研究小史」（G. フォン・ラート，山吉智久訳『古代イスラエルにおける聖
戦』）教文館，2006，175頁。シャロームは，軍事的勝利（士師記 8：9；1 列王記
22：27-28）や降伏（2 サムエル記 10：19；1 列王記 20：18）によって得られる
という理解もある。

⑷ Foerster, *op. cit.,* pp. 400-417.

⑷ 以下も参照せよ。イザヤ書 32：17，48：18，60：17，ゼカリヤ書 8：16。

⑷ W. ブルッゲマン，小友聡・宮嵜薫訳『平和とは何か：聖書と教会のヴィジョン』
教文館，2018，29-45頁。

⑷ Foerster, *op. cit.,* pp. 400-417.

⑷ Cf. イザヤ 11：1 ff.，ホセア 2：20 ff.，アモス 9：13 ff.

⑷ ウィラード・M. スワートリー，西岡義行編『平和の契約：福音の聖書神学的理
解』東京ミッション研究所選書シリーズ11，いのちのことば社，2006，23頁。

⑷ F. Foulkes, "Peace," eds. D. R. W. Wood et al., *New Bible Dictionary* (Leicester,
England ; Downers Grove, IL : InterVarsity Press, 1996), p. 891.

⑷ 「わたしたちの父である神と主イエス・キリストからの恵みと平和が，あなたが
たにあるように。」（ローマ 1：7b）Ⅰコリント 1：3，ガラテヤ 1：3，エフェソ
1：2 も参照。

　　「実に，キリストはわたしたちの平和であります。二つのものを一つにし，御自
分の肉において敵意という隔ての壁を取り壊し，規則と戒律ずくめの律法を廃棄さ
れました。こうしてキリストは，双方を御自分において一人の新しい人に造り上げ
て平和を実現し，十字架を通して，両者を一つの体として神と和解させ，十字架に
よって敵意を滅ぼされました。」（エフェソ 2：14-16）

　　以下も参照せよ。Walter A. Elwell and Barry J. Beitzel, "Peace," *Baker
Encyclopedia of the Bible* (Grand Rapids, MI : Baker Book House, 1988), 1634-
1635. F. Foulkes, "Peace," ed. D. R. W. Wood et al., *New Bible Dictionary*
(Leicester, England ; Downers Grove, IL : InterVarsity Press, 1996), p. 891.

⑷　スワートリー，*op. cit.*，141頁。

⑸　Ibid., 174頁。

⑸　「イエスがピラトの前に立ったとき，ユダヤ人は，イエスは『自分が王たるメシア』，皇帝に対抗する者であると言っていると告発した（ルカ 23：2）。……（中略）……しかし，これらの非難には，敵対者が気づいている以上の真理が含まれている。皇帝はその競争相手，キリストに出会っているのである。」W. H. ウィリモン，中村博武訳『使徒言行録』現代聖書注解，日本基督教団出版局，1996，189頁。

⑸　Cf. 使徒 21：27-40.

⑸　「イエスはお答えになった。「第一の掟は，これである。『イスラエルよ，聞け，わたしたちの神である主は，唯一の主である。心を尽くし，精神を尽くし，思いを尽くし，力を尽くして，あなたの神である主を愛しなさい。』第二の掟は，これである。『隣人を自分のように愛しなさい。』この二つにまさる掟はほかにない。」（マルコ12：29-31）。

⑸　使徒パウロは「それゆえ，信仰と，希望と，愛，この三つは，いつまでも残る。その中で最も大いなるものは，愛である。」と語っている。1 コリント書13章13節.

⑸　ラインホールド・ニーバー，大木英夫訳『道徳的人間と非道徳的社会』イデー選書，白水社，1998．ジョン・マッコーリー，東方敬信訳『平和のコンセプト――聖書的・神学的視座から』東京：新教出版社，2008，132，148頁。

⑸　Ibid., 138頁以下。

⑸　Ibid., 16頁以下。

⑸　Daniel Day Williams, *The Spirit and the Forms of Love,* （New York : Harper & Row, 1968）.

⑸　マッコーリー，*op. cit.*，149頁。

⑹　"On the one hand we are called to play the Good Samaritan on life's roadside, but that will be only an initial act. One day we must come to see that the whole Jericho Road must be transformed so that men and women will not be constantly beaten and robbed as they make their journey on life's highway. True compassion is more than flinging a coin to a beggar. It comes to see that an edifice which produces beggars needs restructuring."

Martin Luther King, Jr.' s address, "Beyond Vietnam," New York, N.Y., （April 4, 1967）（https://kinginstitute.stanford.edu/king-papers/documents/beyond-vietnam）.

⑹　マッコーリー，*op. cit.*，148頁。

⑹　Ibid., 151頁。

⑹　ジョン・W. デ・グルーチー，松谷好明・松谷邦英訳『キリスト教と民主主義――現代政治神学入門』新教出版社，2010，10頁，18頁以下。John W. de Gruchy,

Christianity and Democracy : A theology for a just world order,（Cambridge：
Cambridge University Press, 1995）p. 7, 13ff.

(64)　デ・グルーチー，*op. cit.*, 22頁。

(65)　Ibid., 10頁。

(66)　Ibid., 24頁。

(67)　Ibid., 45頁。

(68)　Ibid., 64頁。

(69)　旧約聖書のヘブライ語では，悲しむという意味でのナハム（םחנ），あるいは方向
を変えて元に戻るという意味でのショブ（שוב）が用いられている。新約聖書のコ
イネー・ギリシア語ではメタノイア（μετάνοια）であり，ラテン語ではペニテン
ツィア（*penitentia*）である。ペニテンツィアが罪を悔い，告白することに重きが
あるのに対し，メタノイアは考えと行動が変わることを強く意味する。J. D. G.
Dunn, "Repentance," eds. D. R. W. Wood et al., *New Bible Dictionary*（Leicester,
England ; Downers Grove, IL : InterVarsity Press, 1996), p. 1007. F. L. Cross and
Elizabeth A. Livingstone, eds. *The Oxford Dictionary of the Christian Church*,
（Oxford ; New York : Oxford University Press, 2005), pp. 1393-1394.

(70)　Cf. H. Richard Niebuhr, *Radical Monotheism and Western Culture, with
Supplementary Essays,*（London : Faber & Faber, 1960). H. Richard Niebuhr,
"Reformation : Continuing Imperative," *Christian Century* 77（1960), pp. 248-251.

(71)　Fujiwara, *op. cit.,* p. 156ff.

(72)　Hauerwas, *op. cit.*

参考文献

Bainton, Roland H. (1990 [1960]) *Christian Attitudes towards War and Peace.*
Abington Press.

Barth, Karl (1958) *Church Dogmatics,IV/2 : The Doctrine of Reconciliation,* trans. G.
W. Bromiley, eds. G.W. Bromiley and T.F. Torrance. T&T Clark.

─────── (1961) *Church Dogmatics, III/4 : The Doctrine of Creation.* Trans. A. T.
Mackay, T.H.L. Parker, H. Night, H.A. Kennedy and J. Marks,eds. G.W. Bromiley
and T.F. Torrance. T&T Clark.

Cross, F. L. and Elizabeth A. Livingstone, eds. (2005). *The Oxford Dictionary of the
Christian Church.* Oxford University Press.

de Gruchy, John W. (1995) *Christianity and Democracy : A theology for a just world
order.* Cambridge University Press.

Dunn, J. D. G. (1996) "Repentance." eds. D. R. W. Wood et al. *New Bible Dictionary.*

InterVarsity Press.

Elshtain, Jean Bethke (2001) "Christian Contrarian ; Stanley Hauerwas argues that many Christians aren't actually following the teaching of Jesus" *Time*, 17 Sept.

Elwell, Walter A. and Barry J. Beitzel (1988) "Peace," *Baker Encyclopedia of the Bible*. Baker Book House.

Foerster, Werner (1964) "Εἰρήνη, Εἰρηνεύω, Εἰρηνικός, Εἰρηνοποιός, Εἰρηνοποιέω," eds. Gerhard Kittel, Geoffrey W. Bromiley, and Gerhard Friedrich. *Theological Dictionary of the New Testament*. Eerdmans.

Foulkes, F. (1996) "Peace," eds. D. R. W. Wood et al., *New Bible Dictionary*. Inter Varsity Press.

Fujiwara, Atsuyoshi (2012) *Theology of Culture in a Japanese Context : A Believers' Church Perspective*. Princeton Theological Monograph Series Book 179. Wipf and Stock Publishers.

King, Martin Luther, Jr. (1957) "Birth of a New Nation." (Sermon) 7 April, 1957, Dexter Avenue Baptist Church in Montgomery, AL. (https://kinginstitute. stanford. edu/ king- papers/ documents/ birth- new- nation- sermon- delivered- dexter-avenue-baptist-church)

——— (1964) "We must learn to live together as brothers or perish together as fools." *St Louis Post-Dispatch* 23 March 1964.

——— (1967) "Beyond Vietnam." (Address) New York, NY, 4 April 4, 1967 (https: //kinginstitute.stanford.edu/king-papers/documents/beyond-vietnam)

Macquarrie, John (1970) *3 Issues in Ethics*. SCM Press LTD.

Niebuhr, H. Richard (1960) *Radical Monotheism and Western Culture, with Supplementary Essays*. Faber & Faber.

——— (1960) "Reformation : Continuing Imperative" *Christian Century* 77.

Ramsey, Paul (1992) "The Just War According to St Augustine." *Just War Theory*. ed. Jean Bethke Elshtain. New York University Press.

Stassen, Glen H. (2006) *Living the Sermon on the Mount : A Practical Hope for Grace and Deliverance*. Jossey-Bass.

Williams, Daniel Day (1968) *The Spirit and the Forms of Love*. Harper & Row.

Yoder, John Howard (1984) *The Priestly Kingdom : Social Ethics as Gospel*. University of Notre Dame Press.

アームストロング, カレン, 塩尻和子・池田美佐子訳 (2001)『聖戦の歴史』柏書房。

ウィリモン, W. H., 中村博武訳 (1996)『使徒言行録』現代聖書注解, 日本基督教団

出版局。

北森嘉蔵（1986）『神の痛みの神学』講談社。

ゴンザレス，フスト，石田学訳（2014）『キリスト教史・上巻』新教出版社。

スワートリー，ウィラード・M.，西岡義行編（2006）『平和の契約——福音の聖書神
　　学的理解』いのちのことば社。

デ・グルーチー，ジョン・W.，松谷好明・松谷邦英訳（2010）『キリスト教と民主主
　　義——現代政治神学入門』新教出版社。

ニーバー，H. リチャード，赤城泰訳（1970）『キリストと文化』日本基督教団出版局。

ニーバー，ラインホールド，大木英夫訳（1998）『道徳的人間と非道徳的社会』白水
　　社。

ハワーワス，スタンリー，藤原淳賀訳（2018）"スタンリー・ハワーワス，京都を歩
　　く"『ミニストリー38』キリスト新聞社。

藤原淳賀（2004）「キリスト教と戦争——歴史的概観と今日の課題」『キリスト教年鑑
　　2005』キリスト新聞社。

————（2017）「北東アジアにおける和解のために必要な4つの識別」『キリスト教
　　と文化』（33）。

ブルッゲマン，W.，小友聡・宮嵜薫訳（2018）『平和とは何か——聖書と教会のヴィ
　　ジョン』教文館。

古山正人他編（2009）『西洋古代資料集　第2版』東京大学出版会。

ベイントン，ローランド・H.，中村妙子訳（1963）『戦争・平和・キリスト者』新教
　　出版社。

ペレス，フランシスコ（1985）「アウグスティヌスの戦争論」『中世思想研究』（27），
　　中世哲学学会。

増田裕志編（2015）『カトリック神学への招き』上智大学出版。

マッコーリー，ジョン，東方敬信訳（2008）『平和のコンセプト——聖書的・神学的
　　視座から』新教出版社。

松元雅和（2013）『平和主義とは何か——政治哲学で考える戦争と平和』中央公論新社。

ミュラー，ジェリー・Z.，池田幸広訳（2018）『資本主義の思想史——市場をめぐる
　　近代ヨーロッパ300年の知の系譜』東洋経済新報社。

山我哲雄（1992）「旧約聖書における『平和（シャーローム）』の概念（上）」『北星学
　　園大学経済学部北星論集』29。

山吉智久（2006）「解説　古代イスラエルにおける『聖戦』思想をめぐる研究小史」
　　G. フォン・ラート，山吉智久訳『古代イスラエルにおける聖戦』教文館。

ラッセル，バートランド，市井三郎訳（1970）『西洋哲学史1‐3』みすず書房。

————，中村秀吉訳（1970）『自伝的回想』みすず書房。

コラム　シャローム・モデル

　世俗化の波はキリスト教会を社会の中心から脇へ押しやり，グローバル化した市場経済は人間をモノとして捉える偏狭な人間理解を生み出してきた。人間の可能性をあまりにも楽観的に肯定してしまった啓蒙思想は，自己中心的な経済システムを生み出し，その中では弱者の人格が否定され，環境の破壊が進んでいる。それを解決するためには，新たなパラダイムが必要であると筆者は考えている。その新たなパラダイムとは，神の恵みに心から感謝しそれに応答して生きようとする態度に他ならない。それは，市場原理を超えてすべてのいのちを大切にするということであり，これは教会が長い間担ってきたものである。このような価値観を文化の各領域に同時並行的に展開するための方法論が必要であろう。

　インカルチュレーション（文化内開花）とは，聖書のメッセージがそれぞれの特色ある諸文化の中で種のように蒔かれて，福音の花を咲かすことである。T. S. エリオットの『キャッツ』は，福音によって共同体が「いじめ」から「愛の祈り」へと変えられて行くことを語る。C. S. ルイスの『ナルニア物語』は，聖なる方を信頼し，服従することの美徳を描き出す。またマーティン・ルーサー・キング・ジュニアの生涯は，非暴力による抵抗を貫いたことによって「屠られた子羊の勝利」という聖書の平和主義的メッセージを人々に伝えた。筆者は，地球共生社会のための神学を，聖書の福音に生きる共同体のありかたとして「シャローム・モデル」と名づけた[1]。主体的に平和を求めていく信仰の共同体があちこちに生まれることによって社会が変えられていくことを期待している。

　キリスト教の実践的活動と啓蒙主義には緊張関係をみることができる。啓蒙主義は，文化の中から「聖性」や「超越」という言葉を追放してしまったとい

えるだろう。啓蒙主義にもとづく近代政治学や経済学は，個々人の平等や自由を認めるが，それはまた暴力的な闘争を引き起こした。そしてそこには救済の物語がない。著者は，ポスト・モダン的「物語の神学」の意義を強調してきたのだが，啓蒙主義に影響された近代の神学は，歴史的，批評的文献学によって聖書を分析することに終始し，「聖書の世界のリアリティ」を失ってしまった。私たちは啓蒙主義を超え，いのちを大切にし，平和を作り出す聖書の物語に共感することによって，そのメッセージに応答していく必要がある。責任を持って神の求めに応答していく，平和的共存を可能にする共同体こそが，近代社会の持つ限界性を打ち砕いていくであろう。

　ポスト・モダン的社会状況の中で，いかにキリスト教の精神が社会に影響を与えることができるだろうか。リベラリズムからの社会に対するアプローチではなく，福音主義的な観点を織り込みながら教会という共同体の復権を語る必要があると思われる。今日の市場経済は，非人間的でお互いの顔が見えない「交換」によって成り立っている。しかし，聖書に記されている価値は十字架という神からの無償の「贈与」によって成り立っており，私たちもまた復活した主イエスとともに，自己中心性から離れて他者と富を共有しあう社会を築いていくことができる。それは，今日の市場経済に対する「オルタナティブ」な生き方ということができるであろう。

注
(1)　東方敬信（2015）『地球共生社会の神学――「シャローム・モデル」の実現をめざして』教文館。

第2章
ポスト・グローバル時代の空間秩序像

1　ポスト–ポスト冷戦期をめぐる言説パターン

　2014年，アメリカ外交問題評議会が発行する『フォーリン・アフェアーズ』誌は，国際秩序の展望をめぐる2つの論考を掲載した。その1つは，ウォルター・ラッセル・ミードが5／6月号に寄稿した「地政学の回帰——修正主義勢力の逆襲[(1)]」である。この論考の中で，ミードはポスト冷戦期の幕開けを飾ったフランシス・フクヤマの『歴史の終わり』をとりあげ，それが誤解ないし拡大解釈されてきたと指摘する。彼によれば，ソヴィエトの崩壊は人類のイデオロギー抗争の終わりだけでなく，地政学的思考そのものの終わりと混同されてきた。だが中国・イラン・ロシアは冷戦後の地政学的了解を受け入れる気はまったくなく，いまやポスト冷戦秩序の変更を求めている。ミードのみるところでは，これら修正主義勢力はポスト冷戦時代のユーラシア秩序の不安定化に成功しつつあり，アメリカはリベラルな秩序の枠組みのもとで地政学が復活するのを押しとどめる力を失いつつあった。

　またこの論文の掲載からわずか半年後，同誌11／12月号は，あらためて外交問題評議会会長リチャード・ハースの論考「解体——秩序なき世界にいかに対応するか[(2)]」を掲載した。その冒頭で，ハースは国際秩序論の古典ともいえるヘドリー・ブルの『アナーキカル・ソサエティ』をとりあげ，いまや秩序を維持する勢力とそれを解体する勢力とのバランスが後者に傾きつつあると警告する[(3)]。彼によれば，アメリカの覇権は廃れつつあるがそのバトンを引き継ぐ国はなく，

国際システムは混然としつつある。解体していくポスト冷戦秩序は決して完全ではなかったが，やがてわれわれはそれを懐かしく感じるだろうとハースは予言した。

　なるほど，半年間のうちに相次いで発表されたこの2つの論考には，今日の国際秩序をめぐって支配的になりつつある一連の思考パターンが集約されている。第一に，両論文はともにポスト冷戦秩序の解体を中長期的な趨勢として捉えた。一方ではフランシス・フクヤマの『歴史の終わり』，他方ではヘドリー・ブルの『アナーキカル・ソサエティ』を参照することで，両者は現在の国際秩序の変動を一過性の現象ではなく中長期的かつ構造的な変化として描き出す。第二に，両論文はポスト冷戦秩序が何よりもアメリカの覇権によって維持されてきたことを自明視していた。ポスト冷戦秩序とはアメリカによるリベラルな国際秩序であり，その圧倒的パワーこそが秩序維持に不可欠とみる点で両者は通底する。そして第三にポスト冷戦秩序の解体は，ともに地政学の復権という展望へと引き継がれる。ミードとハースは，〈アメリカの覇権の後退　→　ポスト冷戦秩序の解体　→　地政学の復権〉というトリロジーにおいて，ほぼ同じ時代診断を再生産したのだった。

　たしかにこの両論文が象徴するように，今日，国際政治をめぐってしばしば地政学が参照されるようになっている。国際関係の行方が地理的要因によって規定されるとみるその思考様式は，21世紀の複雑な国際政治力学を解きほぐし，あたかも確固としたシナリオがそこに隠されているかのように提示されがちである。だが地理学者のジェロイド・オツァセールやジョン・アグニューが警告したように，地政学は理想主義やイデオロギー，人間の意志に対立する科学的客観性を示すどころか，むしろこれらの主観的要素を色濃く反映する。「……地政学的記述の大きな皮肉は，それがいつもイデオロギー的で深く政治化された分析形式であったことである」[4]。アグニューによれば，地政学は決して客観的なものでも公平なものでもなく，いつもその提唱者の世界観や野心そして政治哲学を映し出してきた。

　それゆえ本章では，ポスト冷戦秩序の融解から古典地政学への回帰に至る近

年の諸言説を現代の空間秩序像の変容として読み解くことにする。以下では，まずポスト冷戦秩序の特性としてグローバルな空間性の出現を確認したうえで，「ポスト・アメリカ」をめぐる言説が多重的な地域主義の再生へと傾斜していくプロセスを論証する。これに続き，近年の地政学への回帰を「ライン思考」の観点から分節化し，それが19世紀後半から20世紀前半にかけて提唱された古典地政学の世界観を再生産していることを明らかにしよう。考察の最後では，こうした地政学的思考の政治性を検討し，われわれ自身の世界観の前提を思考することの意義を確認してみたい。

2　ポスト冷戦秩序のグローバリティ

国際秩序の2つの顔

　ポスト冷戦秩序とは何か（何であったのか）という問題に最終的な答えをだすには，時期尚早かもしれない。だが国際秩序の歴史的変容を追跡してきたイアン・クラークによれば，ポスト冷戦秩序は明らかに「戦後の平和構築」(peacemaking) を意味していた。なるほど，米ソが直接対決を回避した冷戦は伝統的意味では戦争ではなかったが，その呼称が象徴するようにそれがある種の戦争状態であったことは間違いない。闘争が1989年のマルタ会談で終わったとすれば，当然その後には「戦後の平和」が続くはずであった。1815年のナポレオン・フランス，1918年のヴィルヘルム・ドイツ，1945年のナチス・ドイツと大日本帝国の敗北など，一方の勢力の敗北はいつも新たな国際秩序構築への前触れであった。

　そしてクラークの見るところでは，「ポスト冷戦の平和」には配分的(distributive) と調整的 (regulative) という2つの局面が存在した。一方のパワー配分という局面では，ソヴィエトの解体によりロシアが弱体化し，ヨーロッパに安定した平和が訪れた。「平和の配当」は，アジア太平洋や中東といった地域では必ずしも十分には享受されたとは言えなかったが，この時期，通常兵器・核兵器の軍備縮小やグローバリゼーションを通じた新たな世界経済

の再編が進んだことも事実である。いわば冷戦の終結は，政治的・軍事的・経済的なパワーの再配分によって「戦後の平和」を創り出したとも言える。[7]

　他方この時期に進展したグローバリゼーションは，ポスト冷戦秩序の合意調整の局面をも示していた。そこでは，多国国間主義とグローバル経済，安全保障の集団化，そしてリベラルな諸権利にもとづいた秩序が広く世界に浸透していった。これら「調整による平和」のメカニズムは決して目新しい概念ではないものの，その空間的な拡大と諸社会への浸透はポスト冷戦期の国際秩序を特徴づける 1 つのメルクマールとなった。[8][9]

　さらにクラークによると，これら「パワー配分による平和」と「合意調整による平和」は，ポスト冷戦期にはうまく合致していた。「調整による平和をパワーによる平和と差別化しようとしても，それが効果を発揮するのは戦勝国がまずこの戦略をとれる程度にパワーに余裕がある場合だけである」。ここから秩序の持続性をめぐっては，異なる 2 つの展望が生じることになる。一方で，この秩序が合意による調整に基づいている場合，よほど深刻な修正主義が台頭しないかぎり，そこには相当の安定性が期待できる。他方で，この調整による平和が単にパワー配分の反映の場合，そこに長期的な持続性は期待できない。国際秩序に特定国家の実用的価値以上の意義が見出されない限り，それは不安定で脆弱なものにとどまる。調整による解決は他の手段によるパワー配分の継続でもあるが，国際秩序は単なるパワー配分とは異なる合意の結果——正統性——のもとではじめて安定的な持続性を持つのである。[10][11]

一極構造とグローバルな空間性

　たしかにパワー配分という観点から見れば，ポスト冷戦秩序の最大の特徴はアメリカを頂点とする一極構造であった。『ワシントン・ポスト』紙を舞台に活躍し，ときにネオ・コンサバティヴの論客とも呼ばれるコラムニストのチャールズ・クラウトハマーは，1991 年初頭の『フォーリン・アフェアーズ』誌でいち早く次のように宣言していた。[12]

冷戦後の世界の決定的特徴は，その一極性にある。近いうちには，多極にならないことは間違いない。ことによると他の時代なら，合衆国に匹敵する大国が存在し，その世界は第一次世界大戦前夜とよく似た構造になるかもしれない。だがわれわれはまだそのような状況にはないし，数十年はそうならない。いまや一極の時代なのだ。[13]

彼からみると，この一極構造は国際政治史上，きわめて特殊な状況であった。だがまさにそれゆえに，アメリカは過去の困難な時代と同じく強さと意志を発揮し，世界秩序のルールの構築とその強制を主導していかなければならない。

　またこの宣言から10年余りを経た2002年，ステファン・ブルックスとウィリアム・ウォールフォースは再び『フォーリン・アフェアーズ』誌上でアメリカの覇権を確認している。彼らによると，従来，大国間の紛争は，覇権をめぐるライバル関係か，お互いのパワーを見誤ったことに起因してきた。だがポスト冷戦秩序では，アメリカがあまりに見事に支配的優位を確立しているため，現状変革を求める国家が出現する可能性はきわめて低い。

　現在のアメリカは，国力を構成する重要な領域のすべてで圧倒的な優位を持っている。そこにライバルは存在しない。歴史を振り返っても，現在のアメリカほど，各領域での圧倒的な優位を独占した国家は例をみない。一極構造のことを，好ましい結果を単独で実現できる能力と同列に見なす昨今の考えも，このような現実があればこそ成立している。[14]

9・11同時多発テロの翌年にもかかわらず，彼らはアメリカの覇権に絶大な自信を示し，それがこれまでのどの秩序主導国よりも大きなパワーを有しているがゆえに，寛大さと自己抑制を示さなければならないと説いたのだった。

　もちろんこのようなアメリカの覇権には，早くから危惧の念も表明されてきた。かつて中央情報局の顧問を務め，日米経済摩擦の問題では日本異質論を唱えたチャルマーズ・ジョンソンは，皮肉にも9・11同時多発テロの前年に次の

ような警告を発している。

　　世紀末のアメリカはどのような挑戦を受けても相手を無力化するにたる火力
　と経済的資源を保持しているようだが，私はまさにその驕りこそがわれわれ
　の破滅につながると信じている。帝国運営者の古典的な誤りは，支配してい
　る領土のどこにも――アメリカの場合は地球上のどこにも――自分たちの存
　在が重要でない場所は存在しないと信じるようになることだ。遅かれ早かれ，
　すべての場所に関与するわけにはいかないと考えることが心理的に不可能に
　なるが，これがもちろん帝国的な手の広げすぎの定義である。[15]

　帝国の過剰拡大（imperial overstretch）の問題はしばしば論じられてきたテーマ
であり，決して目新しいものではない。[16]だがアメリカを頂点とする一極構造を
文字通り地球大の帝国とみなすこの警告は，そのパワーがグローバルな空間性
（global spatiality）に投射されていることをはっきりと認めるものであった。
　さらにイラク戦争後の2004年には，かつてのカーター政権で大統領補佐官を
務めたズグビニュー・ブレジンスキーもアメリカ帝国のヤヌス性に注意を促し
ている。

　　国際的なコンセンサスに基づくリーダーシップならば，世界で唯一の超大国
　としてのアメリカの地位の正当性は高まり，国際問題に対処するさいのアメ
　リカの優位性は増すだろう。一方，支配するとなると，卓越した地位を保て
　るだろうが，その費用は膨大なものになるはずだ。換言すれば，前者をとる
　なら，アメリカは「プラスの超大国」，後者なら「マイナスの超大国」にな
　る。[17]

彼によれば，アメリカは歴史上はじめて真の意味での世界的大国となった。だ
がそれゆえに，アメリカは自国よりはるかに小さな諸勢力の憎しみと脅威に曝
されている。ポスト冷戦期に経済理論から覇権国の使命にまで「格上げ」され

たグローバリゼーションは，たしかに非公式の世界帝国にとってうってつけの
ドクトリンだったかもしれない。だがそれは同時に，テロリズムのネットワー
クをはじめ地理的な障壁や政治的な境界を簡単に越えていく脅威の遍在化を招
き，国家の主権と安全保障を同一視できる時代の終わりをもたらした。[18]領域性
の観点から見れば，ポスト冷戦秩序の特性は，アメリカの一極構造が文字通り
のグローバルな空間性を生み出したところにあったのである。

グローバルな空間秩序の保証人

　もちろんこのグローバルな空間性は，パワー配分上の一極構造を反映してい
ただけではない。クラークも指摘するように，持続的な国際秩序は合意調整に
よる平和，つまり正統性の承認という局面も持つ。そのため『リベラル・リ
ヴァイアサン』の著者ジョン・アイケンベリーは，次のようにアメリカがつ
くってきた国際秩序を正当化している。

　　合衆国は，リベラルな秩序の構築者だった。開放的で緩やかな規則に基づい
　　た秩序を創りだそうと努め，それは優れた民主主義と結びついていた。たし
　　かにこの秩序のビジョンの一部は，巨大な先進国アメリカが世界市場への参
　　入を求めるという国益に駆動されている。だがそれはまた，正統で耐久性を
　　もった国際秩序の効果に関する一連の計算にも裏付けられていた。この秩序
　　は，合衆国のみならずより広い世界に，長期的な経済の流れと安全保障上の
　　利益をもたらした。[19]

彼によれば，第二次世界大戦以降にアメリカが主導してきた国際秩序には3つ
の特徴が見出せる。[20]第一に，それは非差別的な市場の開放という規則を世界に
拡大するという規範を反映していた。第二に，それは単独行動主義ではなく他
の諸国家との連携を基盤とするリーダーシップの所産であった。そして第三に，
この秩序はアメリカ以外の諸国家も望むような問題解決を実現できる機能性を
備えていた。アメリカの覇権的権威，開放的な市場，協調的な安全保障，多国

間主義にもとづく諸制度，社会的な諸協定，そして民主的な諸国家からなる共同体に支えられた国際秩序は，ポスト冷戦期どころか，第二次世界大戦終結時から一貫してリベラルな国際秩序として構築されてきたとアイケンベリーは主張する。

　またチャールズ・カプチャンによると，アメリカの覇権的秩序はかつてのオスマン帝国や中華帝国はもちろん，大英帝国とも大きく異なる4つの論理によって駆動されてきた。第一に地政学の論理では，アメリカは敵対国との勢力均衡ではなくその征服と民主化を目指してきた。第二に社会経済の論理では，アメリカは経済的リベラリズムを推進して平等主義的な社会規範を拡大していく。第三に文化の論理では，アメリカはあらゆる差異を乗り越える普遍主義を掲げ，人種やジェンダーの平等にもとづくリベラルな社会を擁護する。そして第四に商業の論理では，アメリカは植民地主義を批判し，多国間主義に基づく自由貿易を推進してきた。これら地政学／社会経済／文化／商業にわたる「アメリカの論理」は，勢力均衡による地域分割よりもグローバルな統合と親和性が高かった。このため「アメリカがつくる国際秩序」は，価値規範の観点からもグローバルな空間秩序として編成されねばならない。リベラルな国際秩序の擁護者にとって，アメリカはグローバルな空間秩序のいわば「保証人」なのであった。

　このように，伝統的なリアリストからアメリカの使命を説くネオ・コンサバティヴの論客たち，さらには経済的相互依存を重視するリベラリストにいたるまで，ポスト冷戦秩序がアメリカに主導されたグローバルな空間秩序であったという点では幅広い認識の一致が見られる。むろん，そのグローバリティの基盤をパワー配分上の一極構造に求めるか，それとも合意を調達する価値規範の拡大に見出すかについては大きな隔たりが存在する。だが，それを「覇権」，「帝国」あるいは「リベラルなリーダーシップ」のいずれと呼ぼうとも，ポスト冷戦秩序は紛れもなく，アメリカが主導するグローバルな空間秩序として表象されてきたのだった。

3 「ポスト・アメリカ」から地域主義へ

ゼロ年代の3つの戦争

それゆえポスト冷戦秩序の終わりが，今日なによりもアメリカによる平和（pax americana）の融解として表象されていることは不思議ではない。ことにゼロ年代にアメリカが始めた3つの戦争は，パワー配分と合意調整の双方の局面でポスト冷戦秩序の制度疲労を加速させることになった。

まず2001年の9・11同時多発テロから始まったグローバルな対テロ戦争（Global War on Terror: GWOT）は，そもそも「敵が誰であるのか描きづらいうえに，目的が際限なく拡大していく」「終わりが遠ざかる戦争」であった[23]。また9・11テロのわずか1カ月後に開始されたアフガニスタン紛争も，開戦当初こそ国際連合憲章第51条にもとづく集団的自衛権の発動として正当化されたものの，タリバン政権崩壊後15年が経ってもアフガニスタンの治安は安定せず，「オバマのベトナム」とも呼ばれる状態が続いていた[24]。さらに大量破壊兵器の開発・保有が開戦理由となったイラク戦争では，アメリカとそれを支持したイギリスや日本等と，国際連合安全保障理事会での新たな決議を求めたフランス，ドイツのあいだに開戦の正当性をめぐる深い亀裂が生じる。2011年12月，米軍はようやくイラクから完全撤退したものの，同国北部とシリアでは ISIL（Islamic State in Iraq and the Levant）がその勢力を拡大し，アメリカの「無為の蓄積」への批判が広がった。

こうしたなか，2006年にネオ・コンサバティヴとの決別を宣言したフランシス・フクヤマは，アメリカの「善意による覇権」を次のように批判している。

善意による覇権は，アメリカ例外主義の信念に基づくものだが，アメリカ人以外の多くはこれを信用していない。アメリカが世界の舞台で公平無私にふるまうなどとは，決して信じられていないのだ。実際，たいていの場合において，アメリカの行動は公平無視のものではない。アメリカの指導者がアメ

リカ国民のために責任を全うしようとするならば，公平無私なものではありえないからだ。[25]

彼によると，「善意による覇権」にはそもそも 3 つの問題がある。第一にアメリカが世界のために公共財を提供するのは，公的な理想と自国の利益とが一致した場合に限られる。第二に，この想定はアメリカが覇権国として圧倒的な能力を持ち続けることを前提としている。そして第三に，アメリカでは国際情勢に対する国民の関心は低く，コストのかかる介入への支持は決して高くない。フクヤマの言葉を借りれば，「アメリカ人は実際のところ，帝国主義的な国民ではない」[26]。この指摘は，グローバルな空間秩序の保証人としてのアメリカの役割に根源的な疑問を呈するものであった。

　またこれと同じ頃，ネオ・クラシカルリアリズムの立場からアメリカの覇権に警告を発してきたクリストファー・レインは，冷戦後にアメリカが陥った「覇権国の誘惑」の帰結をこう批判している。

　　アメリカにとって問題なのは，今まで他の大国が覇権に挑戦するのを防いできたこの新規参入への障害——つまり圧倒的軍事面での優位を維持するのが段々と難しくなっているということだ。冷戦後にアメリカは何度も「覇権国の誘惑」に屈したことを匂わせる行動をしており，イラクへの侵攻——と同時にイランと北朝鮮を敵国と認定したこと——は，アメリカの覇権的野望と，それを支えるだけの軍事面での資源が釣り合わないことを浮き上がらせることになったのだ。[27]

レインによれば，民主主義の拡大と経済的開放を追求するウィルソン主義は，第二次世界大戦終結時から一貫してアメリカを地域外覇権へと突き動かしてきた。この観点からみれば，冷戦の終結はアメリカ的秩序のグローバルな拡大をただ顕在化させたに過ぎない。だがアメリカの外交思想の伝統を認める点でアイケンベリーやカプチャンと重なり合いながらも，その政策評価はまったく逆[28]

である。リベラリストとは反対に，彼はこのイデオロギーがアメリカに過剰拡大と不必要な軍事介入を促し，平和の構築にも安全の確保にも寄与しなかったと批判する。門戸開放世界こそがアメリカのパワー，影響，そして安全を促進するというウィルソン主義の約束は「幻想の平和」であり，ポスト冷戦期，過剰に覇権的な政策をとったアメリカはいまや歴史上の覇権国と同じ衰退の道を歩みつつあった。その批判は，他でもなくパワー配分の観点からグローバルな空間秩序の持続性に警鐘を鳴らすものだったのである。

新たなる不透明性

　こうしてゼロ年代の3つの戦争は，アメリカが主導したグローバルな空間秩序をパワーと正統性の両局面から侵蝕した。例えばチャールズ・カプチャンは，アフガニスタン紛争の翌年，早くも次のように「アメリカ時代の終わり」を予告している。

　アメリカの時代はいまだ健在であるが，代わりとなるあらたなパワーの勃興と，力を失いつつある単独行動主義的な国際主義によって，新しい世紀が進むにつれ，アメリカが衰退することは確実となろう。そしてそれは，重大な地政学上の結果をもたらすだろう。アメリカの覇権から生まれていた安定と秩序は，優位をめぐるあらたな競争によって徐々に取って代わられるだろう。とどまることを知らないグローバリゼーションという機関車は，アメリカ政府が制御をやめたとたんに脱線し，パックス・アメリカーナは，はるかに予測不能で危険な世界環境に道を譲ることになる。

彼によると，当時アメリカの一極時代を終わらせる要因は2つあった。一方で，冷戦終結とEUの統合・拡大は，ヨーロッパにアメリカの対抗勢力となる新たな機会をもたらす。両者のあいだには重大な領土問題こそないが，貿易や金融をめぐる競争や社会モデルに関する価値観の相違は統合されたヨーロッパが一極構造へ挑戦する可能性を示していた。他方，もう1つの要因は，アメリカ

自身の内部にある。現実主義と理想主義の戦い，北部と南部の経済利害や文化の違い，そしてポピュリズムに象徴される国内の党派政治は，アメリカのリベラルな国際主義が孤立主義と単独行動主義の混合物へ転化していく危険性を孕んでいた。ここに姿を現すのがいわば「やる気のない保安官」としてのアメリカである。むろん中山俊宏も指摘するように，「アメリカ衰退論」は歴史上何度も繰り返されてきた特殊アメリカ的な言説形態にほかならない。だがカプチャンの予測は，一方ではイラク戦争開戦をめぐるアメリカと独仏との確執として，また他方ではグルジア，ウクライナ，シリア，あるいは南シナ海などをめぐるオバマ政権の「無為の蓄積」として現実化することになった。

　さらにポスト冷戦秩序の「融解」をより鮮やかに描き出したのは，ファリード・ザカリアの『アメリカ後の世界』（2008年）であろう。若くして『フォーリン・アフェアーズ』誌の編集長を務めたインド生まれのジャーナリストは，アメリカの時代の終わりを，「アメリカの凋落」ではなく，「アメリカ以外のすべての国の台頭」によって特徴づける。

　　政治的，軍事的レベルで言うと，わたしたちは今も単一超大国の世界にいる。しかし，ほかのすべての次元──産業，金融，教育，社会，文化で見れば，権力の分布は脱・一国支配の方向へとシフトしている。これは「反アメリカの世界」が出現しつつあるという意味ではない。「アメリカ後の世界」に移行しつつあるという意味だ。「アメリカ後の世界」の定義と運営は，さまざまな場所から，さまざまな人々によって行われる。

彼によると，過去500年のあいだに世界は3回，構造的なパワー・シフトを経験してきた。1回目は近代初頭の西洋の台頭であり，2回目が19世紀末のアメリカの台頭であり，3回目は現在進行中のその他の国の台頭である。ポスト－ポスト冷戦期には，世界経済が政治に優越し，既存の秩序への適応を目指さない新興諸国が誕生した。ザカリアによれば，アメリカは依然として最強国だが，いまや正統性の力を著しく欠いているため，その他の国々の発展とともに「ア

メリカ後の世界」が到来する。そこは，かつてサミュエル・ハンチントンが展望したように「単＝多極システム」（uni-multipolar system），つまり多くの大国と一つの超大国というきわめて曖昧模糊とした世界であった。

　むろんこうした衰退論に対抗して，アメリカの優位を確認する言説も皆無ではない。例えばジョセフ・ナイ Jr. は，2015年の著作で「アメリカの世紀は過ぎ去ってない」と述べ，同国をグローバルな勢力均衡やグローバルな公共財の供与の中心的存在にしてきた軍事的・経済的優越性やソフトパワーの源泉に注意を促している。世界経済におけるアメリカの占有率は前世紀半ばから低下し，新興国や非国家アクターの登場によって複雑性は増しているとはいえ，「一極」か「多極」か，という議論は単純すぎる。リーダーシップや影響力は支配ではなく，その時期により度合いが異なるのは当然であると彼は主張した。

　だがこうした多くの言説にもかかわらず，ポスト一極構造の世界がいかなる極性（polarity）に帰着するのかは依然として明らかではない。コンサルティング会社ユーラシアグループを率いるイアン・ブレマーは，この新たなる不透明を「Gゼロの世界」という言葉で巧みに表現する。「現在，国際社会が行動を起こすことを妨害する力をもつ国の数は多いが，現状をつくり直すほどの政治的，経済的な体力を持つ国は存在しない」。拡大していく債務問題と雇用をはじめとする国内課題への関心傾斜，そして単一の明白な敵国の不在というポスト－ポスト冷戦期の政治経済条件は，アメリカを内向きにする強いインセンティブとなっていた。

　もっともブレマーによると，この「Gゼロの世界」は新たな世界秩序とは呼べるものではなく，あくまで移行期の姿でしかない。そのため彼は，来るべき世界の展望として，①アメリカと中国が責任を分担する〈G2〉，②米中両国といくつかの強国の〈協調〉，③アメリカと中国が衝突する〈冷戦2.0〉，④米中両国に加え複数の強国が競合する〈地域分裂世界〉という4つのシナリオを描き，さらに各国内部が無政府状態に陥っていく〈Gマイナス〉の可能性にも言及した。いずれにせよ，この未来予想図ではポスト－ポスト冷戦期は，第二次世界大戦終結後はじめてグローバルなリーダーシップが欠如する時代となる。

「Gゼロの世界」は単なるアメリカ衰退論である以上に，ポスト冷戦秩序のグローバリティが明白な覇権国の交代をともなうことなく「融解」しつつあることを示したのだった。

地域主義の多重再生

　こうして今日までに，ポスト冷戦秩序の融解をアメリカの覇権の衰退と同一視することはある種の定型になっている。興味深いことに，アメリカの一極構造の融解はリベラリストにとってもリアリストにとっても同じく望ましくない事態である。一方でリベラリストは，それを国際協力や紛争管理のために必要な国際的リーダーシップの喪失とみなす。他方でリアリストは，それを競合する大国の機会主義的な侵略の誘発と結びつける。つまり両者は，その表面上の対抗関係にもかかわらず，アメリカの覇権の衰退が危険で無秩序で分裂した世界をもたらすという点では同じ展望を示している[45]。

　だがこうしたポスト−ポスト冷戦秩序への悲観的展望に対して，アミタフ・アチャリアは「アメリカ的世界秩序の終わり」を積極的に認め，「アメリカ後の世界」を多極（multipolar）秩序ではなく，多重（multiplex）秩序として描いてきた。例えば安全保障分野では，欧州安全保障機構（OSCE）や東南アジア諸国連合（ASEAN）といったポスト−覇権的多国間協力が，北大西洋条約機構（NATO）のような「対抗的安全保障 security against」とは異なる「協調的安全保障 security with」のメカニズムを発展させている。また経済分野でも，国際通貨基金（IMF）や世界貿易機関（WTO），世界銀行といったアメリカ主導のメカニズムに代わり，平等や社会正義，富の再配分を重視する「新たな多国間主義」が提唱されてきた[46]。さらに国境横断的な人権擁護活動も，必ずしもアメリカの覇権によってのみ広められてきたわけではない。実のところ，国際NGOの人権監視活動は，途上国現地における人権擁護団体とのパートナーシップを欠いては何も成し遂げられないからである。

　これらのことからアチャリアは，アメリカ主導のグローバルな空間秩序の融解の先に新たな地域秩序の萌芽を見出そうとする。現代の世界では，紛争解決

でも国際援助でも地域の視点が決定的重要性をもちつつあり，アメリカのリーダーシップが後退していくとすれば，なおのこと新興国の潜在力と正統性を見直すことが必要となる。そこに生じるのは，かつてのヨーロッパ協調のような「古い地域主義」ではない。むしろ彼は，ポスト・パックス・アメリカーナの空間秩序の基盤として，「新たな地域主義」を掲げるのである。

　　「古い」地域主義と「新たな」それを区別する重要な違いは，古い地域主義が狭く特定の焦点（戦略性と経済性）に絞り込まれていたのに対して，新たな地域主義は包括性と多次元的な性質をもつところにある。また別の違いは，前者が覇権的な諸国家の支配的役割を想定していた（あるいは，覇権的な地域主義は「外から」ないし「上から」かたちづくられてきた）のに対し，後者は（「内から」あるいは「下から」の）新たな地域主義の「自主性」を強調するところにある。地域的な諸制度の創出と維持はただ一つの強国によってかたちづくられるものではない。むしろ，秩序に関する諸々の理念やアプローチの源泉と行為者は，アクターのあいだに広く拡散し共有されている。⁽⁴⁷⁾

たしかに歴史的には，かつての地域主義は強国の覇権によってかたちづくられてきた。だが現代世界では，地域レベルとグローバルレベルは密接に結びつき，新興国がグローバルな水準でパワーを追求しようとすれば，自らの地域グループからの支持が必要になる。自らが埋め込まれている地域で紛争や混乱が生じると，それはグローバルレベルでのパワーの追求の妨げとなるため，新興国はより包摂的な地域秩序を築くはずだとアチャリアは主張したのだった。⁽⁴⁸⁾

　なるほど領域性の観点からみれば，アメリカ後の世界には2つの秩序の可能性を想定できる。第一の可能性は，「グローバルな協調モデル」である。そこではアメリカは新興国とパワーや権威を共有する。だがアチャリアの見るところでは，このモデルは3つの理由から成立し難い。⁽⁴⁹⁾第一に新興諸国はそれ自体決して一枚岩ではなく，しばしば互いに対立しあっている。第二に，幅広い協調にはある程度のイデオロギー的収束が必要だが，既存の強国と新興国の間で

も新興諸国間にも，そのような収斂を見出すことはできない。そして第三に，協調は本質的には諸大国のクラブを意味し，脆弱な国家は周辺化されるか二次的地位におかれる。これらの問題は，「グローバルな協調」という秩序モデルの実現をきわめて困難にしてしまう。

　これに対し第二の「地域世界モデル」は，もはやグローバルな統合に固執することはない。そこで描き出されるのは，かつてヨーロッパが生み出したような分裂した多極（multipolar）世界ではなく，文化的多様性のもとで小国のニーズも配慮される多重（multiplex）秩序である。

　……多重的な世界秩序は，古典的なヨーロッパ協調とは似ても似つかない。むしろそれは弱小国家のニーズに責任をもち，より包摂的な秩序であることによって，いっそう大きな正統性を得ることになる。かつての協調とは異なり，多重秩序は脆弱なアクターを周辺化したりしない。代わりに，強力なアクターは弱小なアクターの自律性を尊重し，ともに取り組むことでよりうまく秩序を管理する。多重秩序は，文化的に多様な世界における政治秩序である。それは，単一のアクターや仕組みではなく，さまざまな諸アクターのパワーや目的に基づく制度的な取決めと同じように，政治的・経済的な相互連関に基盤をおいている[50]。

今日の世界秩序をめぐる不透明性を拭い去るのは，グローバルな覇権秩序の再生でもなく，またいくつかの強国が中小国を支配する多極秩序でもない。アチャリアにとって，ポスト-アメリカ時代のあるべき秩序像は，1つの建物内のそれぞれの部屋で異なる映画が上映されているマルチプレックス・シネマのような世界である。新たな地域主義のもとで各々の正統性が担保されたこのポスト覇権的な多重秩序は，国際秩序の基盤がグローバルな空間性からリージョナルな場所性（locality）へと分化しつつあることを暗示していた。

4　地政学への回帰

二重化する空間性

　こうしてポスト冷戦期から今日までの国際秩序をめぐる言説のいくつかを辿ると，そこにグローバルな空間秩序の融解と新たな領域性の再編成が浮かび上がってくる。だが仮にアチャリアが想定するように，ポスト・アメリカ世界の地域秩序が多次元的で包摂的な性質をもつとしても，その生成過程が必ずしも平和的である保証はない。今日，このことをもっとも直裁に論じているのが，冷戦の終わりから間もない1994年に「アナーキーの到来」を発表していたロバート・D. カプランであることは決して偶然ではないだろう。

　2012年に公刊した『地政学の逆襲』の冒頭で，カプランはやはりフランシス・フクヤマの『歴史の終わり』をとりあげ，ポスト冷戦期の「思想サイクル intellectual cycle」を浮かび上がらせている。まず彼によれば，第一の思想サイクルは1990年代の「ミュンヘンの教訓」の時期であった。「ミュンヘンの教訓は，平和と繁栄の時代が続き，戦争の苦しみが遠い過去の抽象的な記憶になるとき，またぞろ頭をもたげはじめる」。1994年にルワンダでの虐殺を止められなかったことは，世界と遠くの他者の運命に共感を寄せる普遍主義を鼓舞し，1990年代後半の NATO によるユーゴスラヴィアへの軍事介入に強い動機づけをもたらした。湾岸戦争（1991年）やボスニア（1995年），コソボ（1999年）での空爆に象徴されるように，1990年代の軍事介入は主にエアパワーに依拠して地理的条件を克服し，道徳的普遍主義のもとでグローバルなパワーの投射が可能であるという空間認識を産み落とした。かつて二度の世界大戦で空戦を目の当たりにしたカール・シュミットは，「空中ラウムは固有の規模，固有のラウムになる」と喝破したが，20世紀後半のエアパワーはたしかに陸地や海洋とはまったく異なるグローバルな空間性の生成を演出してきた。

　ただしカプランによると，この「幻想の時代」はアフガニスタンの山岳地帯とイラクの市街地で終わりを迎える。2000年代には，ポスト冷戦時代の思想サ

イクルの第二段階として，ミュンヘンに代わり「ベトナムの教訓」が持ち出されてきた。「1990年代には，世界各地の民族間・宗派間の争いは努力して克服すべき障壁と見なされたのに対して，その後の10年間では，こうした憎悪のある場所では軍事行動は控えるべきだったと考えられるようになった」[54]。泥沼化するイラクとアフガニスタンでの戦争は，アメリカのパワー投射が必ずしも道徳的に望ましい成果を生み出すとは限らないこと，地理がいまだに現実的な制約条件であることを思い起こさせる。

　　ポスト冷戦時代の最初の思想サイクルに終止符を打ったのがエアパワーによる地理の敗北と人道的介入の勝利だったのに対し，続く第二サイクルは，地理の逆襲によって最高潮に達した。こうしてわれわれは，人間存在の陰鬱な現実に引き戻された。「社会が着実に向上を続ける」というビジョンを捨て去り，次の生存競争を受け入れ，またメソポタミアとアフガニスタンのような場所で，地理による過酷な制約を受け入れざるを得なかったのである[55]。

この時代診断では，ポスト冷戦秩序の融解は単にアメリカのパワーや正統性の相対的低下に尽きるものではない。むしろそれは，グローバルな空間性（global spatiality）と地理的な場所性（geographical locality）とのあいだに広がる〈ギャップ〉が，戦争の泥沼化を通じて次第にあらわになってきたことを意味していた。

　この点では，1970年代にアメリカのベトナム介入を分析した永井陽之助が，すでに次のように異なる2つの空間性を描写していたことは注目に値する。

　　空間の二重性の視点からみると，“通信可能空間”即“統治可能空間”と錯覚したところに，米軍のベトナム介入の戦略的錯誤の根源があった。すなわち，地方的環境のもつ文化的独自性を無視したことである。第二次世界大戦後，米国の軍指導部は，情報空間のみを軍事的に意味を持つ空間と考える空海軍的偏向に毒されてきた。第二次世界大戦直後，さすがに物理的に広大

な中国大陸には直接介入を避けたが，中国に比べてはるかに狭隘で，海岸線からの縦深の浅いインドシナ半島は，第七艦隊の空軍力で十分に制御可能と安易に考えた錯覚である。[56]

振り返ってみれば，ポスト冷戦期のグローバルな空間秩序は，主に通信可能空間（communicable space）の拡大によって特徴づけられていた。トーマス・フリードマンは，「世界をフラット化した10の要因」として，ベルリンの壁崩壊，インターネットの普及，新たなソフトウェアを通じたワークフローの接続，アップローディング，アウトソーシング，オフショアリング，サプライチェーン，インソーシング，インフォーミング，そして共同作業テクノロジーを挙げている。[57]経済的グローバリゼーションを推し進めるこれらの要因は，たしかにグローバルな通信可能空間の生成を促進したかもしれない。だがそれは，必ずしも統治可能空間（governable space）のフラット化を意味しなかった。いまや通信可能空間のグローバリティと，統治可能空間のローカリティの懸隔はあちこちで広がりつつある。

　それゆえ，現代世界におけるこの「空間の二重化」をカプランも次のように表現する。

　　グローバリゼーションによって，地方主義（localism）がかえって息を吹き返している。地方主義は多くの場合，民族意識や宗教心をもとにし，特定の土地と結びついているため，これを説明するには地形図を参照するのがよい。マスメディアと経済統合の力によって，個々の国（地理に逆らって人為的につくられた国を含む）の力が弱まり，一部の重要地域で対立の絶え間ない不安定な世界がむき出しになった。個々のイスラム国家は，内部では国内勢力によって脅かされているが，情報通信技術によって，汎イスラム主義運動がアジア・アフリカのイスラム圏全域で勢いを増している。[58]

今日多くの論者が指摘する「地政学への回帰」は，単にアメリカの覇権の後退

や新興国による多極化，あるいは地域主義の再生を意味するだけではない。むしろその背後で進行しているのは，ますます緊密に接続されていくグローバルな空間性と互いに異なる論理で結び付けられてきた地理的な場所性とのギャップの拡大である。グローバルな空間秩序の保安官兼保証人であったアメリカの撤退は，その後の地域にパワーと正統性の真空を生み出すのみならず，覆い隠されてきた通信可能空間と統治可能空間のギャップをも露呈させる。カプランの言う「地政学の逆襲」は，まさにこのはざまにこそ生じていた。

圏域の画定とオフショア戦略

　ポスト冷戦期のグローバリゼーションの裏側で開いてきたこの裂け目に注目し，いち早くそれを可視化したのがトーマス・バーネットであった。2003年，彼は1990年から2003年におけるアメリカの主要な軍事行動を振り返り，部隊が配備されたカリブ海沿岸，アフリカ，バルカン諸国，コーカサス地方，中央アジア，中東および南西アジア，そして東南アジアの大部分がグローバリゼーションの経済的恩恵に十分に与っていない「統合されないギャップ」であることに注意を促す。このギャップに相対するのは，積極的にグローバル・エコノミーに参画する「機能するコア」である。そこには北米，ヨーロッパ，日本，オーストラリアなどの「古いコア」と，中国，インド，南アフリカ，アルゼンチン，チリ，ロシアなどの「新しいコア」が含まれていた。ビンラディンとアルカイダは，まさに統合されないギャップの無法地帯の産物であり，価値ある未来を築くためには，まずコアの免疫システムを強化し，次にギャップからコアへの悪影響を防ぐ縫合線上の諸国（seam states）を防壁として機能させ，最終的にはギャップそれ自体を縮小させていかねばならない。そこで推奨されたのは，いわばグローバルな通信可能空間とローカルな統治可能空間の懸隔を埋める努力に他ならなかった。

　今日振り返れば，この「ペンタゴンの新しい地図」はむしろ21世紀の世界においてサブカテゴリーとしての圏域（sphere）が再登場してくる徴候であった。コアとギャップに世界を区分することは，各地に散らばる不安定地域と安定や

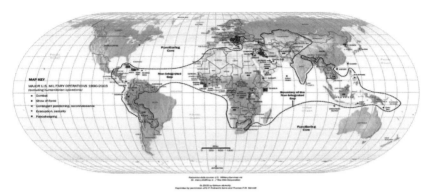

図2-1　アメリカ国防省の新世界地図：21世紀の戦争と平和

出所：Thomas Bernett, *The Pentagon's New Map: War and Peace in the Twenty-first Century*, 2004 より作成。

発展に与る地域とを特定の「意味」が埋め込まれた圏域へと再編成させる。バーネットの地図にも表されているように，「機能するコア」と「統合されないギャップ」という空間の意味づけは，いわば機能主義的な境界線によって世界を分割する，極めて政治的な効果をもっている（図2-1）。

　さらにこうしたサブカテゴリーとしての圏域の再登場は，近年，アメリカの世界戦略として掲げられる「オフショア・バランシング」にも反映されてきた。ポスト冷戦期に一貫してオフェンシヴ・リアリズムを掲げてきたジョン・メアシャイマーは，2014年に刊行した『大国政治の悲劇　改訂版』の結論部で，次のように圏域の不可避性を宣言する。

　　大国にとって最大限に望める目標は「地域覇権 regional hegemony」の達成くらいであり，これは自国の存在する地域の支配を意味する。たとえばアメリカは西半球における地域覇権国である。ただし，アメリカは世界で最も強力な国家でありながら，「世界覇権国 global hegemon」ではない……国家が地域覇権を達成すると，その次には新たな狙いが出てくることになる。それは「他の大国が地域覇権を達成するのを阻止する」というものだ。言い換えれば，地域覇権国はライバルの登場を嫌うのだ。

これまでアメリカは、しばしば「世界覇権国」として表象されてきた。だがメアシャイマーの考えでは、アメリカを含むいかなる国も世界覇権を達成することなどできない。それは端的に、遠くの大国を征服することができないためである。遠距離を越えてパワーを投射し、さらにそれを持続的に維持することは困難であり、とくにそれが大西洋や太平洋のような大規模な水域を越える場合にはよりいっそう難しくなる。まさにこのために、アメリカはモンロー主義のもとで設定した西半球の外側では、沖合から勢力均衡を保つ役割を果たす国家——オフショア・バランサー——として振舞ってきた。

　このオフショア・バランシングにとって理想的な戦略は、自らは可能な限り域外にとどまりつつ、地域外の中小国と効率的な同盟関係を構築し、彼らに各地域での潜在覇権国の封じ込め（containment）を担わせることである。メアシャイマーによれば、封じ込めは征服不可能な潜在覇権国の台頭を制止する防御的戦略であり、地域覇権国とその地域外の潜在覇権国との戦争の代替策として採用されてきた。ただし、「現地の国々が潜在覇権国を自分たちの力で封じ込められない場合には、沖合に位置しているオフショア・バランサーは、実質的にはオンショア、つまり岸にあがらなければならない」。そこで生じる問題は、この「岸辺というライン」をどこに画定するかであった。圏域の再登場は、不可避に世界の内部にいかなるラインを引くべきかという問いかけを提起する。

　なるほどクリストファー・レインも論じていたように、このオフショア・バランシングは、本質的に同盟国に責任を転嫁する戦略である。それが有効に機能するとき、オフショア・バランサーはその安全が直近で脅かされている諸国にバランシングのリスクやコストを負わせることができる。だがこのバックパッシングを有効に機能させるためには、緩衝地帯を設ける「防疫線 cordon sanitary」や侵蝕されてはならない「不後退防衛線 defensive perimeter」といった「ライン思考」を通じて、地理的な場所性として圏域を画定する必要があった。すなわちある地域の圏域化の構想は、いつもすでに古くて新しいライン思考のカタチをとって立ち現れてくる。かつて冷戦時代の幕開けにあたって提唱された封じ込め政策が、「過剰介入から離脱」を志向する「隔離」のレト

リックに憑りつかれていたのは決して偶然ではなかったのである[67]。

ユーラシアをめぐる３つのライン思考

こうして今日，ユーラシア大陸をめぐるあからさまなライン思考を各国の国際秩序観のなかに見出すことは難しくない。例えば9・11テロから間もない9月30日，アメリカ国防総省が発表した QDR（Quadrennial Defense Review）2001では，アジアが次第に大規模な軍事競争の舞台になりつつあることが指摘され，中東から北東アジアにいたる地域が「不安定の弧 arc of instability」として圏域化されていた[68]。

また2014年３月４日に発表された QDR2014 では，アジア太平洋地域の重要性が次のように明言される。

　　合衆国は，一世紀以上にわたる太平洋国家であり，経済面，安全保障面でこの地域と深く，また永続的に結びついてきた。特に過去60年間は，合衆国は自由で開かれた通商，公正な国際秩序の推進，共有の領域への開かれたアクセスを維持することによって，アジア太平洋地域が平和と繁栄を確保できるように助けてきた。この地域におけるアメリカ合衆国の経済，安全保障，そして人的な結びつきは強く，発展している[69]。

この文章は，安全保障環境を検討する第１章の冒頭に置かれ，アメリカの「リバランス」をあらためて確認するものだったが，そこには明らかにアジア太平洋地域という古くて新しい圏域化の構想が映し出されていた。

他方，日本においては，2006年11月に麻生太郎外務大臣が日本国際問題研究所で行った演説の中で，「自由と繁栄の弧」と呼ばれる空間ビジョンが提示されていた[70]。日本から東南アジアを経てインド，中央アジア，イラク，旧ユーゴを通り EU 諸国にいたるこの圏域構想は，ユーラシア大陸の外周に成長してきた新興民主主義国を帯のようにつなぐが，それはまた，露骨なまでにアメリカの不安定の弧をなぞるように設定されている（図2-2）。

図2-2 日本が提唱した「自由と繁栄の弧」

出所：外務省ウェブサイトより。

　さらに2013年に中国の国家主席に就任した習近平は，「シルクロード経済ベルト」と「21世紀海上シルクロード」からなる「一帯一路」の構想を提唱してきた。一方のシルクロード経済ベルトは，中国から中央アジアを経てヨーロッパに至る第一ライン，中国から中央アジア，西アジアを経て，ペルシア湾と地中海に至る第二のライン，そして中国から東南アジアを経て，南アジア，インドに至る第三のラインという３つの陸路からなる。他方，21世紀海上のシルクロードは，中国の沿海から南シナ海を通り，マラッカ海峡からインド洋，紅海，地中海東岸を抜けてヨーロッパに至る第一の航路と，中国沿海部から南シナ海を経て南太平洋に到達する第二の航路から構成される。そこに画定されるラインの大部分は，やはり「不安定の弧」や「自由と繁栄の弧」と重なり合うものであった（図2-3）。

図2-3　中国が提唱した一帯一路

出所：『毎日新聞』2015年8月18日東京朝刊より。

5　未来としての過去？

古典地政学の呪縛

　これらアメリカ，日本，中国のあいだでほぼ重なり合う３つのライン思考は，21世紀の地政学の思考様式が，いまなお20世紀前半の古典地政学に拘束されていることを示している。周知のように，現代地政学の祖とも呼ばれるハルフォード・マッキンダーは，「地理学からみた歴史の転回軸」（1904年）において，世界を３つの領域に区分した。主にロシアを想定したユーラシア大陸中心部のピボットエリア，この回転軸のすぐ外側を取り囲むドイツ，オーストリア，トルコ，インド，および中国などからなる内周の半月弧（inner crescent），そ

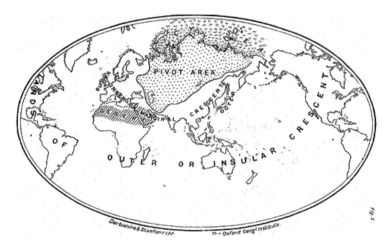

図2-4　自然にもとづく権力中枢

出所：Mackinder（1904）.

してさらにその外側を囲い込むイギリス，南アフリカ，オーストラリア，アメ
リカ，カナダ，日本などが構成する外周の半月弧（outer crescent）は，文字通
りユーラシアをめぐる3つの圏域として地理的な場所性にもとづいて編成され
ている（図2-4）。

　ここで重要なことは，ライン思考にもとづく圏域化を志向するこの世界観が，
文字通り地球そのものを理解し，把握しようとする知的営みとして生じていた
ことである。第一次世界大戦が終結する1919年，マッキンダーはすでにそのグ
ローバルな空間認識を次のように記していた。

　たとえば地球の表面のどの部分をとってみても，それらは気象的に，経済
的に，軍事的に，また政治的に関連している。過去の時代のように，すでに
知られている事実が曖昧にされ，いつしか忘れ去られるといったことは，も
うなくなった。政治的な国境を越えて領土を拡大するゆとりも，またない。
あらゆる衝撃的な事件，あらゆる災難，そしてまたあらゆる一見無駄な出来
事は，今やことごとに地球の反対側にまでその余波をおよぼすばかりか，ま
た反対にこちら側に跳ね返ってくる。[73]

あたかも，現代の経済的相互依存やインターネットの発達を説明しているかのようにさえ読めるこの文章は，間違いなく20世紀初頭のものである。マッキンダーのライン思考／圏域構想は，決してグローバリゼーションと矛盾してはいなかった。むしろ圏域化による世界の分割は，まさに大英帝国の地理的拡大が限界に達し，地球の一体性がはっきりと認識されたそのときにこそ生じていたのである。

　さらに，このマッキンダーの世界観を修正したアメリカの地政学者ニコラス・スパイクマンは，3つの圏域をハートランド／リムランド／沖合 (off-shore) の島嶼部へと読替えたうえで⁽⁷⁴⁾，次のように喝破していた。

　……マッキンダーの格言である「東欧を支配するものはハートランドを制し，ハートランドを支配するものは世界島を制し，世界島を支配するものは世界を制す」というのは間違いである。もし旧世界のパワー・ポリティクスのスローガンがあるとすれば，それは「リムランドを支配するものはユーラシアを制し，ユーラシアを支配するものが世界の運命を制す」でなければならない⁽⁷⁵⁾。

彼にとって，リムランドはユーラシア内陸部のランドパワーとそれを取り囲むシーパワーとがぶつかり合う広大な緩衝地帯であった。陸と海とに向き合うその両生類的性格ゆえに，この地域の国々はあるときはランドパワー，またあるときはシーパワーの脅威と対峙しなければならない。「正常な外交政策は，パワー・ポリティクスの現実にのみ向けられるものではなく，国家が世界のなかで占める特定の位置にも見合っていなければならない⁽⁷⁶⁾」と述べたスパイクマンは，地理的な場所と軍事拠点との関係こそが国家の安全保障問題を規定するはずだと考えたのだった（図2-5）。

　もちろんこの2人の古典地政学は，それぞれに異なる重心を持っている。一方で，マッキンダーは，シーパワーとしてのイギリスとランドパワーたるロシアの対立を念頭に置きながら，その世界史的な衝突の舞台を東欧に見出してい

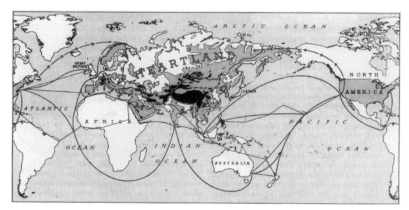

図 2-5　ユーラシア大陸の地政学地図

出所：スパイクマン（2008：19）。

た。つまり第一次世界大戦前後に培われたその世界観は，当時の大英帝国の国際秩序像を裏書きするものだったのである。他方，「沖合の島嶼」であるアメリカでその思考を紡いだスパイクマンにとっては，リムランドの支配こそがユーラシアでの覇権を握るための必要条件であった。すなわち，マッキンダーとスパイクマンとの「視差」は，第一次世界大戦時のイギリスと第二次世界大戦時のアメリカの国際政治上のポジションを忠実に反映している。ただしそれと同時に，両者の世界観にはその場所性／時代性の差以上の共通性も見出すことができた。それは世界が一体化すればするほどユーラシアの外縁部が重要となり，そこに画定される圏域の支配権がグローバルな覇権に不可欠となるという視点である。振り返れば，アメリカ国防総省が提示した「不安定の弧」，その反転模写としての「自由と繁栄の弧」，そしていずれのルートも中国から発して西方・南方へと延びる「一帯一路」の圏域構想は，その細部こそ異なるものの，どれもこれら古典地政学のグローバルなライン思考を踏襲するものであった。

　こうしてみると，ライン思考にもとづく圏域化はグローバリゼーションの進展と矛盾するどころか，むしろその産物であったことがわかる。つまりエアパワーやサイバースペースの重要性が高まるグローバリゼーションのさなかに

あって，通信可能空間と統治可能空間の二重性は解消されないどころか，ますます拡大する。ポスト冷戦期に，覇権的な一極構造とリベラルな価値規範の拡大によってグローバルな空間秩序がかたちづくられてきたからこそ，いまや地理的な場所性と結びついた圏域構想が芽生えてくる。今日の地政学への回帰は，単にアメリカのパワーや正統性の相対的低下，新興国の台頭といったアクターレベルで生じているだけではない。そのライン思考は，むしろパワーと価値規範のグローバルな投射の帰結として育まれている。

マハンの亡霊

　そしてこのライン思考の源流に，19世紀末から20世紀初頭にアメリカの海軍大学校教官を務め，門戸解放政策を推し進めたアルフレッド・セイヤー・マハンの世界観を見出すことは決して難しくはない。その世界観の第一の特徴は，海洋を「偉大な公路」と見なした点にあった。[77]

　　海洋が政治的，社会的見地から，最も重要かつ明白な点は，それが一大公路であるということである。いや，広大な公有地といった方がいいかも知れない。そのうえを通って人々はあらゆる方向に行くことができる。しかしそこにはいくつかの使い古された通路がある。それは人々が支配的ないくつかの理由によって，ほかの通路よりもむしろ一定の旅行路を選ぶようになったことを示している。これらの旅行路は通商路と呼ばれる。[78]

マハンにとって，海洋は公有地であり，世界を自由に結びつけるハイウェイにほかならない。そこに一定のルートが定着すればそれは「航路」となる。
　またその世界観の第二の特徴は，海上のパワーと陸上のパワーをはっきりと区別し，前者の役割を戦時以外にまで拡張したところにあった。

　　広い意味におけるシーパワーとは，武力によって海洋ないしその一部分を支配する海上の軍事力のみならず，平和的な通商及び海運を含んでいる。この

平和的な通商及び海運があってはじめて海軍の艦隊が自然にかつ健全に育まれ，またそれが艦隊の堅確な基盤になるのである[79]。

つまり，海軍の重要な特性は戦時だけでなく平時にも必要とされるところにある。通常，戦略という言葉は軍事的な共同作戦に用いられ，実際の戦争の現場や作戦行動の際に必要となる。だがマハンによれば，海軍は平時においても海外の拠点を維持し，政治的影響力を維持するために有効であった。

　そしてマハンの世界観の第三の特性は，その戦略論を一連のライン思考の組合せによって構築した点にあった。彼によれば戦略の3要素は「中央位置」「内線」「交通線」という3つのラインである。2つの相対する敵対勢力の中央位置を確保すれば，両勢力を分断しその合同を妨げることができる。またこの中央位置を延長していけば内線となり，敵対勢力に対して迅速にパワーを集中することができた。他方，自らの勢力の作戦行動全般を保証するラインは交通線とよばれ，内線が攻撃路だとすれば，交通線は防衛路を意味する。

　　戦隊の存続保証をおもな特徴とするので，交通線は本質的に自衛行動の線だといえます。一方，内線は攻勢的な性格を持っており，内線を活用する交戦国は，敵軍が自らの戦線を強化するより早く，その戦線の一部を集中攻撃できる[80]。

これら，世界につながる公路としての海洋，平時におけるパワー投射，そしてライン思考の編成にもとづいた戦略的位置の確保を特徴とするマハンの海軍戦略論は，ヨーロッパの海外拡大がほぼ物理的な限界にまで達した19世紀末，グローバルに連結された世界を圏域として再編するための思考様式を提供したのだった。

　そして皮肉にも，いまやマハンの海軍戦略はグローバリゼーションのもとで成長しつつある新興国に採用されつつある。『地政学の逆襲』のなかで，カプランはその様子を次のように述べる。

このようにスパイクマンとマッキンダーのいうユーラシアのリムランドと世界島の沿岸地帯は，二つの軍事的現実に直面しているように思われる。一方では，アメリカ海軍が，縮小傾向にあるがまだ圧倒的な艦隊によって，アフリカから北東アジアまでの同盟国とともに，コルベットの精神で警備を行い，安全な貿易環境を確保するために海を守っている。他方では，主に中国，次いでインドが，マハン的な思想を盾に，増大する軍事力を誇示している。アメリカの帝国主義的野心の象徴たるマハンを，中国が受け入れたがために，アメリカ海軍は彼の思想を払拭できずにいる。どれほど逃れたいと願おうとも，パワー・ポリティクスの葛藤は永遠に続くのだ。[81]

カプランによれば，いまやマハン，マッキンダー，スパイクマンの衣鉢を受継ぐのは新興国である。ポスト冷戦秩序の融解後は，もちろん19世紀の世界ではない。だがそこで採用されている思考様式が，しばしば20世紀前半まで古典地政学にまでさかのぼれることは，われわれの21世紀に不気味な影を落としている。

世界観への自己認識

　以上，本章では，ポスト冷戦秩序を支えたグローバルな空間性がアメリカの相対的な地位の低下とともに「融解」し，より多重的な圏域構想が芽生えつつあることを明らかにしてきた。世界を分割する圏域化は，いつもすでになんらかのライン思考のもとで構築されており，今日ユーラシア大陸を取り囲む3つのライン思考もまた，実のところかつての古典地政学の世界観を再生産したものに他ならない。

　だがグローバリゼーションが拡大し，社会変化の速度がますます早まるなかで，古典地政学の思考様式はどこまで不変のものなのだろうか。この点に関して，国際関係と地政学の関係についても奥深い洞察を示してきた政治地理学者ジョン・アグニューは，地政学を素朴な決定論として受容れないために2つの留意点を挙げている。[82] その第一は，地政学においては，「政治的なもの」と

「知的なもの」は決して分離できないということである。通常，地政学はある特定の国家の政策に奉仕するために客観性の装いをまとって提示される。だが前節でマッキンダーやスパイクマン，そしてマハンについて確認してきたように，それはいつも「いまここ」の偏った視点を反映してもいる。地政学には客観性と偏向性との鋭い緊張関係が埋め込まれているのであり，「知的営為」としての地政学は同時にまた「政治的行為」でもあることを認識しておく必要性がある。

　そして第二にアグニューによれば，近代の地政学的想像力の諸要素は決して過去のものにはなっていない。ここまで確認してきたように，その思考様式は単なる過去のテキストや文書としてではなく，一連の政策実践や社会的行為として命脈を保ち続けている。19世紀末のマハンの世界観は第一次世界大戦前夜にイギリスのマッキンダーに引き継がれ，その圏域構想はふたたび第二次世界大戦中にアメリカのスパイクマンに受容されていった。だがこの思考様式は決して過去の遺物ではなく，今またあらためてユーラシアの新興諸国に受容られれつつある。地政学の思考は一種のコモンセンスとして世代間で受け継がれ，歴史的文脈を解釈するために，文字通りリサイクル（再利用）されている。

　この点でかつて永井陽之助は，同じ事件は繰り返すことがなくとも，それを解釈する思考の型や意味づけのパターンは繰り返しているのではないかと述べたことがある。

　……事件というのはオリジナルなもので，一回限りで繰り返さないけれども，それをどういうコンテクストで捉えるかという意味づけの物の考え方は，みごとに繰り返しているということですね。一九三〇年代，四〇年代，五〇年代，六〇年代……と見てくると，三〇年代，戦争に突入していく時のある種のものの考え方，スタイルは，別な形をとっているが，いま再び繰り返している。事件は繰り返さないけど，事件を解釈する思考の型というか，意味づけは繰り返している。[3]

この認識論的循環から抜け出すためには，結局自らの世界観を形づくっている諸前提を注意深く精査するしかない。本章の考察もまた，現代世界を解釈するわれわれの思考様式を再確認することによって，その自己認識を深め，歴史の悪循環から脱するためのささやかな努力に他ならないのである。

＊本稿は，日本国際政治学会2015年度研究大会　公募企画「国際秩序と領域性の変容──圏域・境界・統治」の報告原稿に大幅に加筆・修正したものである。企画にご協力をいただいた岩下明裕先生（北海道大学），宮脇昇先生（立命館大学），前田幸男先生（創価大学），ならびにフロアからのコメントにこの場を借りて深く御礼申し上げたい。

なお本研究は，平成27年度科学研究費助成事業　基盤研究B「多層化する国民国家システムの正統性の動態分析──セキュリティとデモクラシー」（課題番号25285044）の成果の一部である。

〈付記〉　本章は，『青山地球社会共生論集』（創刊号，2016年）に発表されたものであるが，編集委員会の判断にもとづいて，ここに転載することにした。このような転載を許可してくださった青山学院大学地球社会共生学会に対して，心から感謝を申し上げたい。

注
(1)　Mead（2014）．
(2)　Haass（2014）．
(3)　かつてブルは，秩序の変更を目指す人々が望むのは無秩序な社会ではなく，現在の支配階層の利益に奉仕するような規則や条件の変更にほかならないと記していた（Bull 1995：53）。
(4)　Ó Tuathail & Agnew（1992：227）．
(5)　Clark（2001：3）．
(6)　Clark（2001：243）．
(7)　Clark（2001：244ff.）．
(8)　Clark（2001：246）．
(9)　Ikenberry（2009：10-20）．

⑽　Clark（2001：253）.

⑾　こうした国際秩序観は Ikenberry（2000）における戦後秩序論と強い親和性を持
　　つ。ただしクラークは，安定的な政治秩序はパワーからの見返りの少なさと制度ら
　　の見返りの多さによって特徴づけられるとするジョン・アイケンベリーの見方につ
　　いて，制度とパワーとの関係を単純化していると批判している。なお国際秩序をパ
　　ワーと規範の合成物とみる見方としては，高橋（2015）を参照。

⑿　一極性が国際関係にもたらす影響を幅広く論じた文献としては，さしあたり
　　Ikenberry, Mastanduno & Wohlforth ed.（2011）を参照。

⒀　Krauthammer（1991）.

⒁　Brooks & Wohlforth（2002＝2003：97）.

⒂　ジョンソン（2000：273）。

⒃　ケネディ（1993），石川（2005），杉田編（2007），チェア（2011），ハバード＆ケ
　　イン（2014）等。

⒄　ブレジンスキー（2004：278）。

⒅　ブレジンスキー（2004：24）。

⒆　Ikenberry（2011：333f.）.

⒇　Ikenberry（2014：101f.）.

㉑　Kapchan（2014：48-53）.

㉒　滝田（2014：229-237）。

㉓　千知岩・大庭（2014：91）。

㉔　2015年10月，アメリカのオバマ大統領は翌年末に予定していたアメリカ軍の撤退
　　計画を見直し再来年以降も5500人を駐留させる新たな方針を発表した。

㉕　フクヤマ（2006：133）。

㉖　フクヤマ（2006：134）。

㉗　レイン（2011：337）。

㉘　Ikenberry（2002），カプチャン（2003）。

㉙　レイン（2011：40）。

㉚　なお，イマニュエル・ウォーラスティンは，すでに湾岸戦争が3つの点でアメリ
　　カの衰退を示していると述べていた。第一に，むき出しの軍事力を行使しなければ
　　ならないという事態そのものがアメリカのパワーの衰えを示している。第二に，ア
　　メリカはこの戦争を戦うための資金を自国で捻出できず，クウェート，サウジアラ
　　ビア，ドイツ，日本などに依存していた。第三に，湾岸戦争の勝利は「ベトナム戦
　　後症候群」からの決別という誤った教訓を指導者にもたらした。ウォーラースティ
　　ン（1991：16-17）。

㉛　カプチャン（2003：上31）。

(32) カプチャン（2003：上279-283）。

(33) カプチャン（2003：下11-13）。

(34) カプチャン（2003：下80）。

(35) この種の典型的言説としてブレット（2015）。スティーブン・ブレットによれば，アメリカの撤退は世界の無秩序を意味するため，アメリカを世界の警察官の役割を維持しなければならない。

(36) 中山（2013：4）。

(37) Kagan（2003），Leonard（2005）．

(38) ザカリア（2008：16）。

(39) 同じく西洋およびその他の諸国の台頭を検討した文献としては Kupchan（2012）。

(40) ザカリア（2008：324）。

(41) Huntington（1999），ザカリア（2008：64）。

(42) Nye（2015：125-126）．

(43) ブレマー（2012：23）。

(44) ブレマー（2012：191-231）。2015年の新著では，ブレマーはアメリカの選択肢として，もはや他国の問題解決に責任を負わず，「自立したアメリカ」として手本を示すべきだとのべている（Bremmer 2015：198）。

(45) Acharya（2014：31）．

(46) Acharya（2014：57）。なお2011年に IMF 専務理事に就任したクリスティーヌ・ラガルドは，2014年2月にロンドンで行った講演「新しい多国間主義」でケインズ主義の正当性を主張している（Lagarde 2014）。

(47) Acharya（2014：80）．

(48) Acharya（2014：103）．

(49) Acharya（2014：108-110）．

(50) Acharya（2014：113）．

(51) Kaplan（1994）．

(52) Kaplan（2012：15＝2014：38）．

(53) Schmitt（1950：297＝2007：422）．

(54) Kaplan（2012：19＝2014：44）．

(55) Kaplan（2012：28＝2014：54）．

(56) 永井（1979：99）。なお同じ箇所で，永井はすでにグローバリゼーションの隘路とも呼ぶべき状況にも言及している。「地球社会の混雑状態がひどくなるにつれ，国家をこえた，多国間の協議によってのみ解決可能な"グローバルな議題"や争点がますます多様化，複雑化するが，眼を底辺の方へ向けると，北アイルランドの宗教対立，カナダのケベックのフランス語系住民の分離運動，スコットランドと

ウェールズの地域的独立運動，イランにおけるイスラム民族主義革命，アフガニスタンでのイスラム・シーア派の反政府ゲリラ，あるいはベトナム難民問題に象徴されるように東南アジアでの多様な民族，宗教，文化の細分化と対立等，枚挙にいとまのない細胞分裂がすすんでいる。このように近代の主権国家は頂点と底辺において不断の内部侵蝕にさらされているということができよう。」

(57)　フリードマン（2010）。

(58)　Kaplan（2012：35＝2014：60）。

(59)　Barnett（2003：152）。

(60)　Barnett（2003：156）。

(61)　オフショア・バランシングについて検討した論考としては，さしあたり佐藤（2013）。

(62)　Mearsheimaer（2014：365＝2014：484）。

(63)　なおヘンリー・キッシンジャーも，2014年の大著で真の意味では世界秩序は成立したことはないと述べ，ヨーロッパ，中国，イスラムはそれぞれ異なる世界秩序を展開してきたと指摘している（Kissinger 2014：2-8）。

(64)　Mearsheimaer（2014：237＝2014：322）。

(65)　Mearsheimaer（2014：385＝2014：511）。

(66)　レイン（2011：347）。

(67)　冷戦思想の「疫学的起源」については，永井（2013）を参照。

(68)　Department of Defense（2001：4）。

(69)　Department of Defense（2014：4）。

(70)　外務省（2006）。

(71)　関（2015）。

(72)　Mackinder（1904：37）。

(73)　マッキンダー（2008：40）。

(74)　スパイクマン（2008：92）。

(75)　スパイクマン（2008：101）。

(76)　Spykman（2008：447）。

(77)　その『海軍戦略』のなかで，マハンはモンロー主義からの決別を次のように認識していた。「門戸開放政策の実行には，モンロー主義の場合と比べていささか間接的にも海軍力が必要であることはやはり明らかです。というのも門戸開放政策を実践すべき場は太平洋だからです」（マハン 2005：105）。

(78)　マハン（2008：41）。

(79)　マハン（2008：46）。

(80)　マハン（2005：33）。

⑻⒈　Kaplan（2012：112＝2014：141）.

⑻⒉　Agnew（2003：127）.

⑻⒊　永井ほか（1985：368）。

参考文献

Acharya, Amitav (2014) *The Ends of American World Order*, Polity.

Agnew, John (2003) *Geopolitics: Re-visioning World Politics* (second edition), Rooutledge.

Bernett, Thomas P. M. (2003) "The Pentagon's New Map," Esquire (March 2003) in Gearóid Ó Tuathail, Simon Dalby & Paul Routledge ed. (2006) *The Geopolitics Reader* (second edition), Routledge, pp. 151-154.

Bremmer, Ian (2015) *Superpower: Three Choices for America's Role in the World*, Penguin Books.

Brooks, Stephen G. and William C. Wohlforth, "American Primacy in Perspective," *Foreign Affairs*, vol. 81. no. 4., July / August 2002.（「アメリカの覇権という現実を直視せよ――単極構造時代の機会と危機」『ネオコンとアメリカ帝国の幻想』朝日新聞社，2003年，91-114）

Bull, Hedley (1995) *The Anarchical Society: A Study of Order in World Politics Second Edition*, Macmillan Press.

Clark, Ian (2001) The Post-Cold War Order: The Spoils of Peace, Oxford University Press.

Department of Defense (2001) *Quadrennial Defense Review Report*, September 30, 2001.

―――― (2014) *Quadrennial Defense Review Report*, March 4, 2014.

Haass, Richard N. (2014) "The Unraveling: How to Respond to a Disorderd World," *Foreign Affairs*, vol. 93. no. 6., November / December 2014.（「解体する秩序――リーダーなき世界の漂流」『フォーリン・アフェアーズ・リポート』2014. No. 11., 5-14）

Huntington, Samuel P. (1999) "The Lonely Superpower," *Foreign Affairs*, vol. 78. no. 2. March / April 1999.

Ikenberry, John G. (2000) *After Victory: Institutions, Strategic Restraint, and the Rebuilding of Order after Major Wars*, Princeton University Press.

―――― (2002) "America's Imperial Ambition," *Foreign Affairs*, vol. 81. no. 5., September / October 2002.（「新帝国主義というアメリカの野望」『ネオコンとアメリカ帝国の幻想』朝日新聞社，2003年，61-88）

――――― (2009) "Woodrow Wilson, the Bush Administration, and the Future of Liberal Internationalism," in G. John Ikenberry, Thomas J. Knock, Anne-Marie Slaughter & Tony Smith, *The Crisis of American Foreign Policy: Wilsonianism in the Twenty-first Century*, Princeton University Press, pp. 1-24.

――――― (2011) *Liberal Leviathan: The Origins, Crisis, and Transformation of the American World Order*, Princeton University Press.

――――― (2014) *Power, Order, and Change in World Politics*, Cambridge University Press.

Ikenberry, John G., Micahel Mastanduno & William C. Wohlforth (2011) *International Relations Theory and the Consequences of Unipolarity*, Cambridge University Press.

Kagan, Robert (2003) *Of Paradise and Power: America and Europe in the New World Order*, Alfred A. Knopf.

Kaplan, Robert D. (1994) "Coming Anarchy," *The Atlantic Monthly*, February 1994, in Gearóid Ó Tuathail, Simon Dalby & Paul Routledge ed. (2006) *The Geopolitics Reader* (second edition), Routledge, pp. 188-196.

――――― (2012) *The Revenge of Geography: What the Map Tells Us about Coming Conflicts and the Battle against Fate*, Random House.（櫻井祐子訳『地政学の逆襲――「影の CIA」が予測する覇権の世界地図』朝日新聞社，2014年）

Kissinger, Henry (2014) *World Order: Reflections on the Character of Nations and the Course of History*, Penguin Books.

Krauthammer, Charles (1991) "The Unipolar Moment," *Foreign Affairs*, vol. 70. no. 1., January / February 1991.

Kupchan, Charles A. (2012) *No One's World: The West, the rising Rest, and the Coming Global Turn*, Oxford University Press.

――――― (2014) "Unpacking hegemony: the social foundations of hierarchical order," in G. John Ikenberry ed. (2014) *Power, Order, and Change in World Politics*, Cambridge University Press, pp. 19-60.

Lagarde, Christine (2014) "A New Multilateralism for the 21st Century," in London, February 3, 2014.（https://www.imf.org/external/np/speeches/2014/020314.htm）

Leonard, Mark (2005) *Why Europe will run the 21st century*, Fourth Estate.

Mackinder, Halford (1904) "The Geographical Pivot of History," *Geographical Journal*, (23), in Gearóid Ó Tuathail, Simon Dalby & Paul Routledge ed. (2006) *The Geopolitics Reader* (second edition), Routledge, pp. 34-38.

Mearsheimer, John J. (2014) The Tragedy of Great Power Politics updated edition, W.W. Norton & Company.（奥山真一訳『改訂版　大国政治の悲劇——米中は必ず衝突する』五月書房，2014年）

Mead, Walter Russell (2014) "The Return of Geopolitics: The Revenge of the Revisionist Powers," *Foreign Affairs*, vol. 93. no. 3., May / June 2014.（「『歴史の終わり』と地政学の復活——リヴィジョニストパワーの復活」『フォーリン・アフェアーズ・リポート』2014. No. 5. 6-15）

Ó Tuathail, Gearóid and John Agnew (1992) "Geopolitics and Discourse: Practical Geopolitical Reasoning in American Foreign Policy," in *Political Geography*, 11 (2), 190-204. In Klaus Dodds ed. (2009) *Geopolitics*, Vol. 3, 225-243.

Ó Tuathail, Gearóid, Simon Dalby and Paul Routledge (2006) *The Geopolitics Reader* (second edition), Routledge.

Nye, Joseph S. Jr. (2015) *Is the American Century Over?*, Polity.

Spykman, Nicholas J. (2008) *America's Strategy in World Politics: The United States and the Balance of Power*, Transaction Publishers.

石川卓（2005）「近代国家アメリカ主導の帝国型システム？」（石川卓編）『連鎖する世界——世界システムの変遷と展望』森話社，236-262頁。

ウォーラースティン，イマニュエル（1991）『ポスト・アメリカ——世界システムにおける地政学と地政文化』（丸山勝訳）藤原書店。

外務省（2006）「自由と繁栄の弧をつくる——拡がる日本外交の地平」（外務大臣　麻生太郎・日本国際問題研究所セミナー講演）。

カプチャン，チャールズ（2003）『アメリカ時代の終わり　上・下』（坪内淳訳）ＮＨＫブックス。

ギデンズ，アンソニー，松尾精文・小幡正敏訳（1993）『近代とはいかなる時代か？——モダニティの帰結』而立書房。

ケネディ，ポール（1993）『大国の興亡　決定版——1500年から2000年までの経済の変遷と軍事闘争　上巻・下巻』（鈴木主税訳）草思社。

ザカリア，ファリード（2008）『アメリカ後の世界』（楡井浩一訳）徳間書店。

佐藤正弘（2013）「「オフショア・バランシング」の本質と今日的意義——日米同盟の深化に向けて」『海幹校研究』3(1)，105-132。

ジョンソン，チャルマーズ（2000）『アメリカ帝国への報復』（鈴木主税訳）集英社。

杉田米行編（2007）『アメリカ〈帝国〉の失われた覇権』三和書籍。

スティーブンズ，ブレット（2015）『撤退するアメリカと「無秩序」の世紀——そして世界の警察はいなくなった』（藤原朝子）ダイヤモンド社。

スパイクマン，ニコラス（2008）『平和の地政学——アメリカ世界戦略の原点』（奥山真司訳）芙蓉書房出版。

関志雄（2015）「動き出した「一帯一路」構想——中国版マーシャル・プランの実現に向けて」（独立行政法人　経済産業研究所 HP http://www.rieti.go.jp/users/china-tr/jp/150408world.htm）。

高橋良輔（2015）「国際秩序」押村高編『政治概念の歴史的展開　第七巻』晃洋書房，87-106頁。

滝田賢治編（2014）『アメリカがつくる国際秩序』ミネルヴァ書房。

チェア，エイミー（2011）『最強国の条件』（徳川家広訳）講談社。

千知岩正継・大庭弘継（2014）「対テロ戦争——終わりが遠ざかる戦争」高橋良輔・大庭弘継編『国際政治のモラル・アポリア——戦争／平和と揺らぐ倫理』ナカニシヤ出版，60-96頁。

永井陽之助（1979）『時間の政治学』中央公論社。

―――（2013）『冷戦の起源——戦後アジアの国際環境Ⅰ・Ⅱ』中公クラシックス。

永井陽之助ほか（1985）「二十世紀とは何であったか」永井陽之助編『二十世紀の遺産』文藝春秋，362-398頁。

中山俊宏（2013）『介入するアメリカ——理念国家の世界観』勁草書房。

ハバード，グレン＆ティム・ケイン（2014）『なぜ大国は衰退するのか——古代ローマから現代まで』（久保恵美子訳）日本経済評論社。

フクヤマ，フランシス（2006）『アメリカの終わり』（会田弘継訳）講談社。

フリードマン，トーマス（2010）『フラット化する世界——経済の大転換と人間の未来　普及版』（伏見威蕃訳）日本経済新聞出版社。

ブレジンスキー，ズグビニュー（2005）『孤独な帝国アメリカ——世界の支配者か，リーダーか？』（堀内一郎訳）朝日新聞社。

ブレマー，イアン（2012）『「Ｇゼロ」後の世界——主導国なき時代の勝者はだれか』（北沢格訳）日本経済新聞出版社。

マッキンダー，H. J.（2008）『マッキンダーの地政学——デモクラシーの理想と現実』（曽村保信訳）原書房。

マハン，アルフレッド・T.（2005）『マハン海軍戦略』（井伊順彦訳）中央公論新社。

―――（2008）『マハン海上権力史論』（北村謙一訳）原書房。

レイン，クリストファー（2011）『幻想の平和——1940年から現在までのアメリカの大戦略』（奥山真司訳）五月書房。

第3章
インターネットによる口語化と平和

1　戦争とメディア

　1445年ごろのグーテンベルグの活字印刷の発明以降，戦争とメディア，中でも戦争とその時代の新しいメディアの関係は密接である。ドイツ農民戦争（1524-25年）や30年戦争（1618-48年）など16世紀，17世紀のヨーロッパの戦争は，パンフレとよばれる印刷されたビラやルターの著作などにより急激に広まった宗教改革が争点となり起こった。フランス革命（1789年）とその後のナポレオン戦争（1799-1815年）は，啓蒙思想の書籍により準備されたとも言える。米西戦争（1898年）は，イエロージャーナリズムと呼ばれる大衆化したアメリカの新聞による扇動的な報道が一因となっている。第一次世界大戦（1914-18年）の戦況は，逐一新聞で報道され，またポスターがプロパガンダとして重要な役割を果たし，兵士だけでなく全国民が戦争に協力する総力戦を可能にした。第二次世界大戦（1939-45年）では，各国ともラジオ放送に力を入れた。ベトナム戦争（1964-73年）に対するアメリカ国内の世論形成にはテレビによる戦争報道が大きな影響を果たした。湾岸戦争（1991年）では衛星放送による報道が登場し，攻撃を受ける敵国で取材をして映像を世界中に流した。その一方でベトナム戦争の報道が反戦運動の誘因になったとの反省から，従軍取材のマネジメントや映像提供，攻撃のあり方など，精緻なメディア対応がおこなわれた。現代の戦争は，イスラム国（Islamic State，以下 IS）に見られるように，インターネットをつかった宣伝が重要な役割を果たしている。

　結局，戦争とは社会的な行為であり，関与する人を極めて高いリスクに直面させるので，社会の多くの人を強く納得させ続けなければならないのである。このことにより，戦争を遂行する政府は，メディアを，その中でも説得の効果が高く効率が良い，その時代の最新のメディアを活用する。歴史をみると，この傾向は「民主主義」や「総力戦」の出現によりさらに強まったことがわかる。民主主義国家における戦争は，世論の強い支持が不可欠であり，他国が敵意を持っていて，自国に対して不当な行為を行っているという認識を社会の多くの人が持つようになることから始まることが多い。そういった世論を形成するためにメディアが必要になるのである。また，総力戦とは，第一次世界大戦や第二次世界大戦など，先進国間で行われた戦争の形態で，兵士のみならず，あらゆる国民の協力を必要とする戦争の形態である。兵士は徴兵や応募により広く国民から集めるだけでなく，兵器などを生産する労働者の動員，国債販売などによる戦費の調達，軍事関連への資源の優先的な割り当てなど，多くの場面で一般の国民の協力も必要となる。この目的のためにもメディアが重要な役割を果たす。

　しかし，メディアが戦争を作り出すとすれば，メディアが平和を作ることもある。ベトナム戦争の報道による反戦運動の高まりに見られるような戦時だけでなく，平時こそメディアの役割は重要である。平和な社会，すなわち戦争をしにくい社会とは，自らの属する集団を広くとらえ（現在のところ，その究極は人類，もしくは自然も含めた地球全体となるだろう），敵として他国や他者を認識しない人々が多い状態と言えるだろう。坂下（2006）は，紛争を経験した国のマス・メディアや関連法制整備などに支援を行うことで，紛争を予防する「紛争予防のためのメディア支援」のコンセプトとその歴史，シエラレオネやインドネシアのマルク諸島，東ティモールなどの事例とメディア支援の実際の方法を整理している。その中で坂下は，「マス・メディアには紛争に関する人々の認識を操ることで，敵対心を強めたり弱めたりする力があり，認識の転換を通して敵対心を弱めれば紛争は解決できる。」「多様なマス・メディアによる自由な活動と質の高い情報発信は民主主義を強化する事で，社会紛争が武力紛争に転

じる事を防ぐ『紛争管理』機能を強化する」という原則を示している（坂下2006：5-14）。しかし，現在，人々が情報を得るメディアは，テレビ・ラジオ・新聞・雑誌などから，インターネットへと急速に変化している。現在の平和を考えるためには，インターネットの台頭によるメディア環境の変化と，それが人々にどのような影響を与えているかを知ることは不可欠だ。

　インターネットは，混ざり合っている状態のものを，遠心力により物質ごとに純粋な形でそれぞれ分離する遠心分離機のようなものである。自分と他者の区別を作り出し，分離してアイデンティティを強め，その集団内の思考を純化する。集団と集団の間に壁を作り分離し，集団間の敵対関係を生み出す（樺島2016）。印刷による書籍・パンフレット・新聞，ラジオ，テレビなどのインターネット以前のメディアが，分裂していた言語を標準化し，社会にとって影響のある出来事を一度に多くの人に伝え，社会共通の儀式的な役割を果たすなど，社会の異なる様々な集団を統合する方向に作用したことと比べると，正反対のベクトルだ。しかし，人類の歴史からみれば，メディアが社会を統合する方向に働いたのは，ここ500年ほどの短い例外であったと言えるかもしれない。印刷が登場する以前のはるか昔からあった，口語を主な情報伝達手段とした時代は，やはり，分離・分裂の方向に力が働いていたからである。インターネットは口語への回帰ともいえよう。

　本章は，インターネットがどのように社会を変えるのか，それに伴い平和にどのような影響を与えるかを，インターネットにより口語化する社会，という視点から論じるものである。本章の構成は，以下の通りである。まず，口語に特徴的な文化やコミュニケーションについて整理する。次に，インターネットが口語化しているのか，について論じ，最後に，口語化する社会とシャローム（平和）を考える。

　ここで，簡単に先行研究を紹介しておこう。活字印刷の出現と普及により，どのように人間と社会が変化したのかについて論じたマクルーハン（1962＝1986）は，メディアの変化と人間や社会の変化を考えるうえで，いまだに示唆に富んだ文献である。口語文化の特徴については，オング（1982＝1991）が包

括的な整理を行っている（オングは口語文化を「声の文化」と呼んでいる）。ツイッターなどの SNS を中心としたインターネットの言論と戦争との関係，その実例については，パトリカラコス（2017＝2019），シンガー，ブルッキング（2018＝2019）が詳しい。日本においては，ツイッターなどの SNS と選挙や政治の関係を統計的に分析した，上ノ原（2014，2019），小笠原（2018）などがある。特筆すべきは，田中・浜屋（2017，2018）である。統計を使い，インターネットを使っても人々は過激化していないとしている。この論文の結論は，筆者のこれまでの主張および本論文の主張を否定するものである。ただ，設問や，複数のメディアを見ているので偏ることがないと言った解釈には，議論の余地があるように感じられ，それによっては異なる結論がでる可能性もあろう。ここでは細かい議論はできないので，田中らの主張はとりあえず保留して論を進めることにしたい。

2 口語文化とは何か

　口語文化とは，社会の主要なコミュニケーションが音声による会話の時の文化，すなわち印刷で書籍やその他の印刷物が大量に社会に出回る以前の社会の在り方と言える。口語文化を知るためには，逆に印刷が何を可能にしたのかを知る必要があるだろう。相手やその場の状況などの反応として一瞬で対応することが必要な話す行為とは異なり，文章を書くという行為は，構成や文章，1つ1つの語を熟慮しながら，納得するまで時間をかけることができる。さらに，印刷においては，出版する前に編集や校正など，多くの人が内容や文章を確認する過程があり，内容や構成，文法や用語が正しいものに修正されていく。このため，印刷された言葉は，高度に論理的に整理・構成され，文法的に正しい言葉で統一された，非常に長い，複雑な文章となりえる。そして，印刷は，話された言葉と違い，非常に長期間にわたって（場合によっては永遠に），全く同一の文章を非常に多くの人に伝える。このような印刷の持っている性質は，中世社会を徐々に変質させ，近代を成立させた一因となった。すなわち，同一の

印刷物を読むという行為によって，その地域共通の母国語を作り，人々が共通して持つ○○人というアイデンティティを形成し，長期的に国民国家を成立させることとなった（アンダーソン 1991＝2007：76-87）。また，聖書を民衆に開放し宗教改革のきっかけとなり，新しい発見を他人が同じやり方で確認するという科学的手続きを成立させ，科学の発展を促した（アイゼンステイン 1983＝1987：157-199）。

これにたいして，口語文化とは，文字ではなく，音として話される言葉が主要な役割を果たす社会の文化である。口語文化には，以下のような特徴がある。

まず，第一に，メディアとしての口語の特性がある。われわれも日常の中で感じていることではあるが，印刷などと比較すると話し言葉のメディアとしての特徴が挙げられる。話し言葉は，音声によるものであり，言葉が発せられた瞬間に消滅し，後で参照したり確認することができない。また，書かれた文章のように，意味や文法，構成等が厳密でない表現となる。儀礼や呪術，詩などの場合は，厳密さが表れる場合もあるが，きわめて限られた場面であり，特殊な文や語句が用いられるので，例外と言えよう。さらに，話し言葉は，書かれた文章に比べると1つの文が短い傾向にあり，演説など長時間続く話でも，その文字数は本に比べると少なく短い。

第二に，過去の記録のあり方が印刷以後とは異なる。文字による記録ができないか，印刷以前で手書きしかなく，ごく限られた人にしか文字による記録ができない社会では，記録は人の記憶，具体的には暗唱によることが多い。しかし，暗唱による記録とは，文字による記録とは異なり，一字一句を正確に記憶するものではない。人が記憶しやすいように，韻などを用いた定型の言葉（形式のある詩）や常套句を組み合わせ，内容も人並み外れた英雄（しかし同時に型どおりの英雄でもある）を中心とした戦争などの定型的なストーリーの要素を結合した物語となる（オング 1982＝1991：55，148-150）。口語文化における記録は，年や日時など細かい部分が欠落した，時には矛盾のある，おおまかなストーリー，すなわち必然的に神話的な物語となるのである。口承されてきた歴史を文字で記録した古事記と最初から文字で記録された日本書紀の内容の違いや，

これほどは明確ではないが，口承的要素が強い旧約聖書と最初から文字で書かれた新約聖書を思い浮かべるとこの違いは良く分かるだろう。そして，このような記憶方法が，思考をも限定する。

　第三に，口語での情報伝達では，必然的に感情を伴い切り離すことはできず，また，常に話す相手が存在することから，より強く感情が現れることが挙げられる。オングはハヴロックの研究を援用して以下のように要約している。すなわち「声の文化にとっては，学ぶとか知るということは，知られる対象との，密接で，感情移入的で，共有的な communal 一体化をなしとげる，ということを意味する」（オング 1982＝1991：101）。マクルーハンは，映画を見て，登場人物が歌えば歌うアフリカ人の話を引用している（マクルーハン 1962＝1986：63）が，このような現象も一体化の例として理解できよう。

　第四に，口語では対立を強調し相手を罵倒するような，闘技的な面が強調されるとしている（オング 1982＝1991：101）。聖書のダビデとゴリアテの物語や，中世ヨーロッパの騎士物語，無数のアフリカの物語など多くの口述の物語で，登場人物同士が出会うと自身の勇ましさを自慢する一方で相手を罵倒したり，暴力のセンセーショナルで事細な描写が見られる（オング 1982＝1991：97-98）。これをオングは「ことばによるすべてのコミュニケーションが，直接に口頭でのことばでなされ，音声のやりとりの力学にまきこまれざるをえないときには，人と人との関係はつねに高揚したものとなるのである。そうした関係は，たがいに引き付けあう関係であるとともに，またそれ以上に，たがいに反目する関係でもある。」（オング 1982＝1991：97-99）と分析している。情熱と冷静な知性といった分裂した強い感情に直面すると，文字に慣れた人々はそれを内面化し分裂病的妄想となるが，声の文化に生きる人は，しばしば他人や自分をも傷つけるような，並外れた外面的錯乱となることを，オングが特に記している（オング 1982＝1991：148）が，これも感情の吐露の激しさと理解することができる。

　第五に，論理構成などを意識することがない（できない）ことから，口語での思考や伝達は非論理的で状況的なものとなる。オングは，1931年から翌年にウズベク共和国とキルギス共和国の奥地で，読み書きができない人（口述のみ

の世界に生きる人）と読み書きのできる人に同じ質問をしてその答えを記録した
フィールドワークを引用しつつ，口語の世界に生きる人が具体的な状況のみで
考え，具体から抽象的な概念を抽出することに慣れていないかを明らかにして
いる。例えば，読み書きのできない人は，円，四角形などの抽象化された概念
は用いず，円を，皿，ふるい，バケツ，月などと呼び，四角形は鏡，ドア，家，
アンズ乾燥板などと呼んだ。また，「ハンマー」「のこぎり」「丸太」「手おの」
が描かれたカードを道具と材料との2種類に分類するという問題では，読み書
きができない人は，まったく分類ができなかった（分類に関心を示さなかった）
という。実際の使用状況を思いうかべ，丸太と他の道具は一体であると考える
からだ。これに対して，わずか2年間だけ文字を勉強したことがある18歳の少
年は分類できたのだという（オング 1982＝1991：111-113）。

　第六に，口語では，単純な文を順接で次々に重ねていくことや，何度も同じ
話が繰り返されることが起こる。オングは，1610年のラテン語から英訳された
ドゥエー版聖書（1610）が，現在の訳とくらべてより口頭に近いものとして，
その「創世記」を引用する。「はじめに神は天と地を創造された。［そして］地
は形なく，むなくし，［そして］やみが淵のおもてにあり，［そして］神の霊が
水のおもてをおおっていた。［そして］神は「光あれ」と言われた。」［日本聖
書協会口語聖書，［そして］は，原文中の and をあえて訳出したもの］（オング
1982＝1991：83-85）また，同じ事柄や同じ意味のことを何度も繰り返すのは，
音が発せられた瞬間に消えてしまうためで，特に多くの聴衆に話を伝えるため
に必要となるとし，中世からルネサンスに書かれた初期のテキストが同じよう
な内容や表現で膨れ上がっているのは，口語や演説の影響が色濃いためとして
いる（オング 1982＝1991：89-91）。

　第七に，口語の世界では人は保守的，伝統主義的であるとする。オングは，
口承で知識を伝達するためには，「何年もかけて根気よく習得したことを，た
いへんなエネルギーを投入して，何度も何度もくりかえし口に出していってい
なくてはならない」（オング 1982＝1991：92）。こういった労力を考えれば容易
にそれを変更しようとは思わない（変更できない）ことを理由に挙げている。

そして，この貴重な知識を保持している古老が尊敬を受けるのである。マクルーハンは，アフリカ人に関する研究にもとづき，音の世界に生きる人間は，自らを家族や氏族の一部分であると考え，自分自身を自律的な単位と考えない，従うべき様式が事象の原因になるとしているが，これも保守性や伝統主義と見なすことができよう（マクルーハン　1962＝1986：31-33）。

　第八に，口頭でのコミュニケーションはその場，その瞬間に，感情や言葉の力をともなって人々に共有され，また人々の間の相互作用を必然的にともなうことから，声の届く範囲での小規模で熱心な集団を形成する。オングは「口頭でのコミュニケーションは，人びとを結びつけて集団にする。[それに対し]読み書きするということは，こころをそれ自身に投げかえす孤独な営みである」（オング　1982＝1991：147）として，その例として学校の教室を挙げている。教師がクラス全体に話しかけている時は，教師も学生も１つの集団だと感じることができるが，各自で教科書を読んだり書いたりしていると，各自が自分の世界に入り，クラスの一体感は失われる。これは，実際に教えたことがある者なら容易に理解できることだろう。マクルーハンは口語が集団を形成することを，聴覚に伴う感情や，呪術的な面を踏まえて「部族化」と呼んだ。そして，ラジオやテレビなどの電子（電波）メディアにより口述文化が復活し，再部族化が起こり，地球全体が村のようになる，あるいは様々な村ができるとしている。「話しことば社会では原因と結果が間髪を入れずに相互作用しあうことで相互依存の体制が生まれるものだからである。これが村落共同体の性格であり，また電波メディアの発達以後出現した地球村の性格である。」（マクルーハン　1962＝1986：37）とする。

　第九に，流言飛語が多くなる。印刷で版元が保証する正しい情報が広く共有される（印刷は科学の確立にも不可欠だ）近代以降とは異なり，口語を主とした社会では，１人１人が聞いている内容が異なり，また口づたえの間に情報が変化し，容易にデマとなる。魔女狩り，怪物などは，口語というメディアの産物だ。イルジーグラーとラゾッタは，1591年にケルンで魔女として裁判にかけられた葡萄栽培人の妻について書いている。きっかけは，彼女が魔法使いだと他

の人から聞いた少女の一団に「魔法使いの婆，とっとと帰れ！」と大声で罵倒
されたことで，これをきっかけに彼女は拘束され，尋問を受けることになった。
尋問では，町で彼女に会った女の子が突然死んだ，彼女からもらった卵に蛆が
わいていたなどが根拠とされた。口語ならではの噂とデマが魔女を生んだので
ある（イルジーグラー／ラゾッタ　1984＝1992：173-174）。

3　インターネットは口語化しているのか

　インターネットはコミュニケーションを口語化しているのだろうか。イン
ターネットは口語化しているといえる，いくつかの例を以下に示す。

カジュアルで口語的な言葉を使う伝統

　口語を思わせる文法や語句などが厳密でないカジュアルなコミュニケーショ
ンはインターネットが生まれた直後からの基本的な基調でありインターネット
の文化といえるものである。インターネットの原形となる ARPAnet は，
1969年に，カリフォルニア大学ロサンゼルス校，カリフォルニア大学サンタ
バーバラ校，スタンフォード研究所，ユタ大学の異なる規格のコンピュータを
結ぶネットワークとして稼働した。このネットワークにかかわっていたのはコ
ンピュータ研究者と通信研究者であり，限られた技術者コミュニティのメン
バーのみであった。しばらくすると彼らは，テキスト・メッセージ（電子メー
ルのようなもの）で個人的な趣味のやり取りに使うようになった。世界最初の
メーリングリストは，SF ファンがやり取りする「SF LOVERS」だった（浜野
1997：130-133）。後で説明するようにインターネットでは過去の書き込みの保
存が難しいため，その時に書かれたテキストを今は見ることはできないが，カ
ジュアルな書き方であっただろうと想像できる。技術を使える限られた人々の
コミュニティと，内輪の個人的なコミュニケーションは，無線通信の黎明期に
もあったが，無線通信では電波法にもとづく免許制度により，船舶無線などの
業務無線やラジオ放送に使う部分に電波の周波数のほとんどが割り当てられる

一方で，個人的なコミュニケーションはアマチュア無線に限定され，文語的な文章（ラジオ番組でアナウンサーなどの出演者が使う言葉を思いうかべてみると良い）か特殊な業務の言葉が多くを占めるようになった。電話は，個人的な口語のコミュニケーションだが，それはあくまで通信で個人間のものであり，社会の多くの人に働きかける力を持ち得なかった。

　無線とは異なり，現在までインターネットで口語的なコミュニケーションが基調にありつづけた理由としては，コンピュータ技術者のつくる文化の背景として，自由でカジュアルなアメリカ西海岸の文化と，1960年代後半から1970年代初頭のヒッピー文化があったことが挙げられる（マルコフ 2005＝2007）。このカジュアルさは，現在でも，IT 産業の経営者や社員の服装，話し方，書く文章などに引き継がれている。

　しかし，一番大きな理由は，やはりコンピュータを使った通信やインターネットのメディアの特性であろう。インターネットでのコミュニケーションは，時間・費用ともに負担なく書いて即座に相手に送ることができ，即座に相手からの反応を知ることができる。印刷，テレビ，ラジオ，など，世に出すまで多くの手間と時間がかかる既存メディアと比較するとこの特性は明確だ。このため，すぐに返答することが暗黙のうちに求められ，それに対応するために口語的な短文となりがちである。たとえ，ビジネスや知らない人に出すフォーマルなメールなどのやり取りであっても，かつての手書きの手紙に比べると最初の挨拶などもなく十分に短く口語的である。ツイッターや掲示板，ニュースや動画のコメント欄，特に多くの人の注目を集めるような題材では，早く何度も書き込まないと，自らの主張が埋没してしまう。このため，内容の正確さや論理構成・文章の正しさなどをあまり意識せず，口語的に思いついたことを短く書くこととなる（樺島 2016）。

　さらに口語的なのは，動画によるコミュニケーションである。YouTube（2005年創業）やニコニコ動画（2006年創業）が出現した直後から，画像を使って自らの主張を行う映像が急速に増加した。現在はツイッターの投稿に動画を埋め込むことも多いが，これらの動画は，インターネットの個人製作動画の一般

的慣行に従い，話し方のみならず，字幕も口語的表現となる場合がほとんどである。

短期間で消滅するコンテンツ

　声のようにその瞬間に消えてしまうのではないが，印刷された本や文書，手書きの本がほぼ永遠に残り，図書館などに整理され，数十年前のものでもすぐに読めるのと比較すれば，インターネットのコンテンツは，短期間で消えて，過去を参照できなくなってしまうという点でも口語的である。今回の論文を書くために，過去の2ちゃんねるや Yahoo! のコメント欄を確認しようとしたが，ほとんどが消滅していた。確かに，プログラムにより自動的に web ページを保存するアメリカの NPO の Internet Archive や，ユーザーが手動で web ページの記録を残すことができる日本の民間会社のサービス「ウェブ魚拓」などのアーカイブ的なサイトがいくつか存在するが，そもそも記録されている件数が非常に少なく，当時のインターネットの状況や雰囲気を網羅的に知ることはできないし，特定のトピックについての変化を追跡したりすることもできない。また，保存されているページでもレイアウトが崩れており，コメント欄も広告もなくなってしまい，ほとんどの場合リンク先も消滅している。

　インターネットが図書館のように長期間，網羅的に保存する仕組みを持たないことに加えて，一度掲載したものでも，ユーザーや運営会社が意図的に消去できるという点も短期間での消滅を助長している。ユーザーによる消去で，よく見られるのは，書き込みや動画の投稿などで批判を浴び，さらに広くインターネット上に広がって不特定多数から集中的に非難される状態（炎上と言われる）を避けるため，非難があるとすぐにアカウントごと消してしまうというものである（これはごく身近な友人関係でも見られる）。これでは，インターネット上の炎上の記録はほぼ残らない。また，進学や結婚，就職などの個人的な人生の転機や，人間関係の変化などによっても，投稿やアカウントは容易に消されてしまう。個人の書き込みは，企業などが制作する書込みやページ，ニュースなどに比べると，より口語に近い。その企業においても，さすがにアカウン

トを消去することは少ないが，ツイッターなどの SNS で非難を浴びるとすぐ
に書き込みを消去する。

　運営会社による消去には，プログラムの仕組みによるものと，事業の中止や
選択と集中によるものがある。プログラムの仕組みによる消去の例としては，
LINE や Yahoo! ニュースなどが挙げられる。LINE の書き込みは，２週間程
度でサーバー上から消えてしまう。日本最大のニュースサイトであり，ユー
ザーが書き込むコメント欄が重要な研究対象となっている Yahoo! ニュースも，
記事の配信元との契約により，１日から数カ月で消滅してしまう。

　事業の中止による消去は，インターネット黎明期から繰り返し見られる。
1990年代後半に活発に書き込みが行われ，アスキーアート（文字を使った絵）や
現在のインターネットでも使われるようなスラングなどを生み出し，日本のイ
ンターネット文化の先鞭となったパソコン通信は，インターネットの普及に伴
い利用者が減少したことから，2000年代に入ると運営会社が次々にパソコン通
信業務を停止し，日本のインターネットの歴史上，貴重な大量の書き込みはほ
ぼ完全に消滅した。2009年にはアメリカの Yahoo! が，いくつかの国で運営し
ていた無料ホームページサービス，GeoCities を廃止し，インターネット黎明
期からの（GeoCities は1994年からサービス開始）多くのコンテンツが消滅した。
2019年12月には Yahoo! Japan が「Yahoo! ブログ」のサービス停止を予定して
おり，他社のブログサービスへの移行手段が用意されているものの，ユーザー
自身が移行作業を行う必要があるため，ユーザーが関心を失い，放置している
が貴重な情報が書き込まれた多くのブログが消滅することになろう。現在，政
治的にも社会的な議論の場としても重要な役割を果たしているツイッターです
ら，今後数百年にわたってサービスを続けられるという保証はなく，いつかは
サービスを停止し，多くの書き込みが消滅しても全く不思議ではない。

　短期間で消滅するというインターネットの特性は，印刷物，特に印刷物のな
かでも速報性があり頻繁に発行される新聞や雑誌と比較するとさらに明確にな
る。新聞や雑誌は，たとえ100年以上前のものであっても図書館に保管され，
だれでも簡単に，すべて発行されたものを網羅的に広告なども含めて読むこと

ができる。このため，当時の社会の状況や論点，雰囲気を実際に当時の人々が読んだものを通じて感じることができる。

　こういったことが，インターネットで支持を集める人物（右派が多い）の失言や間違いは追求されない一方で，新聞やテレビの間違いは厳しく非難されるという違いの背景にある。インターネットのユーザーは右派が多く，右派に甘いという要因も，そもそもあるが，インターネットでの発言は口語的ですぐ消えてしまう，軽いものだという認識がある一方，さまざまな調査で見られるように，マス・メディアの情報は信頼されている（例えば渡辺（2019：46））という人々の認識の違いが態度の違いを生んでいると考えられる。これもインターネットが口語的だということを，人々が感じている証左だろう。

　最後に，インターネットは，とにかく情報量が多いことも口語的である。日々の書き込みや新しいコンテンツが多すぎて，ほとんどの書き込み，投稿，コンテンツは極めて限られた人数の人にしか届かない。この面でも，発せられた言葉は，近くにいるごく限られた人しか聞くことができないという，口語と似た状況を作っている。

記憶されるための表現

　インターネット上のコンテンツは，印刷物と比較すれば短期間で消えるといえども，Yahoo! ニュースなどでは 2，3 か月，SNS などはサービスが停止されるまでの期間はコンテンツが残され，いつでも参照できるので，自ら書いたことを記憶しようという人はいない。しかし，読む人のウケを狙い，ページビューを稼ぎ，拡散してより多くの人々の注目を集めるためには，ごく短時間で読む人の印象に残ることが必要だ。投稿やコンテンツを作成している人はあまり意識していないのかもしれないが，結果として決まり文句を多用し，仲間うちだけのあだ名や略称を使い，繰り返しの表現を用いるなど結果的に記憶術的な表現，言葉が使われることとなる。

　例えば，トランプ大統領のツイッター（や演説）に非常に良く用いられる表現は「The Fake News Media」で，既存メディアが偏向しているという書込

みの際に繰り返し使われる。民主党と組み合わせた「The Democrats and the Fake News Media」も繰り返し書き込まれ，民主党と既存メディアが連携してトランプを陥れようとしているという印象を繰り返し与える。トランプは口語の特性を無意識的にだが，よく理解しており，現在の口語化時代に先んじている。これが，彼が大統領になった一因である。

　さらに口語的なのが，あだ名をつけ，それを繰り返すという行為である。あだ名は，言葉の意味をずらして使ったり，意外な言葉を組み合わせる，韻を踏むような音の響きや言いやすさ，大げさな表現などの言葉のテクニックを使って，対象の特徴を強調したり，（特にインターネット上では）揶揄したりバカにするもので，詩の表現に通じる面があり，口喧嘩にも通じる口語的なものである。トランプ大統領は，2016年の大統領選挙の時に（実際にはそのずっと以前から，そして現在でも），他の候補者に様々なあだ名をつけて，それを繰り返し使った。例えば，2016年に共和党の対抗馬だった Ted Cruz には，LYIN' Ted（「嘘つきテッド」，この表現自体極めて口語的だ）というニックネームをつけて短期間に繰り返している（図3-1）。これは，インターネットより信頼性が高い衛星放送の Fox News における Ted Cruz のインタビューの一部を切り取り，移民政策とアムネスティに対する態度が2016年時点の大統領キャンペーンで主張していることと違うという30秒の映像をつけて，「LYIN' Ted」と一言だけ投稿する，口語的な，そして典型的なツイッター投稿手法から始まっている。Ted Cruz は，このインタビューの中で新しい移民法を成立させたいとして，それに付随した様々な可能性を留保しているが，このような口頭における留保や妥協の可能性に言及した部分だけを切り出して攻撃されても，インターネットで拡散されるよりも早く，詳細に反論することはできない（一方で，雑誌や新聞の紙面を使った批判と反論の議論は，執筆に時間をかけることができ，編集者などの確認作業も入るので論理的で詳細な議論が可能になる）。トランプが優勢になった大統領選全体の状況もあろうが，Ted Cruz はトランプと同じように，より厳しい不法移民の制限を打ち出すようになっていった。こういった口語的な決まり文句による攻撃が妥協や交渉を許さない原理主義を作り出す例の1つと見ることが

図3-1　トランプのアカウントに見られる LYIN' Ted と書かれたツイート

注：realDonaldTrump アカウントを，「LYIN' Ted」で検索し最初の7ツィートを抜き出したもの。
出所：https://twitter.com/search?q=from%3A%40realDonaldTrump%E3%80%80LYIN%27%20ted&src=
　　　typed_query&f=live　Accessed on October 9, 2019

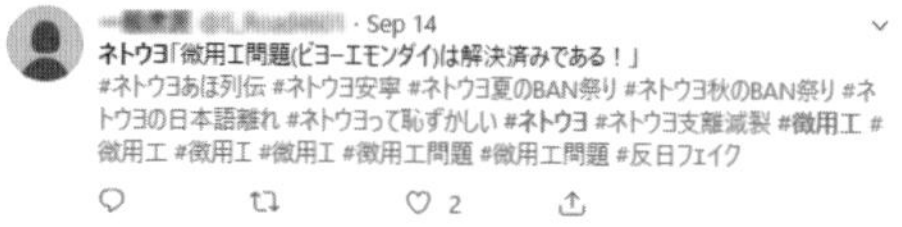

ネトウヨ「徴用工問題(ビヨーエモンダイ)は解決済みである！」
#ネトウヨあほ列伝 #ネトウヨ安寧 #ネトウヨ夏のBAN祭り #ネトウヨ秋のBAN祭り #ネトウヨの日本語離れ #ネトウヨって恥ずかしい #ネトウヨ #ネトウヨ支離滅裂 #徴用工 #徴用工 #徴用工 #徴用工問題 #徴用工問題 #反日フェイク

図3-2　ネトウヨと書かれたツィート

注：「ビヨーエ」とは，右翼的な人々が徴用工を「ちょうようこう」と読めず，「びよーこう」と読んでいると揶揄したもの。下の「#ネトウヨあほ列伝」「#ネトウヨ安寧」などの青文字はハッシュタグと呼ばれるもので，議論のトピックを示したもの。

出所：https://twitter.com/search?q=%23%E5%BE%B4 %E7%94%A8%E5%B7%A5%E3%80%80%E3%83%8 D%E3%83%88%E3%82%A6%E3%83%A8&src=typ ed_query&f=live　Accessed on October 9, 2019

#徴用工訴訟

野党はダンマリ
野党は日本や日本企業を守る気はありません！

日本国民は誰も野党を支持しませんよ！
あ、日本市民のパヨク団が支持してますね。

#徴用工判決
#徴用工
#野党
#パヨク
#売国
#反日

Translate Tweet
6:31 PM · Oct 31, 2018 · feather for iOS

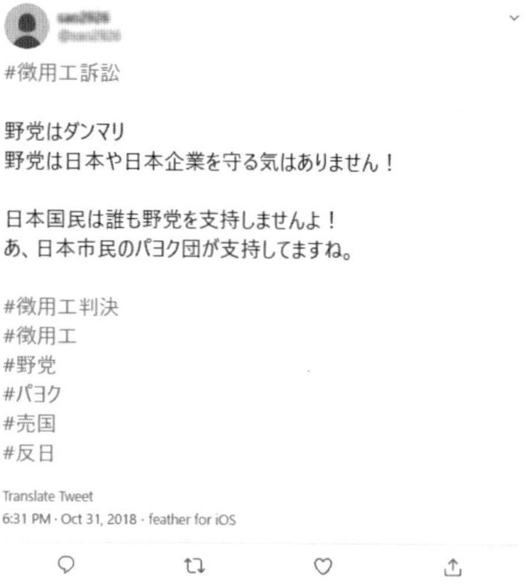

図3-3　パヨクと書かれたツィート

出所：https://twitter.com/search?q=%23%E5%BE%B4 %E7%94%A8%E5%B7%A5%E3%80%80%E3%83%91 %E3%83%A8%E3%82%AF&src=typed_query　Ac- cessed on October 9, 2019

できよう。

　このようなあだ名による攻撃は，トランプ個人のものではなく，広くインターネットの言論に見られるもので，日本でも非常に多く見られる。個人だけではなく特定のカテゴリーや集団にあだ名をつけて，連呼することも多い。右翼的な人々を「ネトウヨ」（図3-2），左翼的な人々を「パヨク」（図3-3）と呼んだり，新聞やテレビなどのマス・メディアを「マスゴミ」，朝日新聞のことを「アカヒ」と呼ぶなどが代表的な例だ（これは右翼側が左翼側を呼ぶときに多いように感じられる）。

　このようなあだ名を使う時点でインターネットの書き込みが感情と強く結びついていることも指摘できる。例で挙げたように，多くみられるのはバカにするためにあだ名を使う場合だが，褒めるためにあだ名を使うこともある。この場合，大げさに良くなるのも口語的だ。日本のインターネットにおける「神」（神のようなすごい人という意味）や，そこから派生した「神回」（連続ドラマやアニメなどで傑作とされる回，神の領域にある回のような意味）という言いかたがそれにあたる。

なぜ口語化が起こるのか

結局，インターネットの口語化は，人がその考えを思いついてから，視聴者や読者に見せるまでの時間が短くなっていることに伴う現象だと言える。インターネット以前のメディアは，送れる情報量が少ないため，限られたメディア企業が厳選し，入念に制作した情報しか，多くの人の目に触れることがなかった。これに対して，インターネットは送信できる情報量が多いだけでなく，ネットワーク参加者が各自で拡張できるアーキテクチャ（設計思想）のため，通信可能な情報量は日々，増加していく。このため，インターネットでは，メディア企業による（オーディションなどでの）選別や編集を受けることなく，個人が直接，費用負担なしで気軽に多くの人に向けて発信することが可能になった。気軽に投稿できる，これが口語化の要因であることは間違いない。

そして，インターネット企業の利益追求の行動が，より口語化を促進してきた。一般的に一般ユーザーが投稿できるようなインターネットのサイトは広告収入を主な収益源としていることが多い。広告媒体として価値を高めるために，これらのサイトは，なるべく多くのユーザーを集める必要がある。また，インターネットのサービスには，多くの場合，ネットワーク効果[2]が働くため，他社よりも早く多くのユーザーを集められないと競争に敗れ，ビジネスの停止を余儀なくされる。競争に勝ち残り，利益を上げるためには，多くのコンテンツを集める必要がある。その一環としてユーザーが投稿しやすい，すなわち，ユーザー投稿の手間をなるべく無くす工夫が極めて重要になるのである。これは，インターネットの UGC（User Generated Contents の略称，ユーザーが制作・投稿するコンテンツのこと）の歴史を見ると，より明確に理解できよう。当初，インターネットの投稿は，一般ユーザー自らが HTML を書いて web ページを作成し発信することから始まった。その後，web ページを作成するのは手間がかかるし，それができるユーザーは少ないということで，あらかじめ定められた web フォーマットに書き込むブログが主流となり，さらにブログを書くのは大変というので，140字に投稿が制限されるツイッターが多く利用されるようになった。動画サイトでは，当初は，デジタルビデオカメラで撮影したもの

を PC に読み込み，特定の形式のフォーマットに変換して投稿する必要があったが，現在はスマートフォンで撮影したものをそのまま投稿できる。

このような，投稿のコストを下げる改良が行われれば行われるほど，考えたこととインターネットへの投稿の時間の差がなくなり，短い表現で論理などを考慮せず，状況や事実を資料などで確認せずに自分の記憶のみで語る，口語的な在り方に近づくこととなる。また，投稿コストの低下は，（それを目的で設計されているので当然だが）発言の加速度的な増加にもつながり，いっぺんに多くの人が発言するような状況，すなわち，ほとんどの発言は届く範囲が極めて狭く，その狭い範囲のなかで発言の応酬を呼ぶという，会話的なコミュニケーションの状況を生む。

口語化によるコミュニケーションの特徴は文章でも起こるのか

ここで今一度，マクルーハンやオングの口語文化の理論に検討を加えよう。マクルーハンとオングは，口承文化と印刷文化の違いは，使われる感覚の違い，すなわち視覚と聴覚という感覚の違いにより生まれるとしている。この主張に基づけば，文字で書かれたツイッターなどの SNS や，聴覚よりも視覚も使う部分が多い動画では，口語の特徴は生まれないことになる。しかし，本節で見たように，文字を使う場合であっても，口語的と理解することができる特徴がみられる。つまり，たとえ文字で伝えるものであっても，背景にある思考や表現が口語的なら，口語的な特徴が表れると言ってもいいだろう。したがって視覚を使おうが聴覚を使おうが，口語的な表現のコミュニケーションでは，口語的なコミュニケーションの特徴が表れるのである。

4　口語化とシャローム（平和）

この章では，口語化＝中世化＝分権化という補助線でシャローム（平和）を考えてみよう。

中世化する現代社会

　印刷との対比において，口語の文化の特徴は2節で整理した通りだが，口語を社会の重要なコミュニケーション手段とした，最後の，そしてもっとも複雑化した社会は，西欧の中世社会であった。近代以降の国民国家は，その領土内において圧倒的な武力を独占する唯一の絶対的な権力であり，領土内の人びとを国民として平等に扱い，国民の生存を保証する。それに対して，中世の社会では，宗教，武力，歴史的に認められた高貴さ，地縁，血縁，都市，職業などに依拠する集団や権力が複数並列に，多くの場合，武力を持って存在し，人びとはこれらのさまざまな集団に属することにより，生存が保証された。そこでは，その属する集団や身分などにより，適用される法が異なり，人びとの平等というものは存在しなかった。また，武器の入手が容易で，武装した集団による小競り合いや略奪，大規模な武力衝突が頻発した時代でもあった。近代では，科学的な真実や，書籍や新聞やラジオ，テレビなどのマス・メディアに伝えられる出来事など，国民のほとんどが同じものを見ていたのに対して，中世では，口語という限定された範囲と内容しか伝えられないメディアが主であるため，一人一人がその生きる場所により，それぞれ異なる真実と認識を持っていたからである。

　現在に目を転じると，国民国家の存在を相対化している，中世化している，と解釈できる現象がある。第一に，インターネット・ビジネスに携わるグローバル企業の増加がある。インターネット以前にも当然，グローバル企業は存在したが，インターネットに関わるグローバル企業は，さまざまな情報，特にかつては国民国家だけが独占していた国民全員を網羅する詳細な個人情報や，国土に関する情報，さまざまな統計データなどの情報を，国をはるかに超える規模で，国際的に蓄積している。例えば，地図作成などといったものは，今後国民国家の手を離れるかもしれないし，個人情報の蓄積によりグローバル・インターネット企業は，個人に対する影響力を強め，例えば信用情報や検索結果，プラットフォームへの出店の可否などを背景に，個人や企業にたいして権力的な面を強めている。また，電子通貨などにより通貨発行権などにも影響を与え

つつある（もちろん法律を用いて規制し国民国家のコントロール下に置こうとする動きもみられるが）。また，インターネット・ビジネスに限らず，グローバル企業で働くエリート層は，主に英米を中心とする高等教育機関を渡り歩いて教育を受け，納税を回避するため，あるいは利便性や，楽しみ，子供の教育のために複数の国に家を持つ一方で，それまで国家が担ってきた教育や医療などに慈善活動として巨額の資金を投じている（フリーランド 2012 = 2013：93-121）。かれらは，国家の社会保障などのサービスは必要としない一方で，非効率で規制等で行動を阻害する国家に反感を持つ場合すらある。

　第二に，NPO が成長し，福祉や人道支援など国民国家が行ってきたサービスの一部を肩代わりするようになったことがある。第三に，国民国家内の地域のアイデンティティの高まりがある。これは，以前からの民族自決の原則を動機にしたアイデンティティや独立運動も存在するが，インターネットの口語的コミュニケーションは，マス・メディアでは報じることができなかった地域の細かな情報や地域住民の議論の場を作り出すことにより，より小さな地域の意識や利害への意識を高める。また，インターネットは，デモなどの具体的な運動の周知にも威力を発揮する。現在，イギリスのスコットランド，スペインのカタールニアなど長年，国民国家に統合されていたにもかかわらず，地域の独立運動が顕在化している背景にはインターネットが可能にしたコミュニケーションがある。[3]

　このような中世化の例のなかで，最もエポックなのは IS に代表される自主的なネットワーク型のテロ組織である。その構成員の多くは，インターネットで IS のプロパガンダを見て，その思想に共感して世界中から IS に参加する。IS が，単なる犯罪集団や民族運動と異なるのは，志願者の人種もさまざまであること，高等教育を受けた人も少なくないことからもわかる。その中には実際に IS の活動地に行く者もいるが，そのまま住んでいる国にとどまり IS に協力し中にはテロを行う者もいる。後者は，国民国家に居住しつつも，その国の国民というアイデンティティよりも，IS という宗教による組織とつながり，そちらに忠誠を誓うという，組織が重層的に存在する状況で生きる。しかし，

ISが，シリアで領土を持ち政府がある国家を形成しようとしたのは皮肉である。インターネット時代の新しい組織であるISの幹部が，自らの新しさに気付かず，現代において最強で安定した存在である国家を目指したことを知ると，彼らも国民国家時代の常識から抜け出してはいないことが分かる。

口語化時代の戦争とは何か

　1445年ごろの活字印刷の登場以降，西欧では，印刷が可能とした情報流通に適した新しい政治社会体制を形成するまで混乱が続いた。この混乱は，中世の重層化した複雑な権力の構造が解体される一方，主権国家（国民国家の原形）が徐々に現れる過程に伴うものだったと言える。この200年間は，まず宗教改革に関連する戦争が起こり，その後，中世的な秩序を守ろうとする勢力と，それを打破して地域や民族の主権を確立しようとする勢力との対立に徐々に変化した，長い戦争の時代であった。主権国家をヨーロッパの様々な権力が公式に認めたのは，実に1648年のヴェストファーレン条約だった。

　新しい技術が社会に現れると，それを使って，より収益をあげたい，良い暮らしをしたい，あるいは良い社会にしたいと思って行動する人々が必ず出現する。そして，そのような人々が台頭すれば，必然的に既存の制度や体制との軋轢が起こる。インターネットは社会の基礎的な情報流通を大きく変化させるという点で，活字印刷に並びうるものだ。活字印刷の発明をきっかけに，国民国家の原形としての主権国家が軋轢のなかで新しく出現し，成長したのと同じように，インターネットを使って，意図のあるなしにかかわらず結果的に国民国家に影響を与えると解釈できる事象が現れている。これまで社会の情報流通の主流であった，一度に多くの人に同じ情報を送るマス・メディアが細分化・衰退する一方で，インターネットとその口語化されたコミュニケーションが勢力を広げることにより，散見される国民国家を脅かす可能性を持つ集団や個人は，さらに増加し，純粋化（過激化）し，かつ影響力を増すであろう。活字印刷の登場後に起こったような既存の体制と新興勢力の対立による混乱が起こる可能性が高まっている。

　その一方で，変化やそれに伴う問題に直面して，反動として，これまでの国民国家の秩序を崩したくない，むしろ，より強く守りたい，という人々も多くでてくる。自国とそれ以外の区別と対立を強調し，人々の不安の感情に訴える右派的な言説は，インターネットの口語的な議論の短い単純な表現，過激な表現，対立の構造などの性質と整合的で，論理的で歴史的経緯を含めて長文を要する左派的な言説より，インターネット上で優位に広がりやすい。そして，やはりそれは，より純化され，過激化する。国民国家を守りたいという人びとも，政府，特に左派的な政府が国家を弱めると確信すれば，敵対する人びとを攻撃するのみならず，政府に対して攻撃を行う。このような集団はもちろんインターネット以前にも存在したが，インターネットによる口語化により，より顕著に表れるようになり，SNS時代の2010年代に，各国の選挙動向に影響を与えるほどの勢力となった。今後，国民国家は，地域の分離運動，宗教的理念による運動，経済的な圧力などに加えて，左派，右派の両方から，特に右派からシリアスな挑戦を受けることになるだろう。さらに，強い確信と敵意を持ち敵を排除すべきという考えを持つ組織や個人は，交渉し妥協することができないので，組織間や個人間の紛争も多くなり，激しさを増すだろう。

　インターネットの言論を変化させて，敵意を減らすことはできないのだろうか。長期的にインターネットの人々の思考に対する影響力は徐々に低下し，敵意の強さも徐々に下がっていくだろうが，根本的に敵意を無くすことはむずかしいというのが筆者の考えだ。新しいメディアが出現した直後は，そのメディアが人々に，どのような仕組みでどんな影響を与えるのか，がまだ知られていない。そして，その欠点がよく知られた既存メディアと対比して，人々は新しいメディアが可能にすることに過剰な期待を抱く。これが，その時代の新しいメディアが常にプロパガンダの主戦場である理由だ。新しいメディアを使うとプロパガンダは効果を発揮しやすいのである。しかし，新しいメディアで起こるさまざまな問題や欠点，そのメディアがどのように人びとに影響を与えるかが，徐々に知られるようになると，このような期待も徐々に減り，冷めた目でメディアやそのメディアが伝える情報を評価できるようになってくる。我々，

研究者ができることは，研究を通じて，インターネットの特性を明らかにし，一般の人々のインターネットへの認識の変化の過程を早めることであろう。

　しかし，認識の変化があり，その程度が弱められたとしても，そのメディアの根本的な性質は存在し続ける。インターネットは，口語的なコミュニケーションが特徴であり，短文でくだけた表現の口語的コミュニケーションでは，印刷のような長文でさまざまな視点からの検討を含んだ議論をすることはできず，敵と味方で物事を見るような単純化した議論が必然的に発生し，自他の区別，敵対，敵意へと人々を導きがちだ。多数の人が多数の短文を発信することにより，デマや写真の誤用，事実の一部のみが伝えられるなどのことが起こり，それがさらに敵意に結びつく。

　敵意を無くすことが難しければ，最悪のケース，すなわち物理的な攻撃の被害の低減を考える必要がある。第二次世界大戦後，国家間の戦争に関しては，戦争は悪であるという共通認識に基づく国際的な非難，国連決議や経済制裁，有志による限定された攻撃など，世界大戦の反省に基づいた，さまざまな仕組みがあるため，国家間，特に先進国間の全面的な総力戦に発展する可能性は少なくなっている。その一方で，インターネットでつながる，成員があいまいで，思想的に純化された組織や，それらの組織に影響を受けた個人が，国家や，敵と考える他の集団や個人に武力で攻撃を行う場合，実行可能な手段はテロしかない。口語化するインターネット時代の戦争とは，テロである。今後，国家や他の組織や個人を敵として，物理的に排除しようと考える組織や個人は，インターネットに伴う口語化により確実に増えるだろう。そして，テロを実行するための計画の立案，連絡はインターネットにより格段に容易になり，洗剤などの日常生活で入手可能な材料による爆発物の作り方など，テロの手段の情報も容易に手に入る。また，ドローンなどの新たなデジタル製品はすでにテロに利用されているし，将来的には自動車の自動運転なども，テロに活用されうる。つまり，デジタル化，インターネット化は，テロのための通信手段，武器を安価に一般市民に行き渡らせ，かつてない，多くの人が容易にテロを起こせる環境を作り出した。中世においても，武器が通常の製品と同じように流通してい

たことが，戦争の頻発を招き，長引かせ，略奪などの被害を増大させたのを連想させる。

　テロ対策として，テロを起こすような集団や個人を増加させないように，インターネットの言論を規制するという対策がある。具体的には，テロ組織への勧誘やプロパガンダを削除する，アカウントを削除する，検索結果でテロに関する情報を表示しないなどの対策である。しかし，インターネットとは，そのような外部からの破壊や規制になるべく影響されないというアーキテクチャで作られているネットワークである。通信のやり方や通信経路を一部変更したりすることで，容易に規制を逃れることできるし，削除などの対策はすべて投稿されて人目に触れた後の対処であることを考えると，規制の効果は限定的である。次に，インターネットを監視，盗聴し，テロの計画を防ぐという方法もある。しかし，これも当然ながら失敗する場合がある。

　結局のところ，最も重要な対策は，攻撃に使われる武器を少なくすることにある。中世のように，一般市民が扱えるレベルの武器が拡散すると，被害も大きくなる。銃などを規制することは，今後，今まで以上に重要になるし，ドローンのように新技術がテロに使われる可能性がある技術が現れた場合，その可能性を発見し，早急にルールや対策を策定する体制を確立することが，テロの民主化を防ぐために重要である。

平和とは変化に適応することである

　平和な社会で，平和を目的に思考を進めると，ややもすれば，現状をいかに維持するかという思考になり，変化の抑制を主に行うということになってしまう場合がある。これを筆者は「平和の保守性」と言っている。だが，我々は，毎日，いままで誰も生きたことのない新しい世界で生きている。そこでは，人類，社会の進歩の結果として，日々新しい問題が起こる。本論は，人類のコミュニケーションの500年ぶりの大きな変化を，口語化という視点から論じた。印刷がそうであったように，コミュニケーションの口語化も，大きく社会を変える可能性がある。少なくとも中世的な，重層して存在する，さまざまな規模

と考えに基づく多様な集団が増加し，国民国家を相対化する方向へと長期的に圧力がかかることは間違いない。自らを否定することにもなるため，この変化を国民国家が認めることには常に抵抗が伴う。しかし，今後は，国民国家の相対化，他の権力を認めざる得ないことが増えるであろうし，このような集団を完全に排除することはできない。この流れをいかに，柔軟かつ迅速に秩序に落とし込めるのかが，今後の平和のカギとなるだろう。

注
(1)　設問については，「①憲法9条を改正する，②社会保障支出をもっと増やすべきだ，③夫婦別姓を選べるようにする，④経済成長と環境保護では環境保護を優先したい，⑤原発は直ちに廃止する，⑥国民全体の利益と個人の利益では個人の利益の方を優先すべきだ，⑦政府が職と収入をある程度保障すべきだ，⑧学校では子供に愛国心を教えるべきだ，⑨中国の領海侵犯は軍事力を使っても排除すべきだ，⑩現政権は日本を戦前の暗い時代に戻そうとしていると思う」というものを用いているが，②④⑥⑦は右派か左派でそれほど明確な差がでにくいもので，それらが混じっていることで結果がモデレートされてしまっている可能性がある。また，日本のインターネットにおける右派の最大の関心である，韓国や北朝鮮に関するトピックが入っていない。また，長期的な政策課題で，直近の具体的な問題もしくは具体的な政策選択の対象として想像しにくく，一般論的になり，過激な選択となりにくいとも考えられる。現在進行形で議論が行われていて，右派の主張が強いトピック，たとえば慰安婦問題や徴用工問題，竹島問題などにすれば，全く異なる結果となっていた可能性がある。また，田中らは，右派が，左派的な人の発言も読んでいることも，バランス感覚が働いている証左としているが，多くの右派は，左派のあら捜しのために，左派系の人の発言を監視していると感じられるし，それによっても左派の発言を見ていることの説明は可能である。
(2)　そのサービスを使うユーザーが多ければ多いほど，サービスの価値が上がるという効果。典型的な例としては，電話がある。電話は通話できる可能性が広がることから，ユーザーにとって加入者が多いほど魅力的であり，複数の，相互に接続を行わない電話会社があるとすれば，新規加入者は通常，加入者が一番多い電話会社のサービスに加入するので，最終的には一社の独占となる。現在の電話・携帯電話サービスが独占になっていないのは，異なる会社間の相互接続の保証や通信インフラの共用などの政府による競争政策が存在するためである。
(3)　もちろん，インターネットだけが地域の分離の背景ではない。自由貿易を保証す

る制度が発達し，国民国家という市場に限定されることが少なくなったため，小規模であっても経済的な影響が少ないこと，国民国家同士の戦争の可能性が少なくなり，大国である必要が薄れたことなどもあろう。

参考文献

Anderson, Benedict (1991) Imagined Communities: Reflections on the Eisenstein, Elizabeth L (1983) The Printing Revolution in Early Modern Europe, Cambridge University Press, Cambridge. (アイゼンステイン，エリザベス，小川昭子ほか訳，別宮貞徳監訳（1987）『印刷革命』みすず書房)

Origin and Spread of Nationalism (Revised and Expanded edition), Verso. (アンダーソン，ベネディクト，白石隆・白石さや訳（2007）『想像の共同体——ナショナリズムの起源と流行』書籍工房早山)

Freeland, Chrystia (2012) Plutocrats: The Rise of the New Global Super-Rich and the Fall or Everyone Else, Penguin Press. (フリーランド，クリスティア，中島有華訳（2013）『グローバル・スーパーリッチ 超格差の時代』早川書房)

Irsigler, Franz, Lassotta, Arnold (1984) Bettler und Gaukler, Dirnen und Henker, Greven Verlag Koln GmbH. (イルジーグラー，F.・ラゾッタ，A.，藤代幸一訳（1992）『中世のアウトサイダーたち』白水社)

Markoff, John (2005) What the Dormouse Said: How the 60s Counterculture Shaped the Personal Computer, Viking Adult. (マルコフ，ジョン，服部桂訳（2007）『パソコン創世「第3の神話」——カウンターカルチャーが育んだ夢』NTT出版)

McLuhan, Marshall (1962) The Gutenberg Galaxy The Making of Typographic Man, University of Toronto Press. (森常治訳（1986）『グーテンベルグの銀河系 活字人間の形成』みすず書房)

Ong, Walter J. (1982) "Orality and Literacy: The Technologizing of the Word" Methuen & Co. Ltd (桜井直文・林正寛・糟谷啓介訳（1991）『声の文化と文字の文化』藤原書店)

Patrikarakos, David (2017) War in 140 Characters: How Socal Media Is Reshaping Conflict in the Twenty-First Century, Basic Books. (パトリカラコス，デイヴィッド，江口泰子訳（2019）『140字の戦争——SNS が戦場を変えた』早川書房)。

Singer, P. W., Brooking, Emerson T., 2018, LikeWar: The Weaponization of Social Media, Eamon Dolan/Houghton Mifflin Harcourt. (シンガー，P. W.・ブルッキング，エマーソン・T.，小林由香利訳（2019）『「いいね！」戦争 兵器化するソー

シャルメディア』NHK 出版。)

上ノ原秀晃（2014）「2013年参議院選挙におけるソーシャルメディア候補者たちは何を『つぶやいた』のか」『選挙研究』30(2)，116-128。

―――（2019）「2017年衆院選とソーシャルメディア――候補者によるツイッター投稿の内容分析」『人間科学研究』40，45-59。

小笠原盛浩（2018）「ネット選挙運動の「効果」は変化したか？――2013年参院選と2016年参議院の定量的比較分析」『関西大学社会学部紀要』49(2)，105-120。

樺島榮一郎（2016）「インターネットと「過激化」についての考察　インターネットはどのように思考と議論，社会を変えるのか」『青山地球社会共生論集』創刊号，43-62。

坂下雅一（2006）『紛争予防のためのメディア支援――欧米諸国におけるコンセプト』独立行政法人国際協力機構国際協力総合研修所（http://open_jicareport.jica.go.jp/pdf/11821915.pdf アクセス日2019年11月26日）。

田中辰雄・浜屋敏（2017）「結びつくことの予期せざる罠――ネットは世論を分断するのか？」富士通総研，研究レポート No. 448（https://www.fujitsu.com/jp/group/fri/report/research/2017/report-448.html）。

―――（2018）「ネットは社会を分断するのか――パネルデータからの考察」富士通総研，研究レポート No. 462（https://www.fujitsu.com/jp/group/fri/report/research/2018/report-462.html）。

浜野保樹（1997）『極端に短いインターネットの歴史』晶文社。

渡辺洋子（2019）「SNS を情報ツールとして使う若者たち――「情報とメディア利用」世論調査の結果から②」『放送研究と調査』2019年5月号，NHK 放送文化研究所，38-56。

第Ⅱ部

シャロームの実証

第4章
宗教多元主義の方向と平和の探求

1　西洋社会における宗教と道徳の変化

　本章では，ヨーロッパのキリスト教社会における宗教意識と道徳意識の変化に焦点を合わせる。では，なぜこのようなテーマに焦点を合わせるのかというと，それは，グローバルな視座から「宗教と価値観のゆくえ」を探ろうとするならば，このようなテーマが，その探求にとって不可欠の内容を提供するものとなるからにほかならない。確かに，われわれは，ヨーロッパの宗教意識と道徳意識の変化について，その実相を知らなければならないのである。

　これまで，日本において，「宗教と価値観のゆくえ」について語ろうとするならば，それは，ヨーロッパのキリスト教社会との対比という形でなされるのが常であった。そして，その場合の対比は，一方のヨーロッパの「宗教と価値観」が，その構造化と体系性の点において，「明確で，堅固で，盤石なもの」として性格づけられてきたのに対して，他方の日本のそれは，「曖昧で，つかみどころがなく，流動的なもの」として位置づけられてきた。いや，そのようなヨーロッパの「宗教と価値観」についての観念とイメージは，現代の日本社会においても，そのままで生きつづけているといえるかもしれない。しかし，それは，まさしく観念・イメージであって，事実ではない。じつは，ヨーロッパの国ぐにおいては，人びとの宗教意識と，それと深く結びついているとされてきた価値観——その1つが，ここで取りあげる道徳意識である——は，大きく変化しつつある。欧米の宗教社会学の領域では，このように社会的に顕現

化してきた宗教意識と道徳意識の現象をめぐって，さまざまな理論や仮説が提示されてきた。

　本章では，まず，それらの諸理論や諸仮説を，この研究領域における広範な文献研究にもとづいて，できるだけ簡潔に整理することから始める。経験科学の視座からするならば，いうまでもなく，これら諸理論と諸仮説は相互に深く結びついている。それぞれの理論は複数の仮説を含むものであるとともに，それら諸仮説はそれらの理論によって結びつけられる。本章での筆者の問題関心は，これらの理論や仮説は，いかにして実証的にテスト――「確認」（confirmation）や「検証」（verification）――することができるであろうかというところにある。そして，そのためには，2つの準備作業が必要となる。

　1つは，実証的なテストのための仮説の準備ということで，上述の宗教意識や道徳意識の変化に関する理論や仮説を実証的なテストが可能な命題の形に再構成するという作業である。

　そして，もう1つは，そのような諸命題を実証的にテストするためのデータの準備である。本章では，そのために，「質問紙法にもとづく多数の国ぐにを対象とする大規模な国際比較調査」（large-scale cross-national comparative questionnaire survey）のデータを利用する。このような国際比較調査の出現は，現代の社会科学にとって，最も大きな出来事の1つとされるものであるが，確かに，本章での問題関心，つまり人びとの宗教意識や道徳意識の変化についての実証的なテストは，このような国際比較調査のデータ分析をとおして，最も適切に実施されることになるのである。

　以上のような実証的な研究の手続き，データの準備とその分析という行き方は，経験科学としての社会科学の現代における1つの到達点を示すものにほかならず，このような知的営為にもとづいて，ヨーロッパの国ぐににおける「宗教意識と道徳意識」の変化の方向が鮮明に描き出されることになる。そして，その内容は，一言でいうならば，「多元主義の方向」ということができる。

　最後に，このような現代の人びとの「心・意識・精神」のなかに現れてきた「多元主義の方向」を，本書の中心的なテーマである「平和の探求」という視

座と結びつけて「規範科学」的に議論する。

2　欧米の宗教社会学における理論と仮説

　ここでは，すでに述べたように，「理論」と「仮説」を，ひとまず相互に切り離し，別々に取りあげることにする。

宗教の変化に関する諸理論

　本章では，宗教の変化に関する理論として「世俗化（secularization）理論」「宗教変形（transformation）理論」「宗教市場（market）理論」の３つを取りあげる。これら３つの理論は，いずれも「宗教多元主義」（religious pluralism）の方向を示唆している。まず，「世俗化理論」からは，「無神論」（atheism）や「不可知論」（agnosticism）といった考え方ばかりでなく，「belonging without believing」や「believing without belonging」といった分析概念が導かれることになる。つぎに，「宗教変形理論」は，「伝統的な宗教」に取って代わる「新しい宗教」——いわゆる「ニューエイジ宗教」も含めて（例えば Rothstein ed., 2001 など）——と表現される宗教についてのさまざまな考え方を含んでいる。最後に，「宗教市場理論」は，宗教市場の自由化とグローバル化にともなって，宗教性についての多様な形態（form）が出てくることを予測する。

　真鍋（2010）は，欧米の宗教社会学の領域における広範な文献研究にもとづいて，これら諸理論の内容について詳細に精査した。したがって，本章では，実証的な調査データによる「理論仮説」のテストというここでの問題関心にとって，必要最小限度の記述にとどめることにする。

　世俗化理論　　世俗化については「古典的な理論——『宗教のゆくえ』に
　——宗教の衰退　　ついての預言（prophecy）ともいうべきものの集積としての理論——」と「実証的な理論——実証的な諸知見を踏まえて構築される理論——」が区別される。

a）古典的な理論

「宗教は，近代化の進展とともに衰退し，最終的には消滅する」という。このような命題は，いわゆるフランス啓蒙主義の影響のもとに生み出された思想であり，19世紀の宗教批判の典型的な内容である。それは，社会科学の「知見」というよりも，人びとの「信念」と呼ぶべきものである。宗教社会学の領域で，世俗化をこのような意味内容において受け入れる研究者は少ない。

b）実証的な理論

現代の宗教社会学においては，世俗化はつぎのように理解されている。

①世俗化については，単一の理論（a single theory）があるわけではない。

②世俗化理論は，「科学的な法則」（scientific laws）にもとづいて構築されたものというよりも，多くの相互に関連した「趨勢仮説」（trend hypotheses）にもとづいて構築されたものといわなければならない。K. Popper（1967）の考え方からするならば，世俗化理論は，いわゆる「科学的な理論」というよりも，「歴史的な記述」ともいうべきものである。つまり，それは，ヨーロッパにおける過去数世紀にわたる宗教の趨勢——とくに，つぎに述べる「マクロ・レベル」における宗教の趨勢——を「記述」してきたものであり，したがって，そのような宗教の趨勢がそのまま将来も継続するかどうかは確かではない。

③世俗化理論の多くは，「マクロ・レベル——国や社会の宗教制度など」あるいは「メゾ・レベル——宗教集団・団体・組織など」の宗教現象を対象としてきており，「ミクロ・レベル——人びとの宗教意識・行動・実践など」に焦点を合わせたものは少ない（Dobbelaere, 1981）。

さて，本章において実証的に取りあげるのは，この「ミクロ・レベル」の世俗化現象にほかならない。そして，その場合は，「人びとの宗教的信念のレベルの低下」や「宗教的シンボルの象徴的な力の衰退」などの諸命題が実証的にテスト——「確認」あるいは「検証」——可能な仮説ということになる。

宗教変形理論　　　「宗教変形理論」は，時代の進展とともに宗教は衰退するというのではなく，「新しい宗教」が「伝統的な宗教」に取っ

て代わるという考え方をとる。そのため，「取って代わり（replacement）理論」
と呼ばれることもある。

　例えば，Luckmann（1967）によれば，欧米社会においては，人びとの日常
生活に深く浸透していた宗教的な制度や教会の枠組みが崩れてきた。この点は
「世俗化理論」の考え方と軌を一にしている。しかし，Luckmann の考え方が
「世俗化理論」と異なるのは，それと同時に，人びとの心のなかに，いわゆる
「見えない宗教」（invisible religion）が現れてくることに注目した点にある。
Luckmann は，一方で伝統的な制度化された宗教が衰退してきたとするとと
もに，他方で人びとが宗教を求める心を喪失したのではないという。つまり，
Luckmann は，産業社会の進展にともなう宗教の変化を，宗教の衰退として
ではなく，いわばその社会的な「形態」の変化――宗教が「私化」（privatize）
され，「個人化」（personalize）され，それゆえに社会的に「見えなくなってき
た」という変化――として捉えたのである。

　さらに，Inglehart（1997），Noris and Inglehart（2004）は，「世界価値観調
査」（World Values Survey）のデータ分析を踏まえて，Luckmann とは異なる視
座から，同じように「宗教変形理論」を展開する。それは，「脱物質主義の社
会（post-materialistic societies）においては，『安心』（security）や『安全』
（safety）よりも，『人生の意味』（the meaning of life）がもっと重要な問題となっ
てくる」という考え方である。

宗教市場理論　　宗教市場理論は，これまでの2つの理論と違って，宗教の変
化は，人びとの「需要」（demand）によって決まるのではな
く，むしろその「供給」（supply）によって決まると考える。宗教に対する人び
との需要は，時間的・空間的に一定である。ところが，さまざまな社会でその
供給は異なる。経済の場合と同じように，宗教市場の自由化が進んでいる社会
では，宗教多元主義の広がりによって，宗教の最大供給が可能となり，その結
果，人びとの宗教に対する需要――人びとの宗教意識・行動・実践――は拡大
する。つまり，供給が大きくなれば，需要も大きくなる。現在でも教会出席率
の高いアメリカ合衆国が，その例であるとされる。それとは対照的に西ヨー

ロッパの国ぐにでは，宗教は「国教会」（state church）・国家制定教会（state established church）・国家助成教会（state subsidized church）という形態をとってきたので，教会出席率は低くなってきたと説明されるのである（Iannacone, 1991 ; Finke, and Stark, 1988）。

宗教意識の変化に関する諸仮説

　欧米の宗教社会学の諸理論から，それらを構成する「宗教意識の変化」に関する諸仮説を抽出し，それらを以下のような実証的なテストの可能な諸命題の形に整理した。

〈仮説1〉

　「天国」や「地獄」といった宗教的シンボルが，社会の近代化にともなって，その「象徴的な力」を失ってきた。

①「天国」という用語では，「昇天」の場合と同様に，「天」，つまり「空」が観想される。かつて，「天」，つまり「空」は，はるか遠くに見はるかすものであった。ところが，科学技術の発達によって，それが手の届くものとなってきた。そのため，それが「超越的世界」（transcendent world）を具体的な形でイメージするための手がかりにはなりにくくなってきた。

②「天国」や「地獄」は，いうまでもなく，「最後の審判」（the Last Judgment）の結果であるが，人びとはそのような「審判」という考え方，とくに「地獄」という形で示される「罰の宣告」を受け入れたくないものと考えるようになってきた。つまり，そこに人間の側からの「受け入れるかどうか」の選択原理が持ち込まれることになってきた。

〈仮説2〉

　キリスト教のような一神教においては，その最も重要なシンボルは，「神のイメージ」とされてきた。それが，2つの方向に変化しつつある。

①伝統的なキリスト教の世界においては，「神」は，芸術家によって，あご

ひげを豊かにたくわえた力強い男性として描かれてきた。しかし，このような「神のイメージ」は，もはや人びとに受け入れられるものではなくなってきた。そして，「神」という概念さえも用いられなくなりつつある。
②他方において，「神」という概念が用いられる場合においても，それが，上述のように「力強い男性像」として具体的に表現されるのではなく，例えば「命の力」(life force) あるいは「スピリット」(spirit) として抽象的に観念されるようになってきた。

〈仮説3〉

キリスト教における最も重要なテクストである「聖書」のメッセージの解釈の仕方に変化が出てきた。これまで，イエス・キリストは，「人にして神」として理解され，いわゆる「三位一体」の考え方がその教義・教理（dogma/doctrine）の中心に位置づけられてきたが，いまでは新約聖書は，「愛と希望のメッセージ」(a message of love and hope) として人間的な理解がなされるようになってきた。

〈仮説4〉

グローバリゼーションの進展にともなって，「欧米のキリスト教」と「アジアの宗教，とくに仏教」とが，その「教え」(teachings) の理解において，相互に混じり合うという現象が見られるようになってきた。仏教の国といわれる日本において，「天国」という用語が一般化するとともに，欧米のキリスト教の国ぐにおいて，「生まれ変わり」(reincarnation) というアジア的な考え方——いうまでもなく，それに対応するキリスト教の用語は，「復活」(Resurrection) である——を日常的に受け入れるようになってきている。

〈仮説5〉

欧米のキリスト教社会における伝統的な「宗教性」(religiosity) に代わって，「スピリチュアリティ」(spirituality) いう考え方が，とくに若い世代を

中心に広がってきている。しかし，その意味するところが，それぞれの国・社会・文化において，必ずしも同じものであるとはかぎらない。

〈仮説 6 〉

　現代のグローバリゼーションの波のなかにあって，欧米の人びとのものの見方・考え方・感じ方には，いわゆる「宗教的寛容」(religious tolerance) の兆しが見られるようになってきた。しかし，それは直ちに，世界的な規模における宗教的な「排除 (exclusion)・紛争 (conflict)・暴力 (violence)」の減少を意味するものではない。

3　宗教意識の変化に関する諸仮説の実証的なテストの方法

　本章では，以上のような宗教意識の変化に関する諸仮説の実証的なテスト──「確認」あるいは「検証」──は，「質問紙法にもとづく多数の国ぐにを対象とする大規模な国際比較調査」の「データ分析」という形でなされる。
　ここでは，このことを，つぎの 2 点を分けて説明しておきたい。

データ分析に利用する国際比較調査のデータ・セット

　ここでは，つぎの 4 種類の国際比較調査のデータ・セットを利用する。なお，社会科学の領域における国際比較調査の出現とその内容，データ分析の方法，データ・アーカイヴなどについては，真鍋 (2003；2010a；2010b；2011；2012；2014) を参照されたい。

①ヨーロッパ価値観調査 (European Values Study: EVS1999)
②世界価値観調査 (World Values Survey: WVS1990)
③国際社会調査プログラム (International Social Survey Programme: ISSP1998)
④宗教と道徳の多元主義調査 (Religious and Moral Pluralism: RAMP1999)

データ分析の方法

世代の影響　　以上の4種類の国際比較調査は，いずれも「縦断的調査法」
（longitudinal survey：異時点で反復して実施する調査法）ではなく，
「横断的調査法」（cross-sectional survey：単一の調査対象に対して一時点の一回限り
の調査を実施する方法）にもとづくものである。したがって，そのデータをもっ
てしては，宗教意識の変化に関する諸仮説をテストすることは，厳密にいえば
不可能である。そこで，ここでは，調査対象の世代間の比較をとおして，その
ような宗教意識の変化を示唆する証拠の提示を試みるのである。いうまでもな
く，それは，欧米の宗教社会学の領域の先行研究において，「世代間に見られ
る宗教意識の違い」を，宗教意識の変化の証拠とすることには，十分な根拠が
あるとされてきたからにほかならない。

　では，このような「世代間に見られる宗教意識の違い」を，データ分析にお
いて，具体的に，どのように確認するかというと，この点については，ここで
の分析の簡便化のために，つぎのような方法をとることにする。それは，調査
対象者の世代を，つぎの2つのグループに区別するということである。このよ
うな世代区分は，文献研究から，1990年代の調査データの分析にとって適合的
なものであることが確認されている。

①第二次世界大戦後に生まれた「戦後世代」
②第二次世界大戦前（戦中も含む）に生まれた「戦前世代」

社会的環境の影響　　宗教意識の変化は，「世代」による変化を反映するだけ
　　　　　　　　　　　ではない。それは，調査対象国の「社会的環境」の違い
も反映する。ここでは，そのような「社会的環境」として，調査対象国を「伝
統的な宗教性のレベルの高い国：宗教的な国」（religious countries）と「伝統的
な宗教性のレベルの低い国：世俗的な国」（secular countries）に区別した。な
お，このような区別の基準についても，欧米の宗教社会学の先行研究を参照し
た。結果は，以下のとおりである。

「宗教的な国」：ポーランド，イタリア，ポルトガル

「世俗的な国」：デンマーク，フィンランド，ノルウェー，スウェーデン，ベ
　　　　　　　　ルギー，オランダ，イギリス，ハンガリー

　こうして，以上の2種類の区分を組み合わせることで，国際比較調査の回答者は，つぎの4つのグループに分類されることになる。

　①「宗教的な国」の「戦前世帯」
　②「宗教的な国」の「戦後世代」
　③「世俗的な国」の「戦前世代」
　④「世俗的な国」の「戦後世代」

　本章でのデータ分析においては，これら4つのグループごとの，それぞれの質問内容に対する回答結果の差異を読み取ることをとおして，人びとの宗教意識の変化を跡づけていくのである。

4　データ分析の結果の読み取り

宗教的シンボルの象徴的な力の衰退

　EVS（1999）では，「天国，地獄，死後の世界，神の存在を信じているかどうか」を尋ねる質問がなされている。その回答結果（回答の％）をグラフで示したのが図4-1である。ここでは，欠損値（「わからない」「無回答」など）は，％の計算から除いている。

　図4-1から，以下の点を読み取ることができる。

①ここで取りあげた「神」「死後の世界」「天国」「地獄」の4つの宗教的シンボルについて，それを「信じている」という回答者の％は，「宗教的な国の戦前世代」→「宗教的な国の戦後世代」→「世俗的な国の戦前世代」→「世俗的な国の戦後世代」という順で減少している。ここで注目される

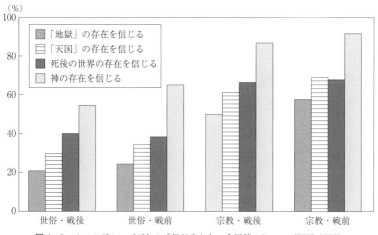

(%)

凡例:
- 「地獄」の存在を信じる
- 「天国」の存在を信じる
- 死後の世界の存在を信じる
- 神の存在を信じる

世俗・戦後　世俗・戦前　宗教・戦後　宗教・戦前

図4-1　4つのグループごとの「信じる」という回答の%──（EVS 1999）

のは，同じ「戦前世代」でも，「宗教的な国」と「世俗的な国」とには，大きな差異が見られるということで，これは，はじめにあげた「社会的環境の影響」という仮説が確認されたことを示唆している。

②回答者の4つのグループのいずれにおいても，「信じている」という回答の%が一番高いのは「神」で，つぎが「死後の世界」，さらに「天国」と続き，その%が一番低いのは「地獄」という順位となっている。この結果から，それぞれを「信じている」という回答者の%という形で捉えられる「宗教的シンボルの象徴的な力」には，明らかに差異があることがわかる。このような視座からも，宗教意識の変化を捉えることが可能となる。それは，かつては，これらの宗教的シンボルについての「信念」には，どの宗教的シンボルに対しても，同じように「信じている」という回答がなされるという点において「一貫性」（consistency）があり，したがって，そのような「宗教性」はまさしく「信念体系」（belief system）をなしているものとされてきた。ところが，現在では，ここに見てきたように，それぞれの宗教シンボルで，「信じている」という回答の%に差異が出てきた。つまり，人びとの「宗教性」は，もはや「信念体系」と呼べるものではなく

なってきているのである。そうだとするならば，これは，宗教意識のきわ
めて重要な変化の側面であるといわなければならない。

③それと同時に，しかし，「戦前世代」と「戦後世代」をくらべるならば，
「宗教的な国」の場合も，「世俗的な国」の場合も，いずれの場合も，「戦
後世代」の方で宗教的シンボルを「信じる」という回答の％が低いことが
わかる。

　以上から，ここでのデータ分析の結果は，〈仮説１〉を支持／確認するもの
となっているといえよう。

神のイメージの変化

EVS (1999) では，神のイメージについて，

①「人格神」(a personal God)

②「スピリット」(spirit) あるいは「命の力」(life force)

③「神のイメージ」をどう考えればよいかわからない

④「人格神」も「スピリット／命の力」も信じない

の４つの選択肢から，回答を選ぶという形式で質問がなされている。結果は，
図４-２のとおりとなっている。

　図４-２から，以下のような点を読み取ることができる。

①図４-２の「帯グラフ」を右から左へと見ていく——すでに述べたように，
これは歴史的な時間の流れに対応する形となっている——ならば，「人格
神」という選択肢を選んだ回答者の％が，一番右の「宗教的な国の戦前世
代」では60％強であるのに対して，一番左の「世俗的な国の戦後世代」で
は約20％といったところまで減少していることがわかる。

②この傾向とは逆に，「スピリットあるいは命の力」という回答は，同じく
右から左へと目を移すならば，約20％から40％近くにまで増加している。

③「人格神もスピリット・命の力も信じない」という回答についても，同じ
傾向が示されており，それは約５％から約20％への増加となっている。

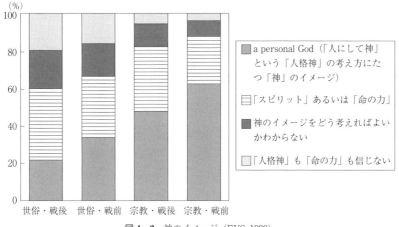

(%)

凡例:
- a personal God（「人にして神」という「人格神」の考え方にたつ「神」のイメージ）
- 「スピリット」あるいは「命の力」
- 神のイメージをどう考えればよいかわからない
- 「人格神」も「命の力」も信じない

横軸: 世俗・戦後　世俗・戦前　宗教・戦後　宗教・戦前

図4-2　神のイメージ（EVS 1999）

④「わからない」という回答も，同じように増加している。

以上の結果は，〈仮説2〉を支持／確認するものとなっているといえよう。

聖書の教義・教理の解釈の変化──イエス・キリストは「人にして神」か？

RAMP（1999）では，キリスト教の中心的な教義・教理についての，人びとの考え方の変化を捉える試みがなされている。その1つが，「イエス・キリストは人にして神である」というステートメントを提示し，回答者は「まったくそうでない」から，「まったくそうである」までの7点尺度で回答するというものである。結果は，図4-3のように，4つの回答者グループの回答パターンを「折れ線グラフ」で描くという形で示した。

図4-3から，以下のような点を読み取ることができる。

①どのグループも，W字型の回答パターンを示している。つまり，7点尺度において，「1．まったくそうでない」，と「4．どちらともいえない」と「7．まったくそうである」3つの点（選択肢）での回答者の％が高く，それ以外の2，3，5，6，の4つの点（選択肢）での回答者の％が低いというパターンである。

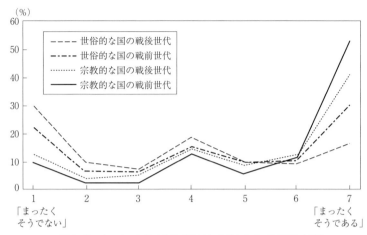

図4-3　イエス・キリストは「人にして神」か？（RAMP 1999）

②つぎに，回答者の４つのグループのそれぞれについて，「７．まったくそうである」，「４．どちらともいえない」，「１．まったくそうでない」という回答の％の相対的な大きさをごく大まかに「大」「中」「小」に分けて見ていくならば，——これは，いわば，それぞれのグループごとの「折れ線グラフ」を右から左へ横にくらべていくという方法である——，

回答の％

大　中　小

「宗教的な国の戦前世代」：７＞４＞１

「宗教的な国の戦後世代」：７＞４＞１

「世俗的な国の戦前世代」：７＞１＞４

「世俗的な国の戦後世代」：１＞４＞７

という結果となることがわかる。この結果は，歴史的な時間の流れに対応して，「『イエス・キリストは人にして神である』というステートメントを肯定する回答者の％が相対的に大きいパターン」から「そのようなステートメントを否定する回答者の％が相対的に大きいパターン」へと移行していく変化を示しているといえよう。

③それと同じ傾向は，両端と真中の回答のカテゴリを選択した回答者を，4つのグループの回答の％の大きさで見ていく——これは，両端と真中の回答のカテゴリィを選択した回答者を4つのグループで縦にくらべていくという方法である——ことでも捉えられる。

　まず，右端の「まったくそうである」という回答のカテゴリでは，「宗教的な国の戦前世代」の％が最も大きく，つぎが「宗教的な国の戦後世代」，そして「世俗的な国の戦前世代」と続き，「世俗的な国の戦後世代」の％が最も小さいという結果となっている。

　これに対して，真中の「どちらともいえない」と左端の「まったくそうでない」という回答カテゴリでは，これら4つの回答グループの順位が逆転し，「世俗的な国の戦後世代」の％が最も大きく，つぎが「世俗的な国の戦前世代」，そして「宗教的な国の戦後世代」と続き，「宗教的な国の戦前世代」の％が最も小さいという結果となっている。

以上の結果は，〈仮説3〉を支持／確認するものとなっているといえよう。

「復活」から「生まれ変わり」へ

　アジア的宗教の考え方のヨーロッパの国ぐにへの浸透を捉えるために，EVS（1999）では，「わたしたちは，いったん肉体が死滅した後も，何度もこの世に生まれ変わる」という質問項目が考案された。この質問項目に対して，「そう思う」と回答した人の％が図4-4に示されている。

　図4-4から，以下のような点を読み取ることができる。

①「宗教的な国」においても，「世俗的な国」においても，「生まれ変わり」を信じている人の％は，「戦前世代」にくらべて，「戦後世代」の方で高い。それは具体的にいうならば，「戦前世代」が15％〜20％であるのに対して，「戦後世代」は25％〜30％となっている——ほぼ10％の差が見られる——ということである。

②ヨーロッパのキリスト教社会において，「生まれ変わり」というアジア的

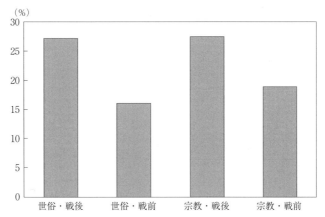

図4-4　生まれ変わりを信じるか——信じるという回答者の%——（EVS 1999）

な考え方は，「戦後世代」では，すでに1／4以上の回答者によって受け入れられるものとなっている。

③ここでの結果は，〈仮説1〉〜〈仮説3〉の場合の結果と大きく異なるところがある。それは，ここでは，回答者の「社会的環境」——つまり，回答者の国が，「宗教的な国」か，それとも「世俗的な国」か，ということ——の影響がほとんど見られない，ということである。このことは，「生まれ変わり」という考え方が，すでに「宗教的な国」においても，「世俗的な国」におけると同じように浸透してきているということを示しているのではなかろうか。

以上の結果は，〈仮説4〉を支持／確認するものとなっているといえよう。

「宗教性」から「スピリチュアリティ」へ

「新しい宗教性」への志向性は，従来からの「宗教性の自己評定尺度」（religious self-assessment scale）で捉えることは困難であるという議論がなされてきた。そこで，RAMP（1999）では，以下の2つの質問項目を同時に利用する試みがなされた。

〈「宗教性」を捉える質問項目〉

　「あなたは，教会あるいは礼拝所に行っているかどうかは別にして，自分が
　どの程度宗教的な人間であると思いますか（1．まったく宗教的でない，
　……7．とても宗教的である）」。

〈「スピリチュアリティ」を捉える質問項目〉

　「あなたは自分が宗教的な人間であると考えるかどうかは別にして，『スピ
　リチュアル』な生活を送っていると思いますか。それは単に『知的な生
　活』あるいは『感性豊かな生活』ということではなく，それをさらに超え
　た生活ということです（1．まったくそうでない，……7．まったくそうであ
　る）」。

　さて，第2節で取りあげたヨーロッパの国ぐににおける宗教意識の変化に関
する諸仮説からするならば，このような「スピリチュアリティ」への志向性は，
とくに若年層において高くなるはずのものである。したがって，ここでは「宗
教性／スピリチュアリティ」のレベルと「年齢」との関係に焦点を当て，デー
タ分析を試みる。そのため，以下のような方法をとる。

　①年齢層は，16〜24歳，25〜34歳，35〜44歳，45〜54歳，55〜64歳，65歳以
　　上の6段階に分ける。
　②「スピリチュアリティのレベル」と「宗教性のレベル」については，それ
　　ぞれの選択肢の番号をその「値」として，年齢層ごとの「平均値」を計算
　　し，それをグラフにプロットし，それぞれの点を結んで「折れ線グラフ」
　　を描く。

　こうして作成された「折れ線グラフ」が図4-5である。
　図4-5から，以下のような点を読み取ることができる。
　①「宗教性」のレベル——平均値という形で示されるそのレベル——も，
　　「スピリチュアリティ」のレベル——「宗教性」の場合と同様——も，「年

宗教性／スピリチュアリティのレベル（平均値）

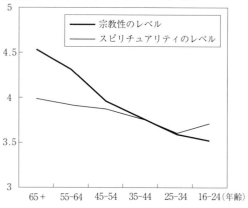

図4-5　年齢層ごとの「宗教性のレベル」と「スピリチュア
リティのレベル——平均値による比較——（RAMP
1999）

「齢」が高くなるにつれて高
くなるという傾向が見られ
る。

② 「45歳以上」のところでは，
年齢が高くなるにつれて，
「宗教性」のレベルが「ス
ピリチュアリティ」のレベ
ルよりも高くなり，逆に
「34歳未満」のところでは，
年齢が低くなるにつれて，
「スピリチュアリティ」の
レベルが「宗教性」のレ
ベルよりも高くなるという傾向が見られる。

以上の結果は，〈仮説5〉を支持／確認するものとなっているといえよう。

「宗教的寛容」の増大

ここでは，ISSP（1998）において作成された，つぎのような質問を，「宗教
的寛容」を捉える項目（measurement instrument）として利用する。

あなたは，宗教についてどう思いますか。あなたの考えに最も近い番号に1
つだけ○をつけて下さい。
　　1．どの宗教にも真実などない
　　2．どの宗教にも真実がある
　　3．真実は1つの宗教にだけある

ここでは，
　　1．は，「宗教を否定する考え方」
　　2．は，「宗教的な寛容の考え方」

　3．は，「伝統的な宗教の考
　　え方」
として捉えておくことにする。
　そして，その上で，調査対象
国ごとに，それぞれの選択肢を
選んだ回答者の％の３点をつな
いだ「折れ線グラフ」を作成し
た。このような「折れ線グラ
フ」からの結果の読み取りは，
それぞれの国の回答パターンを
３つのタイプにまとめるという
仕方で行った。

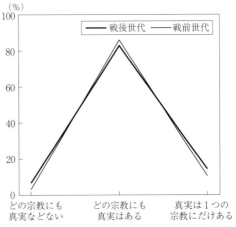

図4-6a　アメリカ合衆国における宗教についての考え方
（ISSP 1998）

〈タイプⅠ〉

　最も典型的な〈タイプⅠ〉は，図4-6aの「アメリカ合衆国」に見られる
ものである。
　その特徴は，以下のような点にある。

①回答者の圧倒的多数が「どの宗教にも真実がある」という選択肢を選んで
　おり，両端の「どの宗教にも真実などない」と「真実は１つの宗教だけに
　ある」の選択肢を選ぶ回答者は少数で，その結果，ほぼ左右対称のピラ
　ミッド型のパターンが描かれている。
②「戦前世代」の回答パターンと「戦後世代」の回答はパターンに，ほとん
　ど差異が見られず，２つのピラミッドがほぼ重なり合う形となっている。

　ここでは，典型的なピラミッド型の例として，「アメリカ合衆国」のパター
ンをあげた。しかし，このようなピラミッド型にはいくつかのバリエーション
がある。それは，ピラミッドの形状に不均衡が出てくるパターンで，とくに左

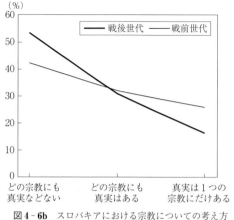

図4-6b　スロバキアにおける宗教についての考え方
（ISSP 1998）

端の「どの宗教にも真実などない」という選択肢を選ぶ回答者の％の大きさが，ピラミッドの形状に影響を与える事例——例えば，「フランス」「東ドイツ」「スロベニア」など——がそれである。しかし，これらの事例においても，回答者の圧倒的多数が「どの宗教にも真実がある」という選択肢を選んでいることに変わりはない。こうして，このような共通点を確認した上で，これらのバリエーションも含めて〈タイプⅠ〉とするならば，ヨーロッパの多くの国ぐにがこの〈タイプⅠ〉に分類されることになる。

　そして，そのような〈タイプⅠ〉とはまったく異なる形状を示すものとして，〈タイプⅡ〉と〈タイプⅢ〉があげられる。

〈タイプⅡ〉

　〈タイプⅡ〉の事例としてあげられるのが，「スロバキア」である。図4-6bに見られるように，「スロバキア」では，「左肩上がり（右肩下がり）」のほぼ直線のパターンが描かれている。

　こうして，〈タイプⅡ〉では，回答者の圧倒的多数が「どの宗教にも真実などない」という「宗教を否定する」選択肢を選んでいる——「戦後世代」の50％強，「戦前世代」でも40％強を占めるまでとなっている——ところに特徴がある。この点は，スロバキアが社会主義体制にあった歴史を考えるならば，容易に納得できるものといえる。

〈タイプⅢ〉

　〈タイプⅢ〉の事例としてあ
げられるのは，「イスラエル」
である。図4-6cに見られるよ
うに，「イスラエル」では，回
答が「どの宗教にも真実はあ
る」と「真実は1つの宗教にだ
けある」に二分されている。

　つまり，イスラエル社会では，
「宗教的寛容」の傾向とともに，
「宗教的不寛容」の傾向が同時

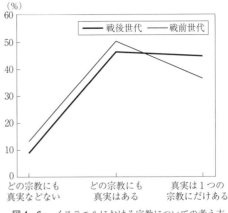

図4-6c　イスラエルにおける宗教についての考え方
（ISSP 1998）

に観察されるのである。そして，その傾向が，とくに「戦後世代」において，
強く見られるところにイスラエル社会の特徴がある。これは，サブレと呼ばれ
る「イスラエル生まれの新生ユダヤ人」について，これまで指摘されてきた心
的な性向（propensity）と一脈通ずるものがある。

　以上から，〈タイプⅡ〉および〈タイプⅢ〉に示された例外的な国ぐにがあ
るものの，ヨーロッパの多くの国ぐににおいては，「どの宗教にも真実がある」
として，それぞれの宗教を認めようとする「宗教的寛容」の考え方が広く浸透
してきていることは間違いない。このようなデータ分析の結果は，〈仮説6〉
を支持・確認するものとなっているといえよう。

5　道徳の変化に関する理論・仮説とその実証的なテスト

　以上では，欧米の宗教社会学における宗教意識の変化に関する諸仮説と，そ
れらの実証的な確認のためのデータ分析の結果を示してきた。このような宗教
意識の変化は，決して単独で出現してきたのではない。ヨーロッパのキリスト
教社会においては，宗教意識は，人びとのさまざまな価値観，とくに道徳意識

と深く結びついており，両者を切り離して考えることはできないとされてきた。例えば，Glock と Stark（1965）は，「宗教性」の諸次元として，「信念」（belief），「実践」（practice），「知識」（knowledge），「経験」（experience）とともに「道徳的な結果」（moral consequence）をあげた。それは，ヨーロッパのキリスト教社会においては，道徳的な「規範」（norm）や「行動」（behavior）は宗教に由来するものと考えられてきたからにほかならない。しかし，その後の実証的な研究の蓄積をとおして，道徳のすべてが宗教に由来するものではないことが明らかにされてきた。

　そこで本章においては，「宗教性」と「道徳性」（morality）をいったん別の次元として位置づけた上で，両者の関係を以下のような理論仮説にまとめることにする。

　　①ヨーロッパのキリスト教社会における「道徳のゆくえ」についての預言は，「宗教のゆくえ」についてのそれと，基本的には同じ方向と内容を含んでいる。
　　②社会の近代化——合理化と機能分化——は，「伝統的な宗教性」だけでなく，「伝統的な道徳性」にも同様の変化をもたらす。こうして，「新しい宗教性」とともに，「新しい道徳性」が出現する。
　　③その具体的な内容は，いずれも「多元主義」（pluralism）の方向としてまとめることができる。

　こうして，本章では，以上を，道徳の変化に関する仮説——〈仮説7〉——として位置づけ，それを「宗教意識」の場合と同様に，「国際比較調査」のデータ分析をとおして，実証的にテスト・確認することを試みるのである。
　WVS（1990）では，このような「道徳多元主義」の考え方に対応する質問項目として，以下のようなものが準備された。

　ものごとの善悪の判断については，つぎのAとBの2つの考え方があります。

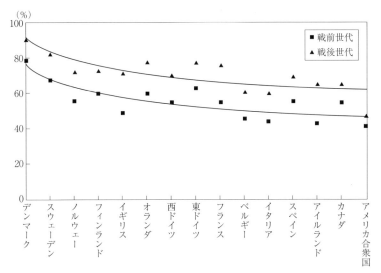

図 4 - 7　各国の「戦前世代」と「戦後世代」における「道徳多元主義者」の％
　　　　　（WVS 1990）

あなたは，A，B，どちらの考え方に近いですか。

A．何が善で何が悪かについては，絶対的で明白な基準がある。そのような基準は，いつでも，あらゆる人に，どのような状況においても適用されるものである。

B．何が善で何が悪かについては，絶対的で明白な基準はない。それは，もっぱらその時の状況によって決まるものである。

　そして，このようなA，B，2つの考え方を提示した上で，回答者がAに賛成か，Bに賛成か，どちらにも賛成できないか，が尋ねられた。

　ここでは，いうまでもなく，Bの考え方に対する賛成の回答を「道徳多元主義」の立場と考え，そのような回答結果を図4-7に示した。
　図4-7においては，「何が善で何が悪かは，その時の状況によって決まる」と考える「道徳多元主義」の立場をとる回答者を「戦前世代」と「戦後世代」

に分け，各国ごとにそれぞれの％を，「戦前世代」を■，「戦後世代」を▲で表示し，そのような結果にもとづいて，これら2つの世代グループについての「推定フィッティング曲線」（estimate fitting curve）を描いた。

　図4-7から，以下のような点を読み取ることができる。

①「道徳多元主義」の考え方をとる回答者は，ヨーロッパの国ぐににおいては，すでに多数派_{マジョリティ}——つまり50％（過半数）を越える多数派_{マジョリティ}——になりつつある。

②このような回答者の％は，デンマーク，スウェーデン，ノルウェー，フィンランドといった北欧の国ぐにで高く，アメリカ合衆国，カナダといった北米の国ぐに——この2カ国は，とくにヨーロッパの国ぐにとの比較のために取りあげた——で低い。

③「戦前世代」と「戦後世代」をくらべて，すべての調査対象国において，「戦後世代」の方で，「道徳多元主義」の考え方をとる回答者の％が高い。そして，このような世代差は，アメリカ合衆国の場合を除いて，かなり大きい。

　以上の結果は，〈仮説7〉，つまり道徳の変化に関する仮説を支持／確認するものとなっているといえよう。

6　「経験理論」から「規範理論」へ

　本章は，社会科学の立場から書かれた論文であり，「作品としての社会科学」——内田義彦『作品としての社会科学』岩波書店，1981年を踏まえている——の1つとして位置づけられるものである。このような社会科学は，「経験科学」（empirical science）と「規範科学」（normative science）の2つの側面を持っている。一般に，前者は社会現象の事実（Sein）の側面に焦点を合わせ，その「ありのままの姿」の観察・記述・分析をとおして，経験的な命題と法則の定

立をめざすのに対して，後者は社会現象の当為（Sollen）の側面に焦点を合わせ，一定の価値観点の導入にもとづいて，その「あるべき姿」の理論構築をめざすものとされる。

このような社会科学の2つの側面は，本章での「宗教と道徳の多元主義」というようなテーマを取り扱う場合に，まさに現実的な問題として，筆者に迫ってくる。つまり筆者は，ここで，このような社会科学の二面性の問題に立ち向かわざるをえなくなるのである。

では，それは，なぜそうなのであろうか。この点については，間瀬啓允編『宗教多元主義を学ぶ人のために』（世界思想社，2008年）が示唆的である。そこでは，「宗教多元主義」をめぐる議論の出発点として，religious pluralism という用語の日本語訳の検討から始めている。そして，それは，「宗教多元現象」と訳される場合と，「宗教多元主義」と訳される場合があるとした上で，前者が「宗教が複数存在するという単なる検証や事実を指し示す用語である」のに対して，後者は「自分が信仰する，あるいはコミットする宗教以外の宗教にもそれ独自の真理と救いを認めようとする態度の総称である」という考え方が示されている。

しかし，社会科学的な視座からするならば，このような用語の訳出をめぐって提案された考え方も，必ずしも十分なものとはいえない。むしろ，「宗教多元主義」をめぐる「Sein（経験科学）の議論」と「Sollen（規範科学）の議論」という捉え方が，社会科学的な問題の所在をより明確にできるものといえよう。

現代の社会科学においては，このような2つの用法に立つ用語が，すでにして存在している。それは，multi-culturalism あるいは cultural pluralism という用語である。この用語は，一方で，「ある社会に複数の文化が存在しているという単なる現象や事実」を意味するとともに，他方で，例えば，梶田孝道（1996）によって，「ひとつの社会の内部において複数の文化の共存を是とし，文化の共存がもたらすプラスの面を積極的に評価しようとする主張ないしは運動を指す」と定義される。

こうして，このような用法を，本章のテーマである「宗教的多元主義」につ

いて当てはめるならば，本章において実証的にテスト・確認してきたヨーロッパの国ぐにににおける宗教意識と道徳意識の変化は，まさにその Sein の側面を報告するものであるということになる。そして，このような仮説の確認は，「法則の定立」というところにまでは到らないにしても，少なくともそのような趨勢についての「命題の定立」は可能になったといえよう。

　では，このような「宗教と道徳の多元主義の方向」は，どのような価値観点の導入にもとづいて，どのように評価されることになるであろうか。Sein の「立論」が，実証的なデータにもとづく理論仮説の真偽の経験的な妥当性の判断にもとづいてなされるのに対して，Sollen の「立論」は，そのような規範的な命題の正当性とその立論の論理的な無矛盾性の判断にもとづいてなされる。では，「宗教と道徳の多元主義の方向」については，Sollen の側面からの「立論」は，具体的には，いかにして可能となるであろうか。本章の最後に，このような「立論」——規範科学的な議論の展開——の可能性について，筆者による思考実験を試みたい。ここでは，そのような「立論」は，本書の中心的なテーマである「平和の探求」というところから始める。

　じつは，筆者がようやく社会科学者の１人として歩みを始めたころ，「日本平和学会」の大会において，筆者自身の「平和」の定義を提案したことがある。それは，「世界保健機構」（WHO）による「健康」の定義（1948年），「健康とは，単に病気あるいは虚弱でないばかりでなく，身体的にも，精神的にも，また社会的にも，完全に『よき状態（Well-being）』である」という定義を借用することによって，「平和とは，単に戦争・紛争・闘争がないばかりでなく，人びとが，より人間らしく，健康で，幸せに，感性と自己表現を大切にしながら，充実した人生を生きることができる個人的・集合的・社会的な状況である」と定義したという経験である。このような筆者の定義は，いうまでもなく，きわめて原初的なアイディアともいうべきものであった。しかし，このアイディアは決して「的外れ」なものではなかった。その証拠に，その後，いわゆる「平和研究」の領域において，筆者の意図したものとほぼ同じ方向の考え方が，「消極的平和」と「積極的平和」という用語を用いて，精緻化・明細化・具体化さ

れてきた。そして，とくに「積極的平和」という構成概念の諸要素としては，豊かさ，秩序，安全，正義，公平，自由，平等，民主主義，人権，健康，福祉，生きがい，文化，環境保全などさまざまな価値導入の試みがなされている（岡本 1998）。

　以上のような「平和についての考え方」，つまり「平和論」は，まさに「現代思想」の中心に位置づけられるものとなっている。ここで，筆者は，このような「平和論」の現代的な構築の同じ線上で，そこに，本章でのテーマである「宗教と道徳の多元主義」という価値要素の導入の試みを提案したい。もちろん，「宗教と道徳の多元主義」と考え方は，そのこと自体が多様な内容を含むものであって，その意味するところは必ずしも明確ではない。いうまでもなく，それは，「いいかげん」「ゆるゆる」「無関心」と同義語ではない。確かに，「宗教と道徳の多元主義」の「あるべき姿」の真摯な探求には，大きな「試練」がともなうことになるであろう。しかし，それにもかかわらず，そこには，上述のような意味での「平和」に向かう大切な価値要素が含まれていることは否定できないのではなかろうか。そのような価値要素の具体的な内容の精査が本章の目標ではない。しかし，それ——つまり，「宗教多元主義」——が，少なくとも，「伝統的な宗教性の脱構築の知的作業」——間瀬啓充（2008）の用語——にもとづく，「寛容・承認・包摂の精神」として捉えられるものであることは間違いない。

　こうして，ここでは，「宗教多元主義」をめぐる Sollen の側面に焦点を合わせた議論について，2つの立論の可能性を示しておきたい。

　その1つは，Sollen の議論に導入されるさまざまな価値を表現する用語を組み合わせる立論の「筋道」の構成の仕方である。そのような「筋道」は，まず，「人間の尊厳」についての確認から始められる。それは，「法理論」的にいうならば，「人間の尊厳」が無限価値——それ以外のすべての価値については「比例性の原則」（principle of proportionality）が適用される——とされるからであるばかりでなく，現代社会においては，このような「人間の尊厳」がようやく現実的な課題とされるようになってきたからにほかならない。そして，そこか

137

ら，つぎに，上述の筆者による「平和」の定義の後半部分，つまり「人びとが，より人間らしく，健康で，幸せに，感性と自己表現を大切にしながら，充実した人生を生きることのできる個人的・集合的・社会的な状況」という個別価値が論理演繹的に導き出されることになる。そして，そのような「平和」という価値実現のための1つの実践的な契機として「宗教と道徳の多元主義」の方向が位置づけられることになる。このような Sollen の側面についての立論は，「公理」論的な議論と呼ばれるものである。いうまでもなく，それは，まず，自明で真理だとされる「公理」——「人間の尊厳」——を立て，そこから論理演繹的に個別の「定理」——「平和の思想」を——導き出し，そこからさらに特定の「命題」——「宗教多元主義」——を位置づけるという「論の進め方」——つまり「立論」——である。

　もう1つは，「宗教多元主義」と呼ばれる志向性についての社会科学としての取り組みの仕方である。いうまでもなく，本章の欧米社会学における諸仮説の実証的なテスト・確認のところで示した宗教意識の変化の諸相については，「神学」「キリスト教学」「信仰論」といった立場からするならば，さまざまな議論がありうるであろう。しかし，ここでは，そのような議論と，いわば研究領域的に区別するために，「社会科学としての取り組みの仕方」という表現をとった。そして，議論の拡散を抑制するために，ここでは，「宗教多元主義」の1つの方向，つまり「宗教的寛容」というテーマに絞って議論をしておきたい。

　それは，一言で言えば，以下のように表現することができるであろう。

　「宗教多元主義，そして宗教的寛容とは，人が自分にとって異質であると感じる宗教を，文字どおり異質なものとして，そのままで認め，なお自己の主体性を大切にしながら，その異質な宗教との出逢い・対話・交流をどこまでも続けていこうとする強靱な姿勢の涵養と，そのための具体的な作法・手法・レシピの開発への志向性と実践性である。」

　ここでの重要なポイントは，まず，それが，ある具体的な「社会的な場」
(social setting) を想定しているということであり，そして，「多元主義」も，
「寛容」も，決して「自己の主体性を捨てる」ということでも，「他者に同化
する」ということでもなく，ある社会的な場における，宗教的な「他者性」
(Otherness) との向かい合いについての「社会的ルール・手続き・約束」とも
いうべきものに焦点を合わせているということである。こうして，筆者は，こ
のような提案を，井上達夫『共生の作法』（創文社 1986年）を踏まえて，「宗教
多元主義，宗教的寛容の作法」と呼ぶのである。

参考文献

Dobbelaere, Karel (1981) "Secularization : A Multi-dimensional Concept". *Current Sociology* Vol. 29, No 2.

Finke, Roger and Stark, Rodney (1988) "Religious Economies and Sacred Canopies". *American Sociological Review* 53.

Glock, Charles Y. and Stark, Rodney (1965) *Religion and Society in Tension*. Rand MacNally.

Iannaccone, Laurence R. (1991) "The Consequence of Religious Market Structure". *Rationality and Society* 32.

Inglehart, Ronald (1997) Modernization and Postmodernization : *Cultural, Economic and Political Change in 43 Societies*. Princeton University Press.

Luckmann, Thomas (1967) *The Invisible Religion*. Macmillan.（＝1976．赤池憲昭，J. スインゲドー訳『見えない宗教』ヨルダン社。）

Norris, Pippa and Inglehart, Ronald (2004) *Sacred and Secular : Religion and Politics Worldwide*. Cambridge University Press.

Popper, Karl R. (1976) *Conjectures and Refutations : The Growth of Scientific Knowledge*. Routledge and Kegan Paul.

Rothstein, Mikael ed. (2001) *New Age Religion and Globalization*. Aarhus University Press.

井上達夫（1986）『共生の作法──会話としての正義』創文社。

内田義彦（1981）『作品としての社会科学』岩波書店。

岡本三夫（1998）「平和」『岩波　哲学・思想事典』岩波書店。

梶田孝道（1996）「『多文化主義』をめぐる論争点──概念の明確化のために」初瀬龍

平編著『エスニシティと多文化主義』同文舘出版。

間瀬啓充編著（2008）『宗教多元主義を学ぶ人のために』世界思想社。

真鍋一史（2003）『国際比較調査の方法と解析』慶應義塾大学出版会。

─────（2010a）「欧米社会学における宗教理論と宗教調査」『関西学院大学先端社会研究所紀要』4。

─────（2010b）「ヨーロッパ価値観調査」社会調査協会『社会と調査』4，有斐閣。

─────（2011）「データ・アーカイヴ」松原望，美添泰人ほか編『統計応用の百科事典』丸善出版。

─────（2012）「社会科学はデータ・アーカイヴに何を求めているか」社会調査協会『社会と調査』8，有斐閣。

─────（2014）「世界価値観調査」「ドイツの社会調査」「世界のデータ・アーカイヴ」社会調査協会編『社会調査事典』丸善出版。

〈付記〉

　本章は，ドイツ・ケルン大学の Wolfgang Jagodzinski 教授との共同研究にもとづく以下の共著論文の研究成果を利用することで，ヨーロッパの国ぐににおける「宗教意識と道徳意識の変化」を実証的に跡づけるとともに，このような変化の諸相を描き出す「経験理論」（empirical theory）を，いかにして「規範理論」（normative theory）に結びつけていくかについて，筆者の独自の試論を展開したものである。

Wolfgang Jagodzinski, 真鍋一史（2015）.「ヨーロッパの国ぐにおける宗教意識の変容」『関西学院大学社会学部紀要』（第120号）。

Wolfgang Jagodzinski, 真鍋一史（2015）.「ヨーロッパの国ぐにおける宗教と道徳の多元主義」『関西学院大学社会学部紀要』（第122号）。

第5章
タイにおける仏教団体への信頼とその変化

1 タイ社会と宗教

タイ社会における宗教の役割

　本章では，タイにおける仏教への信頼度とその規定要因の分析を通して，タイの仏教が社会統合にどのような寄与を果たしているのかを実証的に確認することを目的とする。

　上記の分析に入る前に，まずシャローム概念との関係について触れておきたい。ここではシャロームの4領域の中でも「隣人との平和」に関する内容を扱う。具体的には，タイ社会における国民の共存をテーマとする。後述するように，タイは国家体制の理念の重要な要素として仏教を位置づけている。つまり，タイでは仏教が社会秩序や道徳性を支えるという役割を担っている。他方で，タイは1990年代後半から政治的に不安定さを増しており，地域や経済的階層などの違いによる社会の分断が進んでいるとされる。このような状況において，タイの仏教は期待されるような力を持ち得ているのか。仮にタイの仏教の信頼度が，人々が住む地域や社会的地位によって大きく異なるのであれば，タイの仏教は「社会秩序や道徳性を支える」力を失いつつあるといえるだろう。なぜならばそれは全てのタイ人にとって等しく信頼される存在ではないことを意味するからである。はたして仏教は今日でもタイ社会内部における「隣人」同士の共存に寄与しうる力を持っているのか。本章では世界価値観調査（World Values Survey：WVS）の2007年と2013年のデータを用い，タイの仏教への信頼

表 5 - 1　宗教人口比　(%)

宗教	2014年	TH07	TH13
仏教	94.6	97.0	96.3
イスラーム	4.2	2.5	2.2
キリスト教	1.1	0.1	0.6
その他	0.1	0.4	0.9
総人口	6,841万人		

出所：2014年データについては矢野（2019：212）。

度の規定要因とその変化を計量的に確認し，タイにおける仏教の社会統合に果たす役割の大きさを検証する。

　本章ではタイ仏教の概略とその社会的な機能を確認したのち，近年のタイにおける政治社会情勢を概観する。それらを踏まえ，WVS データを用いたデータ分析を行い，タイにおける仏教への信頼度とその規定要因を，政府や軍などといった団体への信頼度のそれと比較し，2007年から2013年にかけてどのような変化が見られるのかを確認する。最後に分析を通し，今後のタイ社会におけるタイ仏教の果たしうる役割とその可能性について論じる。

タイ宗教概要

　まずタイの宗教について概観する。2014年のタイにおける宗教人口の割合を，WVS の2007年タイデータ（TH07）および2013年タイデータ（TH13）とともに表 5 - 1 で示している。これによれば約95％を仏教徒が占めており，続いてイスラーム，キリスト教と続いている。矢野は2014年のデータとともに1994年・2000年のデータを示して各宗教人口の推移を確認しているが，その割合にはほとんど変化が見られないという（矢野 2019：212）。なお，TH07 および TH13 では，2014年のデータと比べると仏教徒の割合が高く，他方でムスリムの割合が低くなっている[1]。

タイの仏教　タイの仏教は上座仏教といわれる東南アジアを中心に信仰されている仏教の一派であり，日本を含めた北アジアを中心に信仰されている大乗仏教とは異なる。そもそも仏教はこの世のすべては苦であるとし，そこからの解放，つまり解脱を目指すことをその目的とする。その際，自己の解脱・救済のみを目指すのが上座仏教，「生きとし生けるすべての者の救済をめざ」すのが大乗仏教である（石井 1991：25）。そのため，大乗仏教が起

図5-1　「共生の構造」

出所：石井（1991：130）。

きた際には在来派である上座仏教を「独善性への非難をこめて，在来派のビク（筆者注：出家者のこと）たちを，「小乗の徒」とよんだ」（石井 1991：25）。このように，出家者が主に自己の救いを目指すのが上座仏教である。ではなぜタイを始めとする東南アジアでは，出家者ではない在家の信徒からも篤く信仰され，また出家者に対して畏敬の念を持つのか。というのも，上座仏教の出家者はあくまでも自身の救済のみを目的として修行をしているだけであって，決して在家の信徒の救済を目的とはしていないからである。これについては，石井が信仰の二重構造の存在を指摘している。信仰の二重構造とは，出家者が自身の解脱をめざし修行をする「エリートの宗教」と，在家の信徒が現世の利益・幸せを追求する「マスの宗教」があり，在家の信徒は出家者に対し奉仕を行い，出家者は信徒に対しその見返りとして功徳を与える，というものである（石井 1991：128-130）。つまり，在家の信徒は出家者に対し功徳を積むことが現世・来世のよりよい幸せに近づく行為と考えているため，出家者が自身の解脱のみを目的として修行をしていることに対して批判的な考えを抱かないというのである。この構造を示したものが図5-1である。石井はこのように，タイ仏教は出家者集団（サンガ）と在家の信徒では異なる信仰の構造を持っており，それを繋ぐのが，出家者が在家の信徒に施すタンブンであるとしている。[2]

　　タイの統治理念　　すでに見た通り，タイにおいては上座仏教を信仰する人が
　　としての仏教　　多数を占めている。また，タイではその近代化の過程において仏教を統治システムに組み込んでいる。このタイの統治システムはラック・タイ（タイ的原理）と呼ばれ，「民族（民族的政治共同体）・宗教（仏教）・国

王といった３つの要素を国の基盤的な制度（サターバン）とするというタイの国家理念，タイという国柄を示す，いわばタイの国体ともいえる理念」である（矢野 2015：222）。このように，仏教がタイの統治原理に組み込まれていること，また大多数のタイ国民が仏教を信仰していることから，仏教は国教とは定められていないものの，実質的には国教に準ずる，タイの公共的な宗教とみなされている（櫻井 2014：150）。

**タイ仏教の
社会的機能**　タイの仏教は，伝統的なタイ社会においては様々な社会的な機能を果たす「ハブ」のような場であった。石井は「寺院の建物は，『教場』であり，『集会場』であり，『夜泊所』であり，『村役場』であり，『裁判所』であり，『倉庫』であり，『病院』であり，『養老院』であり，『博物館』であり，『美術館』であった」（石井 1975：246）と，また櫻井は「農村地域において僧侶は地域の知識人・指導者として人々の相談を受け，寺院は文字通りの寺子屋，学校，施療院，集会所としての機能を果たしてきた」（櫻井 2013：17）と指摘している。また，近代以降もタイの仏教は様々な取り組みを行っており，サリット首相（在任1959～63年）のもとでは僧侶による不況や開発教育などがなされた。1960～90年代にかけては「開発僧」と呼ばれる，地域開発に取り組む僧侶もみられた。現代においても仏教寺院・団体の社会参加活動については多くの事例報告がみられる（林編 2009；櫻井 2008；櫻井編 2013；櫻井ほか編 2015）。このように，タイでは仏教が精神的主柱としてだけでなく，社会的に重要なアクターとして現実の社会生活の中に入り込んでいる。

タイの社会格差と政治的混乱

　タイは伝統的に都市部の富裕層と農村部の貧困層の社会的格差が非常に大きいとされるが（浅見 2014：39），そこに登場したのがタクシン首相（在任2000～06年）であり，彼は貧困層の救済を掲げて貧困層から熱狂的な支持を集めた。しかし彼のトップダウン的・ポピュリズム的な政策や政権運営は，既得権を奪われることを恐れた守旧派とされる都市部富裕層の強い反発を招き，最終的には2006年のクーデターによりタクシン政権は崩壊することとなる（柿崎

表 5 - 2　2006～2014年までのタイの政治状況

年	月	出来事
2006	2 月	黄色シャツ派（民主市民連合・PAD）結成
		タクシン，下院を解散，民主党が選挙のボイコットを決定
	4 月	タイ愛国党が圧勝
	6 月	軍事クーデター，タクシン国外逃亡
	10月	スラユット暫定政権発足
2007	5 月	憲法裁判所，選挙違反を理由にタイ愛国党に解党命令，幹部の公民権停止，残る議員は国民の力党に赤シャツ派（反独裁民主統一戦線・UDD）結成
	12月	総選挙，国民の力党が勝利
2008	2 月	タクシン一時帰国
	8 月	タクシン国外逃亡宣言，PAD 首相府占拠
	9 月	タクシン派と PAD 衝突，バンコクに非常事態宣言，タクシンの義弟ソムチャイ政権発足
	12月	憲法裁判所，選挙違反を理由に国民の力党など与党 3 党に解党命令，ソムチャイ政権崩壊，残る議員はタイ貢献党に
2009	4 月	バンコクに非常事態宣言，UDD と治安部隊が衝突（流血のソンクラーン）
2010	4 月	UDD が国会に乱入，バンコクに非常事態宣言（4 月10日，「暗黒の土曜日」）
	5 月	デモ隊と治安部隊が衝突，一連の死者数90人超
2011	5 月	アピシット，任期前に下院を解散
	7 月	タイ貢献党圧勝
	8 月	タクシンの妹，インラック首相就任
	10月	タイで大規模な洪水被害
2013	10月	与党提出の恩赦法案をタクシンを含む内容に修正
	11月	恩赦法案下院可決も上院で否決，事実上の廃案
	12月	インラック，下院を解散
		25万人デモが首相府を包囲，民主党が総選挙ボイコット決定
2014	5 月	軍事クーデター，憲法停止
	9 月	プラユット暫定政権発足

出所：高橋（2015）より筆者作成。

2016：70）。表 5 - 2 はタクシンが失脚した2006年以降の政治状況を示しているが，これを見てわかる通り，近年はタクシン派（赤シャツ派）が多数の貧困層の票を頼みに選挙に訴えると，都市富裕層を中心とした王族派（黄シャツ派）が司法や軍によってそれを覆すことを繰り返しており，2000年代以降タイは政治的に不安定な状態にある。そしてその間，地方とバンコクを初めとする都市部の地域対立，貧困層と富裕層間の階層間対立などが広がり，タイ社会の分断が進んでいるとされる。表 5 - 3 はタイ国家経済社会開発委員会（NESDB）の

表5-3 タイの地域別1人当たり
GDP（2016年）

地　　域	1人当たり GDP（バーツ）
東北部	76,207
北　　部	98,999
南　　部	143,544
東　　部	460,377
西　　部	143,878
中　　部	258,839
バンコク周辺	427,199
全　　国	215,455

公開データから作成した地域別1人当た
り GDP であるが，バンコクと東部の1
人当たり GDP が突出して高い。そして
このような地域の経済格差は広がりつつ
あるとも言われている[3]（阿部 2018）。

リサーチクエスチョン

　これまでタイの仏教とその社会的役割，
また国家体制理念の重要な構成要素とし
ての仏教を確認してきた。他方，タイ社会が近年政治的な混迷を深め，タイ社
会の地域・社会階層間の分断が広がってきていることも確認してきた。これら
を踏まえ，本章では以下のリサーチクエスチョンを立てて，検証を行う。

　　社会の分断が進むタイにおいて，仏教は社会統合の一翼を担う存在であり続
　　けているのか

　タイにおいては，仏教は社会統合において重要な役割を担ってきた。また仏
教団体やその構成員たる僧侶はタイ国民から深い尊敬を受けているとされる。
仮に現在もそうであるならば，分断の進みつつあるタイ社会において，その安
定を取り戻す際に少なからぬ貢献ができるはずである。他方で，仮に仏教が以
前ほど国民からの尊敬を勝ち得ることができず，タイにおいて社会統合の機能
を果たすことがすでにできなくなっているのであれば，そのような貢献は期待
できないということになる。

　以上の問いに対し，宗教団体のほか，政府・軍隊・裁判所への信頼が社会経
済的地位，そして地域によってどの程度規定されているのかを確認することを
通し，タイにおいて仏教の果たす役割を検証する[4]。

表 5 - 4　調査概要

	TH07	TH13
調査実施機関	King Prajadhipok's Institute	KPI
抽出方法	層化多段抽出	層化多段抽出
抽出台帳	—	—
調査方法	訪問面接法	訪問面接法
調査実施期間	2007.6.1-7.31	2013.9.1-30
母集団地域	タイ全域	タイ全域
母集団性別	男　女	男　女
母集団年齢	18歳以上	18-85
標本数	1534	1200
有効回収数	1534	1200
有効回収率(％)	—	100

注：2013年は標本1200以外に1390の予備標本があり，回収できなかった標本
　をそこから充当したため回収率は100％となっている。
出所：King Prajadhipok's Institute（プラジャディポック王立研究所，KPI）。

2　世界価値観調査データを用いた計量的アプローチ

データ概要

　前述のリサーチクエスチョンを検証するために，今回の分析では世界価値観調査の2007年タイデータ（TH07）と2013年タイデータ（TH13）を用いる。データの概要は表5‑4のとおりである。

　世界価値観調査とはおよそ100ヶ国の国・地域の研究機関が参加して1981年から実施されているプロジェクトである。基本的には同一の調査票に基づいて，各国の18歳以上の男女を対象として行われている。対象分野は宗教観・家族観・政治観など多岐にわたっている。[5]今回は時系列によるデータの変化を確認するために2時点間の比較を行うことが必要であり，そのようなデータセットとして今回は世界価値観調査のデータを用いる。

変　数

2007年から2013年にかけてのタイの仏教団体への信頼の強さと変化を確認す

るために，仏教団体への信頼の他に，他の主要な団体への信頼をその比較対象
として分析する。今回はタイにおける社会統合原理の一つとしての仏教団体と
比較するために，第二セクター（民間）ではなく第一セクター（国・公共団体）
との比較を中心に行う。具体的には2000年代以降の政治的混乱の主要なアク
ターである政府，軍隊と裁判所をその比較対象として取り上げる。軍隊につい
ては軍事クーデターの当事者であるため，裁判所はいわゆる司法クーデターの
当事者である憲法裁判所をはじめとした司法システムに対する信頼を見るため
に取り上げる。TH07 及び TH13 では，各団体への信頼を尋ねた以下の項目
が採用されている。[6]

　　あなたは，次にあげる組織や制度をどの程度信頼しますか。「非常に信頼す
　　る」「やや信頼する」「あまり信頼しない」「全く信頼しない」のいずれかで
　　お答え下さい。
　　　・宗教団体
　　　・軍隊
　　　・裁判所
　　　・政府

3　「信頼する団体」における規定構造の変化（2007〜13年）

基礎統計量

　今回の分析で従属変数として用いた，2007年と2013年の「信頼する団体」の
基礎統計量が表 5 - 5 である。宗教団体への信頼の平均値は，2007年に比べて
2013年の方がわずかに上昇している。分散は2013年の方が明らかに大きくなっ
ており，歪度も値が非常に小さく，尖度は若干小さくなっていることがわかる。
軍隊への信頼の平均値は2013年になりわずかに上昇している。分散は大きくな
る傾向が見られ，歪度は非常に小さく，尖度はわずかに小さくなっている。政
府への信頼は平均値がわずかに上がっている。分散を見るとその値は非常に大

表5-5　「信頼する団体」の基礎統計量

2007	度　数	平均値	分　散	歪　度	尖　度	最小値	最大値
宗　教	1531	2.87	.587	-.183	-.473	1	4
軍　隊	1529	2.57	.651	.086	-.529	1	4
政　府	1532	2.36	.505	.306	-.057	1	4
裁判所	1529	2.92	.706	-.419	-.428	1	4
2013							
宗　教	1158	3.05	.804	-.638	-.419	1	4
軍　隊	1156	2.95	.760	-.421	-.609	1	4
政　府	1142	2.54	.916	-.107	-.927	1	4
裁判所	1139	3.05	.873	-.724	-.378	1	4

注：1＝全く信用しない，2＝あまり信用しない，3＝やや信頼する，4＝非常に信頼する

きくなっており，歪度・尖度ともにかなり小さくなっている。最後に裁判所への信頼の平均値はさほどの変化はない。分散は2013年になると上がっており，歪度はかなり小さくなり，尖度は若干小さくなっている。以上のように，2007年から2013年の間に非常に興味深い変化が起こっていることがわかる。まず平均値の変化を確認すると，2013年の方がすべて上昇している。特に興味深いのは，宗教団体への信頼が他の団体と比較して突出して高いわけではない，ということである。少なくとも平均値のスコアだけをみると，宗教団体が他の公共セクターと比較して信頼を勝ち得ているとはいえない。ところが分散をみてみると，2013年の方がすべての変数において値が大きくなっている。これは，データの分布のばらつきが大きくなっていることを示している。つまり，2007年時点では多くの回答が平均的であり個々の回答の差が小さかったものが，2013年時点では，各団体に対して信頼するとの回答と信頼しないとの回答の差が広がった，ということを意味する。尖度をみても全体的に数値が小さくなっており，分布の裾が広がっていることがわかる。これらのことから，今回の基礎統計量の結果は，2007年から2013年にかけて各団体への信頼のあり方がかなり変化していることを示唆している。

重回帰分析

独立変数　　各団体を従属変数とする重回帰分析を行うため，今回分析に用い
た独立変数は性別，年齢[(7)]，学歴，就業状況[(8)]，世帯収入[(9)][(10)(11)]，地域，都
市規模[(12)]である。

今回採用した独立変数は，性別・年齢・学歴・就業状況・世帯収入という個
人の属性に関するものと，地域・都市規模という地域の属性に関するものに大
別できる。学歴については，特に今回の分析では社会の分断の要因の一つとし
てエリート層と貧困層の対立が焦点化されているため，重要な変数である[(13)]。

重回帰分析　　「信頼する団体」を従属変数とした重回帰分析の結果が表5－6
及び表5－7である。今回は特に地域変数の効果の大きさを確
認するため，地域変数未投入のモデルと，投入したモデルでの分析を行ってい
る。2007年と2013年の分析結果を全体的に見ると，2013年の方がより有意な効
果を持つ独立変数が増えている。また，2007年・2013年共に地域変数の効果が
比較的強いが，その効果は2013年になるとさらに強くなっている。他方，個人
の属性の効果は地域変数ほどではないが，2007年から2013年にかけその効果は
大きくなっている。以下，各団体の分析結果を確認する。

宗教団体　　性別・年齢・学歴・就業形態・所得レベルといった個人変数の効
果を確認すると，2007年及び2013年においても全体的に有意な効
果を持つ変数は比較的少ない。しかし，2007年には有意な効果の確認できな
かった自営業が，2013年になると正の効果を持つようになっている。地域属性
の効果を確認すると，都市規模が2007年では負の効果を持っているが，2013年
では正の効果を持つようになっている。また，2007年には北部・北東部・中央
部いずれも負の効果を持っていたが，2013年になると北部・北東部ではその効
果が消える一方，中央部では負の効果がさらに大きくなっている。

政　府　　個人変数の効果はそれほど強くはないが，2007年では正の効果を
持っていた学歴が，2013年では負の効果を持つようになっている。
また，2007年・2013年のいずれにおいても中所得層が負の効果を持っている。
高所得層は2007年では有意な効果は確認できないが，2013年になると正の効果

表5-6　「信頼する団体」と従属変数とした重回帰分析の結果（2007）

	宗　教		政　府		裁判所		軍　隊	
	Model1a	Model1b	Model2a	Model2b	Model3a	Model3b	Model4a	Model4b
（定数）	3.239***	3.565***	2.611***	2.954***	3.323***	3.718***	2.975***	3.402***
	(.147)	(.173)	(.136)	(.152)	(.163)	(.189)	(.154)	(.178)
女性ダミー	-.033	-.042	-.041	-.028	-.023	-.035	-.051 +	-.066 *
	-.049	-.062	-.058	-.038	-.039	-.058	-.082	-.104
	(.041)	(.043)	(.039)	(.037)	(.046)	(.047)	(.044)	(.044)
年　齢	.008	.009	.020	-.014	-.005	-.008	-.014	-.018
	.000	.000	.001	-.001	.000	.000	-.001	-.001
	(.002)	(.002)	(.001)	(.001)	(.002)	(.002)	(.002)	(.002)
学　歴	-.050	-.041	.110 **	.026	.051	.022	.054	.025
	-.017	-.014	.035	.008	.019	.008	.019	.009
	(.011)	(.012)	(.010)	(.010)	(.012)	(.013)	(.012)	(.012)
就労状況（基準：無職）								
フルタイム	-.003	-.007	-.018	-.029	-.010	-.027	-.013	-.037
	-.005	-.012	-.030	-.046	-.019	-.052	-.024	-.067
	(.066)	(.069)	(.062)	(.061)	(.073)	(.075)	(.070)	(.071)
パートタイム	-.001	-.026	.000	-.031	-.004	-.018	.025	.002
	-.004	-.096	-.001	-.105	-.015	-.073	.099	.008
	(.109)	(.113)	(.102)	(.099)	(.121)	(.123)	(.115)	(.116)
自営業	-.022	-.049	-.087 *	-.091 *	-.064 +	-.062	-.080 *	-.101 **
	-.034	-.073	-.123	-.125	-.107	-.102	-.127	-.158
	(.056)	(.058)	(.052)	(.051)	(.062)	(.064)	(.059)	(.060)
所得レベル（基準：低所得層）								
中所得層	-.119 ***	-.099 **	-.128 ***	-.060 +	-.142 ***	-.116 **	-.119 ***	-.063 +
	-.287	-.244	-.289	-.136	-.379	-.317	-.303	-.162
	(.079)	(.090)	(.074)	(.079)	(.088)	(.098)	(.084)	(.092)
高所得層	-.044	-.030	-.045	-.013	-.092 **	-.083 *	-.019	.013
	-.176	-.114	-.173	-.046	-.414	-.353	-.082	.053
	(.133)	(.139)	(.124)	(.123)	(.148)	(.152)	(.140)	(.143)
都市規模		-.143 ***		.033		-.033		-.062 +
		-.072		.015		-.018		-.033
		(.018)		(.015)		(.019)		(.018)
地域（基準：南部）								
北　部		-.083 *		-.069 *		-.018		-.083 *
		-.229		-.175		-.054		-.239
		(.099)		(.087)		(.108)		(.102)
北東部		-.172 **		-.415 ***		-.327 ***		-.384 ***
		-.260		-.577		-.550		-.611
		(.079)		(.070)		(.087)		(.082)
中央部		-.161 **		-.258 ***		-.202 ***		-.251 ***
		-.245		-.360		-.341		-.401
		(.075)		(.066)		(.082)		(.077)
R²	.015	.033	.032	.110	.021	.067	.026	.076
adj.R²	.009	.026	.026	.102	.015	.058	.020	.067
F	2.584 **	3.514 ***	5.507 ***	12.07 ***	3.533 ***	7.291 ***	4.466 ***	8.388 ***
N	1339	1239	1341	1241	1337	1237	1337	1237

上段：標準化解，下段：非標準化解，括弧内は標準誤差
+=p＜.1, *=p＜.05, **=p＜.01, ***=p＜.001

表5-7　「信頼する団体」と従属変数とした重回帰分析の結果（2013）

	宗教		政府		裁判所		軍隊	
	Model5a	Model5b	Model6a	Model6b	Model7a	Model7b	Model8a	Model8b
(定数)	3.071***	2.951***	2.914***	2.420***	3.368***	2.965***	3.467***	3.033***
	(.197)	(.218)	(.206)	(.216)	(.206)	(.219)	(.189)	(.204)
女性ダミー	-.013	-.029	-.025	-.025	-.004	-.016	-.044	-.055+
	-.023	-.052	-.047	-.048	-.008	-.030	-.077	-.096
	(.055)	(.053)	(.057)	(.053)	(.057)	(.054)	(.052)	(.050)
年　齢	.004	.002	.037	.032	.004	-.005	.031	.024
	.000	.000	.003	.003	.000	.000	.002	.002
	(.003)	(.003)	(.003)	(.003)	(.003)	(.003)	(.003)	(.002)
学　歴	-.042	-.022	-.198***	-.094**	-.002	.026	-.071+	-.018
	-.016	-.008	-.081	-.039	-.001	.011	-.026	-.007
	(.014)	(.015)	(.015)	(.014)	(.015)	(.015)	(.014)	(.014)
就労状況（基準：無職）								
フルタイム	-.071	.007	-.103*	.002	-.160**	-.055	-.107*	-.013
	-.155	.015	-.243	.006	-.364	-.125	-.228	-.027
	(.100)	(.099)	(.106)	(.098)	(.106)	(.100)	(.096)	(.093)
パートタイム	-.024	.013	.020	.076+	-.056	.005	-.027	.022
	-.077	.042	.070	.259	-.186	.016	-.082	.068
	(.123)	(.121)	(.129)	(.119)	(.129)	(.122)	(.118)	(.113)
自営業	.138**	.094*	.072	.008	.056	.003	.006	-.052
	.248	.169	.140	.015	.107	.005	.010	-.091
	(.087)	(.085)	(.091)	(.085)	(.092)	(.087)	(.083)	(.080)
所得レベル（基準：低所得層）								
中所得層	-.051	.051	-.112***	-.010	-.173***	-.053	-.241***	-.056
	-.098	.098	-.236	-.021	-.353	-.109	-.458	-.106
	(.063)	(.090)	(.065)	(.089)	(.065)	(.091)	(.060)	(.084)
高所得層	.083*	.098**	.091**	.125***	.021	.051	-.046	.007
	.482	.568	.586	.797	.130	.318	-.267	.040
	(.188)	(.190)	(.199)	(.190)	(.199)	(.194)	(.183)	(.181)
都市規模		.140***		.019		.191***		.106**
		.091		.013		.132		.068
		(.022)		(.022)		(.022)		(.021)
地域（基準：南部）								
北　部		.022		.197***		.140**		.221***
		.048		.468		.324		.476
		(.117)		(.117)		(.118)		(.110)
北東部		.024		.304***		.169**		.155**
		.044		.601		.325		.279
		(.110)		(.110)		(.112)		(.104)
中央部		-.333***		-.220***		-.314***		-.283***
		-.631		-.454		-.627		-.526
		(.115)		(.115)		(.117)		(.108)
R^2	.060	.138	.139	.289	.083	.220	.103	.216
adj.R^2	.052	.128	.132	.281	.075	.210	.096	.207
F	8.018***	13.283***	20.108***	33.263***	11.228***	22.97***	14.619***	22.861***
N	1022	1006	1006	993	1006	992	1022	1007

上段：標準化解，下段：非標準化解，括弧内は標準誤差
+=p＜.1, *=p＜.05, **=p＜.01, ***=p＜.001

を持つようになっている。地域別の効果は2007年・2013年ともにいずれの地域
でも有意な効果を持っているが，特に北部・北東部は，2007年には負の効果を
持っていたものが，2013年には正の効果を持つようになっている。

裁判所　個人属性の効果はそれほど大きくなく，地域変数を投入したモデル
ではその効果が弱まる傾向がある。中所得層は，2007年には負の効
果を持っているが，2013年の地域変数を投入したモデルではその効果は消えて
いる。都市規模は2013年になると有意な正の効果を持つ。地域別の効果を確認
すると，北部が2013年になると有意な正の効果を，北東部は2007年に負の効果
であったのが2013年には正の効果を，中央部はいずれの年も負の効果を持つよ
うになっている。

軍隊　女性ダミーがいずれの年もわずかに負の効果を持つ。自営業は2007
年では負の効果を持っていたが，2013年では消えている。都市規模
は2007年では負の効果を持っていたが，2013年では正の効果を持っている。ま
た，地域別の効果は，2007年時点では北部・北東部・中央部いずれも負の効果
を持つが，2013年になると北部・北東部が正の効果，中央部では負の効果を持
つようになっている。

調整済み決定係数の推移　今回の重回帰分析の結果における，団体ごとの調整
済み決定係数をグラフにしたものが図5-2である。[14]
2007年と比べ2013年の方がすべての団体において調整済み決定係数の数値が大
きくなっている。団体ごとに比較すると，宗教団体への信頼の証整済み決定係
数が非常に小さく，他方で政府への信頼のそれは最も大きい。裁判所・軍隊に
ついてはその間の値を示している。

4　タイ社会の分断とタイの仏教のこれから

ここまで，タイ社会の分断が進む中で仏教はタイ社会の統合の一助となりう
るのか，ということをリサーチクエスチョンに掲げてデータを検証してきた。
ここでは分析結果を踏まえ，それが何を意味しているのかを確認していきたい。

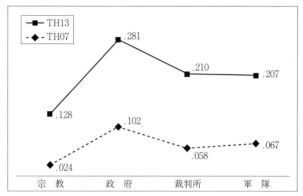

図 5 - 2　調整済み決定係数の変化

各団体への信頼に対する階層・地域効果

　地域変数の効果を見る限り，2007年時点ですでにタイ社会の各団体への信頼の大きさに格差が見られるが，2013年時点になると，さらに各団体への信頼に対する階層・地域の効果が強くなっている。特に政府への信頼に対する階層・地域の効果は非常に強い。今回の結果は，やはり政治的な分断や社会経済的・地域的な分断が公的セクターへの信頼感に影響していると考えるべきだろう。また，2007年時点と2013年時点を比較して，信頼度のスコア自体は上がっていることはすでに指摘した通りである。この点だけを見ると各団体への信頼は改善されているようにも思えるが，実はその規定構造を分析すると，信頼の格差が広がっていることが今回の分析から見えてくる。

仏教がタイ社会において果たしうる力

　ここで改めて，図 5 - 2 で示したタイの仏教団体への信頼に対する地域や階層の規定性の変化を確認すると，他の団体への信頼と同様，2013年の方が規定性は強まっており，やはり社会経済的地位・地域によって，仏教団体への信頼の格差は広がってきている。しかしその程度は，他の団体への信頼に対してのものよりも小さい。つまり，他の団体に比べ，まだ相対的にさまざまな社会的

バックグラウンドを持つ人々からの信頼を得ていることがうかがえる。

　この分析結果をポジティブに受け取るとすれば，タイの仏教は政治的・経済的・地域的分断が進むタイ社会において，それを押しとどめ，社会的な融和を促す象徴としてまだ機能しうることを示している。しかしこの分析結果はネガティブに捉えることも可能である。何故ならば，その信頼に対する階層や地域の差は，まだ小さいとはいえ明らかに広がりつつあるからである。今後もこの傾向が続くのであれば，タイ社会の統合の象徴としての仏教は，確実にその力を弱めていくだろう。それはラック・タイという統合原理が揺らぐことを意味している。

　櫻井は近年のタイ社会の混乱について，次のように指摘している。

　　民主主義が成熟したかに見える20年の間で仏教・王制・国家に替わる社会制
　　度は築かれたのだろうか。国王は明示的意思表示を控えており，国王に忠誠
　　をつくし国家を守る軍が直接政治に介入することにも無理がある。仏教は徳
　　や善き行いを説くが，政治批判の域を超えない。社会を形作ってきた制度の
　　限界が見えてきたこれからが21世紀タイの正念場である（櫻井　2014：154）。

　今回の分析結果は櫻井の指摘する通り，ラック・タイをはじめとする，タイの近代を形作ってきた制度が揺らいでいることを示す結果となった。そしてその中で，タイの仏教の権威も揺らぎつつあることが今回の分析からも明らかになった。しかし同時に，まだその権威はすぐに消え去るほど脆弱なものではないことも見えてきた。分断が進みつつあるタイ社会において，なおもこれだけさまざまな階層や地域からの信頼を得ており，かつ明確に社会統合の象徴として位置付けられる団体は少ないのではないか。これは多くのタイの仏教団体が，積極的には政治や社会に関与してこなかったこともその一因であろう。その意味でタイ仏教の「静的」な側面がその強さを発揮しているようにも見える。

　今回は2007年と2013年の2時点間での変化の検証に止まり，仏教団体を始めとする各団体への信頼の規定構造の変化が一時的なものであるのか，それとも

長期的な趨勢を示しているのかはわからない。それには継続的な検証が必要である。ただし，今回の定量的なデータ分析の結果は，現在のタイが大きな変動の只中にあることを示唆している。この変動期を経てタイの仏教がどのような存在となっていくのか，今後もタイの動向を注視していく必要がある。

注

(1) なぜこのようなずれが見られるのかは定かではないが，1つの可能性として，ムスリムの多い地域である南部でそれほどサンプルが取れていないのかもしれない。今回は仏教徒のデータのみを分析対象とするが，ムスリムなどを分析する際には特にこの点に留意する必要があるだろう。

(2) このような石井の解釈に対して島薗は疑義を唱えており，出家者集団＝サンガと在家の信徒の両者を包括する1つの仏教倫理規範が存在するのではないか，と指摘している（島薗 2013：48）。

(3) ただし，人間開発指標など様々な指標から検討すると，地域間の格差はそこまで大きくないとの指摘もある（神野 2014）。

(4) 今回の分析では「宗教団体への信頼」という尺度に着目し，その規定構造の時系列的な変化を検証することが目的となるが，この尺度を用いて検証することにはもう1つの狙いがある。それは世俗化の指標としての「宗教団体への信頼」の側面が指摘されているためである。Chaves は世俗化とは「宗教的権威」の衰退であるとみなしたが（Chaves 1994），Hoffman はその理論に基づき，「宗教的権威」の操作的定義として「宗教団体への信頼」尺度を用いてアメリカの世俗化の進行について計量分析を行っている（Hoffman 1998, 2013）。その意味で，今回の分析では，タイの世俗化の現状の一端を見ることができると考えられる。

(5) 実施時期によって Wave 1 (1981-1984)，Wave 2 (1990-1994)，Wave 3 (1995-1998)，Wave 4 (1999-2004)，Wave 5 (2005-2009)，Wave 6 (2010-2014) に分かれており，タイは Wave 5 から参加している。

(6) ここで紹介しているのは日本での調査で用いられた調査票の文言である。英語の basic questionare 及びタイ語の質問文は以下のとおり。

I am going to name a number of organizations. For each one, could you tell me how much confidence you have in them : is it a great deal of confidence, quite a lot of confidence, not very much confidence or none at all ? (Read out and code one answer for each):

- The [churches]
- The armed forces

- The courts
- The government

ผม/ ดิฉันกำลังจะระบุชื่อหน่วยงานต่าง ๆ ให้ท่านฟัง อยากให้ท่านบอกว่ามีความเชื่อมั่นในหน่วยงานต่างๆ มากน้อย แค่ไหน ระหว่าง

เชื่อมั่นมาก ค่อนข้างเชื่อมั่น ไม่ค่อยเชื่อมั่น หรือไม่เชื่อมั่นเลย (อ่านออกเสียงและใส่รหัสคำตอบใน แต่ละข้อ)　ผู้นำศาสนา

ทหาร

ศาล

รัฐบาล

รัฐสภา

回答選択肢は以下のとおり。

1. เชื่อมั่นมาก,　2. ค่อนข้างเชื่อมั่น,　3. ไม่ค่อยมั่นใจ,　4. ไม่มั่นใจเลย

(7)　データのレンジはTH07が18〜88歳，TH13が18〜85歳である。

(8)　本来であればサービス業・工場労働・農林水産業などといった職業分類を用いた
　　かったが，TH07に設問が用意されていなかったため，今回は就労状況を用いた。
　　今回の分析では，正規・非正規・自営・無職の4カテゴリを用いている。

(9)　世帯収入については，主観的な所得レベルを10段階で尋ねる形式を採っている。
　　今回の分析では低所得層，中間所得層，高所得層のダミー変数を作成し，分析に用
　　いた。

(10)　一般的にタイは北部・東北部・東部・中部・西部・南部の6つの地域に分けられ
　　る。また，タイはバンコクへの一極集中が激しく，他の地域と比較して経済的・社
　　会的な差異が大きいため，上記の6つの地域に加え，バンコクを一つの地域として
　　分けることもよく行われている。なお，今回分析に用いたTH07では北部・東北
　　部・中央部（西部・中部）東部・南部の5カテゴリ，TH13では北部・東北部・中
　　央部（西部・中部）・バンコク・南部の5カテゴリとなっている。そのため，今回
　　の分析では北部・東北部・中央部・南部の4つの地域での分析を行っている。

(11)　なお，神野の分析によれば，地域間格差よりもさらに細かい都市間格差の方が大
　　きいとの報告をしている（神野 2014）。その点を考慮すると今回の分析でもより詳
　　細な地域変数を用いることができればより精緻な分析が可能であったと思われる。

(12)　カテゴリは①2,000人未満，②2,000-5,000人未満，③5,000-10,000人未満，④
　　10,000-20,000人未満，⑤20,000-50,000人未満，⑥50,000-100,000人未満，⑦
　　100,000-500,000人未満，⑧500,000人以上，である。

(13)　学歴は1．初等教育未了，2．初等教育，3．中等教育（職業訓練校）未了，4．
　　中等教育（職業訓練校），5．中等教育（大学進学校）未了，6．中等教育（大学
　　進学校），7．高等教育（専門学校等），8．高等教育（大学）の8カテゴリである。

(14)　決定係数・調整済み決定係数は，回帰分析モデルの当てはまりを示す数値である。
　　この数値が高いということは，従属変数に対して投入された独立変数の効果が大き

いことを示している。今回の分析の場合，この値が大きいということは各団体への信頼度に対し，社会経済的地位や地域属性の影響が強いことを意味する。

参考文献

Chaves, M. (1994) *Secularization as Declining Religious Authority,* Social Forces 72： 749-774.

Hoffman, J. P. (1998) *Confidence in Religious Institutions and Secularization : Trends and Implications,* Review of Religious Research, Vol. 39, No. 4, 321-343.

―――― (2013) *Declining Religious Authority? Confidence in the Leaders of Religious Organizations, 1973-2010,* Review of Religious Research, Vol. 55, No. 1, 1-25.

Inglehart, R., C. Haerpfer, A. Moreno, C. Welzel, K. Kizilova, J. Diez-Medrano, M. Lagos, P. Norris, E. Ponarin & B. Puranen et al. (eds.) (2014) World Values Survey: Round Six – Country-Pooled Datafile Version (http://www.worldvalu essurvey.org/WVSDocumentationWV6.jsp. Madrid: JD Systems Institute).

浅見靖仁（2014）「タイの政治風土」綾部真雄編著『タイを知るための72章【第2版】』明石書店，38-41頁。

阿部桂三（2018）「地域格差が拡大するタイ経済――タイの地方経済（1）」JETROビジネス短信（https://www.jetro.go.jp/biznews/2018/03/0c3e436db221edc0.html, 最終閲覧日：2019年9月10日）。

石井米雄（1975）『上座部部教の政治社会学』創文社。

―――― (1991)『タイ仏教入門』めこん。

柿崎一郎（2016）『タイの基礎知識』めこん。

神野瑞枝（2014）「タイの地方間格差分析――所得とケイパビリティ」『オイコノミカ』50(2)，45-72。

櫻井義秀（2012）『アジアの宗教とソーシャル・キャピタル』明石書店。

―――― (2013)『タイ上座仏教と社会的包摂――ソーシャル・キャピタルとしての宗教』明石書店。

―――― (2014)「規範としての上座仏教」綾部真雄編著『タイを知るための72章【第2版】』明石書店，150-154頁。

―――― (2015)「タイの「開発僧」と社会参加型仏教」『アジアの社会参加型仏教―政教関係の視座から』北海道大学出版会，249-261頁。

島薗進（2013）『日本仏教の社会倫理――「正法」理念から考える』岩波書店。

ジュタティップ・スチャリクル，櫻井義秀（2013）「タイにおける洪水問題と寺院の

社会活動」櫻井義秀編『タイ上座仏教と社会的包摂——ソーシャル・キャピタルとしての宗教』明石書店，229-252頁。

末廣昭（2009）『タイ　中進国の模索』岩波新書。

林行夫編著（2009）『〈越域〉の実践宗教——大陸部東南アジア地域と宗教のトポロジー』京都大学学術出版会。

矢野秀武（2015）「タイにおける国家介入的な政教関係と仏教の社会参加」『アジアの社会参加仏教——政教関係の視座から』北海道大学出版会，219-248頁。

————（2017）『国家と上座仏教』北海道大学出版会。

————（2019）「タイの統計資料から見る宗教の諸相と外来宗教——日本宗教の展開の背景にあるもの」宗教情報リサーチセンター編『海外における日本宗教の展開——21世紀の状況を中心に』宗教情報リサーチセンター，210-234頁。

第❻章
メディア教育と共生

本章では日本の大学生を対象としたメディア教育，中でも「インターネットメディアを利用した教育」という視点から「平和のための共生」に必要な施策を模索する。

インターネット環境は技術革新とともに急激な変化を遂げ，この動きは超スマート社会と呼ばれる空間でさらに加速すると予測されている。情報供給源のみならず，遠方との接点を安価でオンタイムに拡張し，あらゆる立場の垣根を越えて送受信できるインターネットは，共生を育む支援環境として多くの可能性を秘めているといえる。そしてその可能性は多分に，生まれたときからデジタルな環境で生活をしている今の大学生達に依存しているようだ。しかし，オーストラリアの教育学者である Bennett らは，実証データや理論的裏づけのないまま，こうしたデジタル世代を一括りに判断することは危険と警鐘を鳴らす。実際，筆者の周りにはデジタルな環境に馴染めない学生や，ソーシャル・メディアでの辛い経験を理由にネットから遠ざかっている学生が存在するなど，把握できない部分も多い。またデジタル機器の扱いに慣れているからといって，ネット環境のコミュニケーション力や，情報理解力，分析力，批判的思考力に問題がないと結論づけることも難しい。最近のコミュニケーションはスマートフォンの普及も手伝って，写真や映像またその加工など視覚を利用したものも多く，理解の仕方も一様ではない。またスマホアプリケーションなどに馴染みのない大人は，学生のインターネット環境における力を過信している可能性もある。例えばアメリカのネット世代と呼ばれる最近の大学生の視覚理解力・分析力の実証調査では，その力は予想に反して低かったと結論づけている。

　そればかりか，写真や映像などを利用した視覚による簡易なコミュニケーショ
ンに慣れている最近の大学生は，アカデミックな内容の文章情報を正しく理解
してそれを視覚化（図式化など）し情報発信することが難しくなっていると指
摘する調査さえある。[3]大学生におけるスマートフォンの普及率はほぼ100％だ
が，多くは大学入学を機に一気に増加しており，その使用は限られた仲間や家
族とのコミュニケーションや YouTube などの娯楽のための視聴がほとんどで
ある。[4]インターネット環境を本書のテーマである「平和のための共生」として
知的に，またグローバルに活用しているとは言い難いようだ。本章では本書の
テーマである「平和のための共生」の観点から，インターネットメディアを大
学生が有効活用するためにはどのような教育的視点や配慮が必要なのかを模索
したい。

　インターネット環境の教育を「メディア・リテラシー教育」に求める声をよ
く耳にする。では「メディア・リテラシー教育」とはどのような教育を指すの
だろうか。「メディア」とは，個人の，あるいは人々との間で保管，交換する
情報の媒体を意味し，「リテラシー」とは，読み書きの識字能力を指す。また，
世界的に広く受け入れられている「メディア・リテラシー」の定義は，「あら
ゆる形態のメッセージにアクセスし，分析や評価を行い，創作する力 "the
ability to access, analyze, evaluate, and create messages in a variety of
forms"）（筆者訳）」（Aufderheide & Firestone, 1993：7）[5]である。しかしメディ
ア・リテラシーをどの授業科目で扱うのかは，国によって異なる。欧米ではメ
ディア教育をメディア・リテラシーと捉え，メディア全般の教育を包括して
「メディア・リテラシー教育」と呼び，母国語教育（英語母語話者向け英語科であ
り，日本であれば国語科にあたる）や社会科の一環として捉えている。[6]一方，日
本ではインターネットの普及に伴い1989年に中学で選択科目の「情報基礎」が
導入されると，1998年には中学の「情報とコンピュータ」，高校では「情報科」[7]
がそれぞれ必修化され，このなかでメディア・リテラシーを扱うことが多く，
情報をどのように処理するかに焦点をあてた情報リテラシーや，技術的な側面
のコンピュータ・リテラシーも包括している。[8]文部科学省は2019年に小・中学

校における携帯電話使用を緩和し，2020年からは小学校でプログラミング教育を必修化する。しかし高校の「情報科」科目で学んだ内容が役に立たないと感じている大学生が4人に1人という調査結果や，文部科学省は2024年から大学入試共通テストに「情報」科目を加えるとするなど，情報関連科目の方向性はまだ模索状態のようだ。本章では欧米にならって「メディア教育」という用語でメディア・リテラシー教育を意味することとし，メディアの中でも，とりわけ我々の生活に不可欠となったインターネットに絞って論を進める。

　模索にあたっては，メディア教育において多くの調査や研究を行ってきたロンドン大学教育研究所教授 Buckingham が唱えた，「メディア教育」における2つの意義を援用したい。1つは「エンパワーメント」（メディア利用によって得られる効用価値を最大化にする目的），そしてもう1つは「プロテクション」（メディアに存在する影響や危険を回避する目的）である。メディア教育の意義は，悪影響を与えるメディアから子どもたちを守ることから，自由意思でメディアを楽しむために必要なものを提供することへ，テクノロジーの進化，文化や環境などにも呼応しながら変化してきたといえる。メディア教育は変容しているのだ。筆者は「平和のための共生」にはエンパワーメントが必須であり，プロテクションはそのエンパワーメントを進めるうえであらかじめ取っておくべき施策と考えたい。

1　エンパワーメント：メディアの有効活用

　ここではまず，メディアと大学教育の関係を13世紀からの歴史的視点から紐解き，次にインターネットの登場からインターネットを利用した教育へどのように教育が変化したのかを概観する。さらに，インターネットのコミュニケーションによる知識の多様性と共生について論を進める。

メディアと大学

　大学は13世紀のヨーロッパで，哲学者や神学者から学びを求めて人々が集

まったことが始まりといわれている。[14]日本にも19世紀に大学教育が導入され，戦後改革の柱の１つである教育の民主化や平等化を土台に，個性化，国際化が進んでいった。21世紀になり世界の教育で重視されるようになったのが，多様化を認め尊重しながら生きる「共生」である。

　一方，教育とメディアはどのような関係を築いてきたのだろうか。17世紀から20世紀初頭の教育はスキナーやパブロフを代表とする動物の行動分析学を基礎とした，観察可能な個人の知識習得，反復訓練が中心だった。この頃の教育は普遍的な正解が存在し，その正解を習得することに教育の存在意義があった。やがて1960年代になると，人間の複雑な感情や情報理解などの側面へ関心が移り，ピアジェのスキーマ構造による認知発達理論など能動的な学習過程を解明する研究が行われるようになる。人間の学習への動機づけや記憶強化の方策などの学習過程や，人間の脳をコンピュータに模して分析した情報処理過程など，学習や思考の過程の研究から得た認知主義（Cognitivism）の実証研究はこの後のメディア教育に大きく貢献している。この流れとともにメディアを利用した教育も進化する。活字印刷から1970年ごろにはテレビ，ラジオ，OHP（Over Head Projector）やスライド映写機などが登場し，学校ではこれらを使用，運用するための視聴覚教室や視聴覚ライブラリーなどが設置されるようになった。テレビ・ラジオ番組や新聞・雑誌などのマス・メディアの多くは，教育用に加工・制作され，市販メディア教材も多く登場した。1980年代にはパソコンや教育用のコンピュータが学校に設置され始め，2000年ごろからは情報通信技術で学校内の環境も一変した。[15]

　コンピュータが学校内に設置されたことにより，多くの教育的パラダイムシフトが起きた。教育研究に四半世紀携わってきた筆者は，21世紀を境にインターネットを伴った大学教育の大きな３つのパラダイムシフトを経験してきた。１つ目は大学という限られた空間でインターネットを利用する方法である。学校の情報を学生や先生に伝達する，あるいは学生の授業出欠やアンケート調査，また課題の配布や提出などが，インターネットを通じて時間，場所を問わず行えるようになった。大学という限られた空間でありながら，大学外でもその空

間にアクセスすることが可能になったのである。2つ目はeラーニングと呼ばれる授業形態で，日本では2001年の政府によるe-Japan構想を機に増加し，大学設置基準の規制緩和も手伝ってeラーニングによる単位や学位を授与する大学も登場した。筆者がマネージャーを務めた，オーストラリアの大学院と提携を結び，オンラインで学位を提供するMBA（Master of Business Administration）プログラムもこの規制緩和を利用し2001年に始まった。

　eラーニングというのは，情報技術を利用した学習形態のことだが，日本で広く利用されているeラーニングには大きく2つの型がある。1つは通信教育のように遠隔で授業を受講し単位や学位の取得も目的にできる型だ。これは次項の「インターネットを利用した教育」内で詳細を述べるが，日本では海外ほど普及していない。もう1つは，教員と学生が教室内で実際に向き合う対面講義の補完として，あるいは個人学習として利用する型で，1つの正解をクリックして反復練習することで習得を促したり，インターネット上の講義を受信する型である。つまり，これは先にも述べた動物の行動分析学を基礎とした教育方法である。この2つのeラーニングの型はやがてインターネット環境の進化に伴って，ネット上でのやり取りを含む双方向の形式，またそれはオンタイムで行われる同期型，あるいは掲示板のような非同期型でコメントが残される形など，多様なオンラインの教育スタイルが登場した。アクティブ・ラーニングが再び脚光を浴びるようになったのも2012年頃のことである[16]。さらに，3つ目の大学における大きなメディアのパラダイムシフトは，ネットを通じた教育のグローバル化である。世界で利用されているeラーニングによる授業とそれに伴う教育のグローバル化については次で述べる。

インターネットを利用した教育

　21世紀になると，画一化した内容を教え込む教育から，個々に存在する個性や経験を尊重し，平和を求める地域社会や世界との繋がりから構成される知識（集合知）や，目的を明確にしない無の状態から何かを見つけたり，共に創り出す創造力育成へ，教育は地球規模で大きな変革の時代を迎える。理論面では，

社会の協働過程での学びを主張したヴィゴツキー，知識は対話の中から深まると主張したフレイレなど，社会との繋がりの中で構成される構成主義（Constructivism）が世界的に注目されるようになり今に至る。なお，ここではヴィゴツキーに代表される社会との繋がりの中で学ぶことに焦点をあてた社会構成主義（social constructivism）を構成主義と呼ぶこととする。

　近年では，この構成主義の流れで結合主義（Connectivism）という概念がインターネットを利用した教育環境のアプローチとして登場し注目を集めている。これは，2008年にはじめて MOOC（Massive Open Online Course）という語を作り，MOOC のコース「Connectivism and Connective Knowledge」を提供したカナダの学者 Siemens [17] と Downes [18] に端を発する。MOOC というのはオンライン上でオープンに公開された大学の無料講座を指す。2012年から一気に拡大し，今では世界中から何万という単位で受講生がインターネット環境に集まって勉強している。筆者も学習者として受講したが，多くは教育関係者で学びの意欲に驚かされた。一方，途中でドロップしてしまう受講生も多く，その対策もあってか最近は有料で学位を提供するプログラムも多い。この MOOC は，大学の実際の授業を録画しそのままネットに載せるオープン・コース・ウェア（OCW: open courseware）と異なり，オンライン用の映像と課題，テストや学生同士の議論の場も提供されている。オンライン用の映像は集中力や動機の継続なども考慮し1回の講義が約10分間，5回から15回で終了し，申請すれば単位を取得できる仕組みもある。現在，MOOC は世界中の数か所で展開されており，多言語で配信している講座もある。日本は2013年から日本語の講義も提供しているが，他国と比較してその利用は少ない [19]。

　さて，この MOOC を作った Siemens と Downes は，自分たちの MOOC を他の MOOC と大きく分けた。彼らの MOOC は Twitter, Facebook などのプラットフォームも活用し学生間のコミュニケーションを促す MOOC で，これを cMOOC（Connectivist MOOC）と呼んだのだ。これは結合主義（Connectivism）と呼ばれ注目されるようなった。この cMOOC を作ったひとりである Siemens（2004：4）は結合主義を「カオス，ネットワーク，複雑で自己組織の理論で探索

した原則を結合 "Connectivism is the integration of principles explored by chaos, network, and complexity and self-organization theories"」（筆者訳）と定義している。人が持っている知識というのは，質や量で測れる知識に加え，インターネット上のコミュニティで他者と経験を分かち合うことで構成する知識が存在する。Downes（2012：71）は，この知識を構成するコミュニティに必要な4つの要素を挙げている。（以下，筆者訳）①自立性（Autonomy）：自分自身で目標を決め，学習教材を見つけ，最終的な評価を定める，②多様性（Diversity）：様々なバックグランド（異なる言語，文化，視点など）を持った個々がひとつのインターネット上のコミュニティに参加する，③異なる文化や経験に対しての寛容さ（Openness）：制限を設けず，あらゆる人々を受け入れる，④双方向的なつながり（Interactivity：Connectedness）：多岐にわたるつながり，の4つの要素だ。これらを備えたコミュニティが学生の多様性を促進し，創造力育成に繋がると述べている。次は多様性から育まれる創造力育成について考えてみる。

知識の多様性

　教育で学生が得る知識とはどのようなものだろう。まず知識の多様性を考察する前に，実証主義の認識論からみた知識について考えてみたい。実証主義では知識は量や質でみえるものであり，その存在は客観的に判断できるものとしている。つまり，知識は人の心（mind）から独立しているという考え方である。学校はこの正しい客観的知識を効果的に効率よく伝授するために，教育方略や評価を事前に定めることを基本とし，この客観的知識の習得度合いによって評価が行われる。しかし，すべての学生が同じ目的，興味を持ち，同じ過程を経て学習をすることを前提としている環境からは，斬新な発想は生まれてこない。またなぜこの知識が必要なのか，あるいは個々の学習動機を問うこともない。社会は知識基盤社会になり，学校で学んだことや学校での評価は社会では通用しないのではないか，との意見が出はじめたことにも大いに繋がることである。知識基盤社会とは，2005年中央教育審議会答申の「我が国の高等教育の将来像」の中で語られた社会のことで，「21世紀は，新しい知識・情報・技術が政

治・経済・文化をはじめ社会のあらゆる領域での活動の基盤として飛躍的に重要性を増す，いわゆる『知識基盤社会』の時代[21]」と述べたことに由来している。さらにこの答申では，この知識基盤型社会の特質例として次の4点を挙げている。「1．知識には国境がなく，グローバル化が一層進む，2．知識は日進月歩であり，競争と技術革新が絶え間なく生まれる，3．知識の進展は旧来のパラダイムの転換を伴うことが多く，幅広い知識と柔軟な思考力に基づく判断が一層重要となる，4．性別や年齢を問わず参画することが促進される[21]」。技術の進歩に伴って，社会に存在する仕事の内容も変化する中，21世紀型の新しいスキルの必要性が世界中で叫ばれるようになったのだ。この21世紀型スキルに関しては，さらに詳細に最終節で考察するが，知識が量や質のみの実証主義の認識論だけではテクノロジーの進化に伴う社会の動きに対応できなくなるとの懸念があるのだ。知識を学生に転移する一方的な講義形式の授業から，学生の集合知を活性化させ創造力を育成できるアクティブ・ラーニング，プロジェクト・ラーニング，タスク・ベースト，問題発見型授業など，学生が主体的に授業に参加できる形態に注目が集まっていった所以である。メディアを有効利用した教育はこのような形態の幅を広げることができると期待されている。

　では次に，実証主義や実在主義が唱える実在する知識と集合知はどのようなつながりがあるのか考察してみる。まず，ここで筆者が長年携わってきた英語習得研究から，実証主義を考えてみよう。第二言語習得研究では知識を二分法で考えることが多い。アメリカの心理学者の John R. Anderson[22] は，知識を「事実に関する宣言的知識」（Declarative Knowledge）と「行為，操作，手順に関する手続き的知識」（Procedural Knowledge）に分けた。また第二言語習得研究で著名な De Keyser[23] は，この二分法を利用して，まず文法知識は宣言的知識から始まり，練習を継続することによって手続き知識に自動化されたのちに個々の知識として内在化される，とした。創造的文章はこの内在化された知識を利用するのだが，この仕組みを実証研究から証明したのだ[23]。また，日本の英語教育にも多大な貢献をした著名な学者 Rod Ellis[24] も近い概念で，暗示的知識（implicit knowledge），つまり無意識で使える知識（例えば文法知識）は，まず明示的知識

(explicit knowledge) で学ぶことが前提で優先すべきであると述べている。つまり，コミュニティを構成するうえで必要不可欠な「ことば」を十分に習得していない状態では，その「ことば」を利用した集合知は構成できないことになる。

　先に述べたように，従来の教育は多分に宣言的知識や明示的知識といった実在する知識のみを評価してきたことが批判されてきたのだが，もちろん，このような実在する知識を学ぶうえでも，動機づけや学習方略に構成主義的思考は欠かせない。またどのように学んだのかを語る中からも知識が自然と内在化されていく。オーストリアの哲学者であるヴィトゲンシュタインは，ことばの意味はどのような文脈のなかで使用されるのかによって存在するとした。また1980年，未来学者のアルビン・トフラーは著書『第三の波』(Toffler 1980: 111) の中で Obsoledge（無用知識）という造語を提唱した。これは，obsolete（役に立たない）と knowledge（知識）を合わせたものだが，それはすべての知識には寿命があり，その寿命が加速的に短くなっていくというものである。実在する知識を土台に新たなものを共生で構成する知識は，常に新鮮であることが期待されているということだ。つまり，知識創造や構想，また得た知識の実用化は共に学ぶ仲間と平和的に共生してく中で活性化され知の邂逅を生むのだ。その中で，知識は進化していくといえる。

　ここまでインターネット環境のエンパワーメントの側面，すなわち教育メディアの効用について考察してきた。しかしこうした教育メディアのエンパワーメントは，社会全体の急激な技術革新からは遅れて進んできた。それは教育環境では常に新しい試みには慎重であるべきとの考えからだ。とはいえ，社会と学校のとの技術格差が拡大すれば，教育現場からは見えない新たな危険が進行することもあるかもしれない。次節では教育メディアのプロテクションの側面について考えてみよう。

2　プロテクション：メディアの危険性

　前節ではメディアが教育の中でどのように利用されるのかを考察してきた。

次に，教育がどのようにメディア上で起こりうる危険から学生を守るべきかについて考察する。先述のように，メディア教育の共生にはエンパワーメントが必須であり，本章でのプロテクションはそのエンパワーメントを妨げる問題をあらかじめ挙げることが目的であることをここで改めて強調しておきたい。

ソーシャル・メディアへの参加

　インターネットが登場し，テレビやラジオといったマス・メディアの形も大きく変化した。いまや，インターネットはマスとしても個人的なメディアとしても存在し，メディアの受信者（視聴者や聴衆者）と発信者（制作者）という役割さえも取り払った。トフラー（Toffler 1980：172）は producer（生産者）とconsumer（消費者）を合わせて Prosumer（生産消費者）という造語を提案したが，これは学校教育にもあてはまる。教員と学生，という図式が崩れ，教員は学生と共に学び共生していく姿勢が求められるようになったのである。

　こうした共生環境を提供できるソーシャル・メディアだが，実際，どのくらいの使用者がいるのだろうか。総務省（2019）発表の通信利用動向調査によると，13歳から19歳の68.4％，20歳から29歳の74.4％がソーシャル・メディアを利用していると回答しており，年齢を問わず年々増加している。またオンラインコミュニティへの参加も，10年前の2008年度と比較して，約2.7倍増加している。この増加に伴って，ソーシャル・メディアの利用によって犯罪に巻き込まれた児童数も増加傾向にあり，2017年は1,813人で過去最高数だった。トラブルとしてあげられているのは「自分の発言が自分の意図とは異なる意味で他人に受け取られてしまった」（誤解），「ネット上で他人と言い合いになったことがある」（けんか），「自分は軽い冗談のつもりで書き込んだが，他人を傷つけてしまった」など，発信者の書き込みによるものが多かった。「自分の意思とは関係なく，自分について他人に公開されてしまった」（暴露），「自分は匿名のつもりで投稿したが，他人から自分の名前等を公開されてしまった」（特定）などもあった。また2006年に設立したモバイルに特化した調査機関であるMMD 調査（2018）によると，大学生が週１回以上利用しているソーシャル・

メディアは Twitter で73.8%，Instagram 46.4%，Facebook 19.8%だった。また大学生の55.5%が匿名で Twitter を利用，35.2%がすべての人に自分の Twitter を公開していると回答した。こうしたソーシャル・メディアは個人のアイデンティティを変更できるなど，投稿や発言に際して危惧する声も多い。ただ，総務省が発表したソーシャル・メディアの国際比較調査（日本，アメリカ，ドイツ，イギリス）によると，Instagram では，アメリカ21.0%，ドイツ10.2%，イギリス15.8%に対して，日本はわずか4.6%しか自ら情報発信や発言を積極的に行っていないという結果であった。限られたコミュニティや家族間ではソーシャル・メディアの積極的なやり取りがある一方，オンライン上では誰もが閲覧できるようなオープンな投稿や発信をすることはほとんどなく，もっぱら情報入手のためにソーシャル・メディアを利用する人が多いことがわかる。

　オンラインコミュニティでの犯罪や倫理的問題がある一方で，自ら情報を公開する利用者が少ないことは，楽観的に捉えるべきなのか。次で考察する。

ソーシャル・メディア　参加不均衡さの問題

　アメリカのメディア教育の研究家である Henry Jenkins （ヘンリー・ジェンキンス）は，前節で扱ってきたエンパワーメントの観点を重視しながら，これからの社会を形作る子どもたちが積極的に新しい技術を利用しないことに否定的である。また教員や大人たちが，子どもたちのソーシャル・メディアの利用に介入しない状況を，「自由放任主義的なアプローチ "laissez faire approach"」（Jenkins 2007：12（筆者訳））と呼び警鐘を鳴らしている。ジェンキンズはマッカーサー財団からの助成で子どものデジタル環境を研究し，「参加型文化の課題に立ち向かう：21世紀に向けたメディア教育 "Confronting the Challenges of Participatory Culture: Media Education for the 21st Century"」（筆者訳）の活動報告の中で，この自由放任主義的なアプローチには，3つの盲点があると述べている。参加の不均衡さ，倫理的な規範の問題，不透明さの問題である（以下，筆者訳）。これら3つはエンパワーメントを妨げる問題点である。

　1つ目は，参加の不均衡さ（The Participation Gap），つまり，インターネッ

ト・コミュニティへの参加機会の不平等さに関する問題である。世界的に通信技術的な格差（デジタル・デバイド）が解消されつつあるが，参加が平等に行われていないということ，しかし，その不平等に対しての教育的施策が欠けている点である。すなわち，参加に対しての抵抗感を和らげる妙案はなかなか見出せずネット上のリスク回避に注力するあまり，学生がインターネットでオープンに発信する術を学ぶ機会を奪っている可能性も示唆している。これからインターネットが今にも増して重要な情報源になる時代に，若者たちの発信が限られたインターネット上のインフォーマルなコミュニティ，つまり友人や家族と日常の会話を楽しむことに限られている現状がある。例えば，参加を促す教育的施策の例として，ジェンキンズは Wikipedia を挙げている。これは，集合知のオンラインコミュニティであり，書き込んだ人は匿名であるが，共通の話題について知識を集積し協働している集合知が存在している。

　ジェンキンズはこの集合知のオンラインコミュニティについて　前節でも述べた構成主義のヴィゴツキーの最近接領域やジーン・レイヴとエティエンヌ・ウェンガーの「実践共同体」(1991 = 1993) の概念を進化させた Gee の「アフィニティの空間 "Affinity Space"」(2004) を援用してその重要性を説明している。ヴィゴツキーの最近接領域は，有能な仲間と協働することで学習が方向づけられ促進するとする理論だが，同様にレイヴとウェンガーの実践共同体は正統的周辺参加を通して，徒弟制度に似た状況で変化していくことを唱えている。正統的周辺参加とは，周辺から中心的で正統的な参加ができる学習の発展経過を表したものである。参加形態や状況によって個人の立場や視点，実践も変化するが，この変化によって理解や認識が形成されていくとしている。一方，アフィニティの空間が表しているのは，コミュニティに参加する人々は共通の目標や興味を持った仲間だが，参加に至る経緯は多様であり，従ってその仲間はあらゆる背景を持っていることが前提，ということだ。ネットのコミュニティは，個々のアイデンティティを必ずしも明らかにしない平等な参加者の集合体ともいえる。つまり，個々の異質性を意識することなく共生することが可能なのである。ネットが持つ最大限の正の可能性を提供するためにも，差別さ

れることなく，平等に参加し共生できるような教育的な働きかけが必要といえる。

ソーシャル・メディア　倫理的な規範の問題

　2つ目の自由放任主義的なアプローチに向けられた盲点は，倫理的な規範（The Ethics Challenge）である。ジェンキンズがいうメディアの参加型文化とはメディアの発信者と受信者，メディア制作者とメディア視聴者の区別が極めてあいまいな世界に存在している。ネットの匿名性を考えればなおさらである。若者が作り出す新しい言語モードは大人が理解しにくい部分があり不透明であること，さらにメッセージが速いスピードで回覧されることや，インターネット上に掲載したものの削除が意に反して困難なことなど，倫理規範も技術の進化と共に変化している。

　インターネット上の最も懸念されている倫理的問題は，ネット上のいじめであろう。日本の大学生におけるネット上のいじめ調査（2019）[33]によると，携帯電話やインターネットの普及が伸びた2006年頃に始まり年々増加しているという。文部科学省の2018年度報告[34]では，12,632件のネットいじめ（前年度比3.3％増）があるが，報告されていないいじめの存在もあると思われる。大学においては匿名性もあり把握しにくいが，特徴として「大学の教員や授業の不満などの投稿」「注意を引くための不適切な写真や動画を掲載」「非公開情報やひそかに打ち明けた話を掲載」などが挙げられている。また問題の背景として，「非言語コミュニケーションのシグナル（顔の表情や話す速度など）が欠けていること」「匿名であれば，個人のアイデンティティ（年齢，性別，仕事など）が欠けてること」を示している。オンライン上は，脱抑制や没個性化が起こりやすく，実社会では抑制ができているのに，自分自身への自覚が欠如して過激な行動がエスカレートしてしまい，集団で反社会的行動を生む危険もある。

　一方，匿名性は必ずしも無秩序な状態や個人のアイデンティティを失わせるのではなく，むしろ社会的アイデンティティを構成し，平和的な共生を促すこともある。これは SIDE モデル（the Social Identify model of Deindividuation Effects）[35]として理論化されネット・コミュニティ研究の基盤の1つとなってい

る。この SIDE モデルは，コミュニティ内の匿名性は個人差を弱め同調行動を促すため，道徳的価値観や倫理観を逸脱させるのではなく，むしろ規範的行動の維持に有効に働くと説明している。

　ソーシャル・メディアは過激さを増すのか，あるいは規範的になるのか，いずれにせよ実社会とは別の世界がインターネット環境には存在する。アメリカの哲学者 Rorty は，道徳的行為には 2 面性があるとしている。いわゆる，抑制すべき行為と善行の行為である。そして通常，人は自己の道徳感で行動を起こすが，たとえ誤った行為でも社会が異なれば支持を得ることも擁護されることもありうると述べている。さらに社会的学習理論の提唱者であるカナダの心理学者 Bandura は，道徳不活性理論を唱え，道徳的逸脱行為が起こる要因を 8 つ挙げている。①正当化，②都合の良い逸脱行為の比較，③婉曲の表現，④責任の転嫁，⑤責任の拡散　⑥結果の矮小化や無視，⑦犠牲の原因を相手に帰属　⑧非人間化である。例えば，ソーシャル・メディアでのいじめや，アルバイト中の不適切な写真も，このいずれかにあてはまるといえる。ソーシャル・メディアに存在する他人からの「いいね」などのクリック機能も人の認知的判断に影響しているといえるだろう。Instagram は2019年 9 月，いじめを防ぐ機能の設置を発表した。いじめコメントを AI（人工知能）が警告したり，相手に知らされることなくコメントを非表示にしたりする機能を導入したという。これは，以前に不快と報告のあった同類のコメントがあった場合に警告が届くというものだ。今後もソーシャル・メディアが共生を育むうえで大事な役割を果たしていくために，プラットフォームを運営する企業のプロテクション的な働きかけも有効であろう。忘れがちだが，企業が提供するプラットフォームで，われわれはインターネット環境を構成しているのである。これは，次項で述べる自由放任主義的なアプローチの 3 つ目の盲点にも繋がる。

ソーシャル・メディア　不透明さの問題

　ジェンキンズが警鐘をならず自由放任主義的なアプローチの 3 つ目の盲点は，不透明さの問題（The Transparency Problem）である。ジェンキンズは，イン

ターネット上のメディアを分析する力は，学生は自ら身につけ応用しているだろうと多くの大人たちはその力を過信していると警告している。メディア教育学の開拓者であるイギリスの Masterman は，メディアは「不透明」（"non-transparent"）（Masterman 1983：45）であり，「中立に伝達することより，積極的に事実を再構成したもの "the media are actively involved in constructing 'reality' rather than neutrally transmitting it"」（Masterman 1983：45, 筆者訳）と述べたことに繋がる。不透明さは昨今の進化した技術に誘導される形でも存在する。筆者が2018年に行った大学1年生198人を対象にした調査でも，インターネット上のホームページに掲載された画像や映画内で使用されたプロダクト・プレイスメントを判断できたのはわずか8.2％であった。[40]

　メディアからの発信は常に情報が不十分であり，未知の部分を個々の経験や判断で補って構成していく。1976年に悪者が登場するテレビの世界が人間の思考にどのように影響するのかを研究したガーブナーとグロスによる有名な研究[41]は，テレビをよく視聴する人のほうが，人に対して懐疑的になり，また自らも被害者になると思いがちだと結論づけた。こうした不透明さの問題に立ち向かう術は批判的思考力の育成であろう。批判的思考は，西洋哲学が発祥で英語のCritical Thinking を日本語に訳しているため，その「批判」に抵抗を感じている学生も多く，あえてカタカナでクリティカル・シンキングと明記することがあるほどだが，この批判的思考力を概観するとその育成の重要性に気づく。楠見（2016：2）[42]は，批判的思考を次のように定義した。「批判的思考は，第一に，証拠に基づく論理的で偏りのない思考である。第二に，自分の思考過程を意識的に吟味する，省察的で熟慮的な思考である。そして，第三に，より良い思考を行うために目標や文脈に応じて実行される，目標指向的な思考である。」前出した Masterman も，情報を客観的に読むことの重要性を強調している。

　では，大学生に必要な批判的思考力をどのように伸ばしたらよいのだろうか。楠見（2005）は，批判的思考力育成は独りで行うのではなく，他人との相互作用の中で培うことが重要であるとしている。また道田（2017）[43]は，質問力を育成する教育を提案している。[44]つまり，質問をしてそれに回答する，というイン

タラクションを通し，客観性が養われ自らを振り返ることにもつながるという。さらに平山（2017）は，無意識のうちに自らの期待や予測を信頼してしまう，自らの認知的なバイアス（確証バイアス）の傾向を省察することを推奨している。共生の中に存在する多様な思考を尊重する中で客観性を養い，多角的な視点でものごとを判断することは，メディアの不透明さに立ち向かうもっとも大事な術だといえるだろう。

　ジェンキンズが指摘する自由放任主義的なアプローチに存在する３つの盲点，参加の不均衡さの問題，倫理的な規範の問題，そして不透明さの問題を概観しながら，日本の状況を様々な実証研究などを基に考察した。ジェンキンズはこれらの問題を解決する方法として，積極的に共同でネット上のメディア制作に携わる必要性を強調している。つまりエンパワーメントがなければプロテクションは不完全で，エンパワーメントとプロテクションは相互補完の関係にあるいうことだろう。昨今のソーシャル・メディアは，フィルターバブル，エコーチェンバーと呼ばれる，選択的接触仮説が注目されている。インターネットの検索サイトが提供するアルゴリズムによって，同じような考えを持つ者同士がバブルでフィルターを構成し，他の情報を遮断してしまう現象をフィルターバブルと呼び，それを広く拡散し，他の考えを持つ集団を受け入れず自らの考えを増幅させている現象をエコーチェンバーと比喩的に呼んでいる。インターネットのアルゴリズムによって自分の興味があるものがあたかも人気があるように見せかけることも同様の仕組みだ。インターネットだからこそ存在する多様性を尊重しながら，あらゆる危険を回避する術をインターネットでの共生で醸成しながら学習できる教育的提案が求められているといえよう。

3　グローバルな視点で

　前節ではメディア・リテラシーのエンパワーメントとプロテクション，さらに，その両方の側面からメディア教育を考察してきた。最終節はインターネットの革新的な進展と普及によって，多くの国が必要に迫られたグローバル化に

ついて，CEFR-VL と21世紀型スキルの2つを概観しながら考察する。

CEFR for Languages

ヨーロッパ言語共通参照枠（CEFR：Common European Framework of Reference for Languages）は，ヨーロッパの国々で使用されている言語の習得状況を共通の指標で判断するために作られた言語のガイドラインである[47]。第二次世界大戦終戦を機に平和，多言語，多文化社会の共生を実現させるため，恒久の平和と地球市民としての調和の実現，他民族，多言語，多文化の共生と発展を掲げ，フランスに1949年に設置された欧州評議会（CE：Council of Europe）が，欧州連合（EU：European Union）と協力関係を築きながら，1989年から1996年にかけて推進したプロジェクトである「ヨーロッパ市民のための言語学習」に端を発する。その後，欧州言語年2001年が言語教育の重要性を認識させることを目的にこの CEFR が公開された。言語教育政策の目的は複言語主義にある。これは，1人が複数の言語を習得し，言語の多様性を認め，相互理解をしながら，異文化コミュニケーションを促進し，民主的市民の促進や社会的結束，情報などへアクセス，文化向上の機会均等を促進することを意味する。その中心に言語教育が据えられたのである。そもそも EU は，国境を越えた留学の促進，多言語の習得と異文化理解教育，情報通信技術の教育，生涯学習と遠隔教育の推進の4つを目的としている[48]。日本でもこの CEFR for Languages は一般的に利用されるようになり，世界的な基準で母語以外の言語能力を評価している。

CEFR for Visual Literacy

この CEFR のヴィジュアル・リテラシーバージョンである CEFR for Visual Literacy（CEFR-VL）が，2009年にドイツの学者を中心に11のヨーロッパの国々と60を超える研究者と共に始まった（以下，筆者訳）。これは視覚言語は文字言語と同様，世界共通ではないが，学習が可能である，との理論的根拠に基づいている。2011年にブダペスト，2013年にカンタベリーで学会が開催され，ヨーロッパ国内に存在する，視覚映像理解の相違点，特徴を調査し，EU

から2年間（2014-2016）の資金サポートを受けて研究が行われてきた。この研究成果はヨーロッパ・ヴィジュアル・リテラシー共通参照枠（CEFR-VR）の試作品としてドイツの出版社から出された。ただ詳細な内容については現在ドイツ語のみで，英語言語ではその要点に留まっている[49]。主な特徴としては，CEFR-VL は知識，スキル，態度の3点を軸に，ヴィジュアルの制作面，理解面，メタ認知の側面から汎用性のあるヴィジュアル・リテラシーを測り，個人的能力，社会性の能力（表現力やコミュニケーション力），方法論的な能力の3点が複合的に関連している。この指標がどのように開発されるのか未知数ではあるが，国を跨いだ視覚理解などの共通理解はインターネット環境の進化に伴って今まで以上に求められていくだろう。

21世紀型スキル

　CEFR のように他国との協力関係を築きながら推進しているプロジェクトに「21世紀型スキル」がある。21世紀の社会になり，新時代に必要なスキルとは今までとどのように異なるのか，など世界中で広く議論されスキルのリストを作成するようになった。このように各国の学校や企業などの組織が開発した21世紀型のスキルをまとめ分析したプロジェクトが「21世紀型スキルの学びと評価プロジェクト」（グリフィンら 2012：三宅監訳 2014）[50]である。このプロジェクトは2009年から2012年に渡って，大手企業3社，シスコシステムズ，インテル，マイクロソフトの大手企業3社，そしてオーストラリア，フィンランド，ポルトガル，シンガポール，イギリス，アメリカが参画して行われた。また諮問員会も設置され，経済協力開発機構（OECD），国際エネルギー機関（IEA），ユネスコ，世界銀行，米州開発銀行，全米科学アカデミー，国際テスト委員会の代表者で構成された。その分析の結果，4つのカテゴリー，10個の構成概念のスキルが定義された。この10個のそれぞれのスキルは，知識（Knowledge），技能（Skills），態度（Attitudes），価値（Values），倫理（Ethics）の側面から，スキル測定度合いを分析したため，この頭文字から KSAVE モデルと呼ばれている。

KSAVE モデル

思考の方法

　①創造性とイノベーション

　②批判的思考，問題解決，意思決定

　③学び方の学習，メタ認知

働く方法

　④コミュニケーション

　⑤コラボレーション（チームワーク）

働くためのツール

　⑥情報リテラシー（ソース，証拠，バイアスに関する研究を含む）

　⑦ICT（Information and Communication Technology）リテラシー

世界の中で生きる

　⑧地域とグローバルの良い市民であること（シチズンシップ）

　⑨人生とキャリア発達

　⑩個人の責任と社会的責任（異文化理解と異文化適応能力を含む）

　　　　　　　　　　　　　　　（グリフィンら 2012　訳 2014：46）

　また，日本では「学士力」と称して，2012年に大学卒業までに培う重要な要素として下記を掲げており，上記の21世紀型スキルと重なる部分が多い。[51]

- 知識や技能を活用して複雑な事柄を問題として理解し，答えのない問題に解を見出していくための批判的，合理的な思考力をはじめとする認知的能力
- 人間としての自らの責務を果たし，他者に配慮しながらチームワークやリーダーシップを発揮して社会的責任を担いうる，倫理的，社会的能力
- 総合的かつ持続的な学修経験に基づく創造力と構想力
- 想定外の困難に際して的確な判断をするための基盤となる教養，知識，経験
- 生涯にわたって学び続ける力，主体的に考える力

　21世紀型スキルは世界共通で持つべきスキルと認識されている。では，メ

ディア教育はこれらのスキルの育成にどのような貢献ができるのだろう。メディア創作（番組やコマーシャル，ネット新聞の制作）をチームで行うこと，またその際にジグゾータスクのように個々が異なる知識を持つことも有効であろう。ネット上に存在している市民制作の写真やコメントをチームで評価したり，世界の新聞に掲載されている同じ記事の異なる写真や表現を比較して分析するなども考えられるだろう。

揺れる大学生とインターネット

　本章では21世紀の世界を平和に導くために，大学はメディア教育を通してどのような取り組みができるか，とりわけインターネット環境の視座から模索してきた。2022年から民法上では成人年齢は20歳から18歳に引き下げられ，大学生は大人とみなされるようになる。一方，厚生労働省は15歳から29歳までを青年期とし，その前後の年齢期と分けて身体的成長の過程を区別して調査している。青年期より若干，低年齢層も含めて括る思春期は，身体的な変化とともに感傷的になるなど，心理的に不安定になりがちであることは広く知られている。近年は脳のどの部分が，こうした不安定さに影響しているのかが明らかになりつつあり，またその実証研究は青年期の自立，熟考，そして多くの挑戦が社会適用能力を高めていくとしている。子どもと大人の狭間で揺れる，いわゆるモラトリアム期に，個々の自主性を尊重した平和的な共生のメディア教育を慎重に，しかし大胆に進めていくことが，社会に飛び立つ前の大学生に必要であろう。

　日本の大学全体を概観すると，文部科学省は1992年より減少を続けている18歳人口を受け，大学教育に様々な施策を検討し実施してきた。総務省統計局のデータによると，1954年7.9％だった大学進学率は1992年には26.4％になり，2009年に50％を超えてから緩やかに上昇し続けている。一方，大学数も1954年から倍以上増加し，2018年には782校が存在する中，どの大学もしのぎを削って差別化を図り，中高生が大学を選択する基準も徐々に多様化の様相を呈してきている。しかし戦後日本が信じていた偏差値至上主義の門切り型教育から，共生，個性や創造力を育む教育へ，動きは本格化してきたのだろうか。さらに

AI 技術が人間を凌駕しテクノロジーとともに変容する社会の中で，人間に期待される能力はどのように変化していくのだろうか。われわれは今，明確な解のない混沌とした時代にいる。ただメディア教育が提案できる施策の前提は，インターネットと共に生きる社会に翻弄され拙速に陥ることなく，個を尊重し，その個と個をつなぐ平和的な共生の場としてどのように快適なインターネット環境を創作し保持すればよいのか，教員は学生と共に学び続けていくということとだろう。

注

(1)　Bennett, Maton & Kervin（2008：775-786）.

(2)　Brumberger（2011：19-47）.

(3)　Kedra & Zakeviciute（2019：1-7）.

(4)　総務省（2019）。

(5)　Aufderheide & Firestone（1993：7）.

(6)　菅谷（2015：11）。

(7)　文部科学省（2015）。

(8)　中橋（2014：71）。

(9)　文部科学省（2019a）。

(10)　文部科学省（2016）。

(11)　中山（2008：83-89）。

(12)　文部科学省（2019b）。

(13)　Buckingham（1998：33-43）.

(14)　文部科学省（1992）。

(15)　近藤（2012：1-22）。

(16)　文部科学省（2013）。

(17)　Siemens（2004：3-10）.

(18)　Downes（2012）.

(19)　船守（2013：37-40）。

(20)　Jung（2019：47-56）.

(21)　文部科学省（2005b）。

(22)　Anderson（1891）.

(23)　De Keyser（2007）.

(24)　Ellis（2009：1-23）.

⑵5　ヴィトゲンシュタイン（1921＝2004）。

⑵6　Toffler（1980）.

⑵7　総務省（2019）。

⑵8　MMD 調査（2018）。

⑵9　Jenkins（2007）.

⑶0　レイヴ＆ウェンガー（1991＝1993）。

⑶1　Gee（2017）.

⑶2　Levy（1997）.

⑶3　Kanetsuna, Aoymama & Toda（2019：23-35）.

⑶4　文部科学省（2018a）。

⑶5　Postmes, Spears & Lea（1998：689-715）.

⑶6　Rorty（1993：28-55）.

⑶7　Bandura（2015）.

⑶8　Instagram Our Commitment to Lead the Fight Against Online Bullying（2019）.

⑶9　Masterman（1983：44-58）.

⑷0　Kikuchi（2019）.

⑷1　Gerbner & Gross（1976：172-199）.

⑷2　楠見（2016：2-19）。

⑷3　楠見（2005：1-18）。

⑷4　道田（2017：2-7）。

⑷5　平山（2017：34-37）。

⑷6　田中・浜屋（2018）。

⑷7　Council of Europe（2018）.

⑷8　モロウ（2004＝2013）。

⑷9　Wagner & Schönau（2016）.

⑸0　グリフィン，マクゴー＆ケア（2011＝2014）。

⑸1　文部科学省（2008）。

⑸2　法務省（2019）。

⑸3　厚生労働省（2018）。

⑸4　Somerville（2013：121-127）.

⑸5　文部科学省（2018b）。

⑸6　政府統計の総合窓口（2016）。

参考文献

Anderson, John R. (1891) *Cognitive Skills and Their Acquisition (Carnegie Mellon*

Symposia on Cognition Series) Psychology Press.

Aufderheide, Patricia and Charles M. Firestone (1993) *Media literacy : A report of the national leadership conference on media literacy*, Aspen Institute ; Queenstown, MD. (https://eric.ed.gov/?id=ED365294), 7.

Bandura, Albert (2015) *Moral Disengagement : How people do harm and live with themselves*, Worth.

Bennett, Sue, Karl Maton, and Lisa Kervin (2008) "The 'digital natives' debate : A critical review of the evidence," *British Journal of Educational Technology*, 39 (5), 775-786.

Brumberger, Eva (2011) "Visual Literacy and the Digital Native : An Examination of the Millennial Learner," *Journal of Visual Literacy*, 30 (1), 19-47.

Buckingham, D. (1998) "Media education in the UK : Moving beyond protectionism". *Journal of Communication*, 48 (1), 33-43.

Council of Europe (2018) Common European Framework of Reference for Languages : Learning, Teaching and Assessment, Companion Volume with New Descriptors Council of Europe, Language Policy Programme, Strasbourg (www. coe.int/lang-cefr).

De Keyser Robert M. (2007) *Practice in a second language : Perspectives from applied linguistics and cognitive psychology*, New York : Cambridge University Press.

Downes, Stephen (2012) *Connectivism and connective knowledge essays on meaning and learning networks* (https: //www. downes. ca/files/books/Connective_ Knowledge-19May2012.pdf).

Ellis, Rod (2009) "Implicit and Explicit Knowledge in Second Language Learning, Testing and Teaching", *Multilingual Matters*, 1-23.

Gee, James P. (2017) "Affinity Spaces and 21st Century Learning", *Educational Technology*, 57 (2), 27-31.

Gerbner, George and Larry Gross (1976) "Living with television : The violence profile," *Journal of Communication*, 172-199.

Instagram Our Commitment to Lead the Fight Against Online Bullying (https:// instagram-press.com/ blog/ 2019/ 07/ 08/ our- commitment - to - lead - the - fight - against-online-bullying/)

Jenkins, Henry (2007) *An occasional paper on digital media and learning Confronting the Challenges of Participatory Culture : Media Education for the 21st Century*, MacArhur.

Jung, Insung (2019) "Connectivism and networked learning", *Open and distance education theory revisited : Implications for the digital era,* Springer, 47-56.

Kanetsuna, Tomoyuki, Ikuko Aoymama, and Yuichi Toda (2019) "Relationships among university students/faculty and cyberbullying in Japan", *Cyberbullying at University in International Contexts,* Wanda Cassidy, Chantal Faucher, and Margaret Jackson (Eds.), Routledge, pp. 23-35.

Kedra, Joanna and Rasa Zakeviciute (2019) "Visual Literacy practices in higher education : What, Why and How?", *Journal of Visual Literacy,* 38 (1-2), 1-7.

Kikuchi, Hisayo (2019) "Media Literacy : The ethical behavior and the moral responsibility," *International Conference on Foreign Language Education and Technology,* Paper presented at FLEAT VII Language Learning with Technology Facing the Future, Waseda University, Tokyo, Japan, August 6-9, 66.

Levy, Pierre (1997) *Collective Intelligence : Mankind's emerging world in cyberspace,* (Robert Bononno, Translator), Plenum Trade.

Masterman, Len (1983) "Media education in the 1980s", *Journal of the University Film and Video Association,* 35 (3), 44-58.

Postmes, Tom, Russell Spears, and Martin Lea (1998) "Breaching or Building Social Boundaries? : SIDE-Effects of Computer-Mediated Communication", *Communication Research,* 25 (6), 689-715.

Rorty, Amelie O. (1993) "What it takes to be good" *The moral self,* Gil G. Noam, The MIT Press, pp. 28-55.

Siemens, George (2004) "Connectivism : A learning theory for the digital age", *International Journal of Instructional Technology and Distance Learning,* 2 (1), 3-10.

Somerville, Leah H. (2013) "The teenage brain : sensitivity to social evaluation", *Current Directions in Psychological Science,* 22 (2), 121-127.

Toffler, Alvin (1980) *The third wave,* Bantam Book.

Wagner, Ernst and Diederik Schönau (2016) Common European Framework of Reference for Visual Literacy : Prototype : Abstracts (http://envil.eu/common-european-framework-of-reference-for-visual-literacy-prototype-abstract/).

MMD 調査 (2018)「高校生 Twitter 利用者の52.7%は「実名利用」, 実名利用している高校生のうち41.1%は「すべての人」に情報を公開」(https://mmdlabo.jp/investigation/detail_1703.html)。

ウィトゲンシュタイン, ルートウィヒ, 野矢茂樹訳 (2004)『論理哲学論考』岩波文庫。

楠見孝 (2005)「批判的思考の能力と態度の測定」『教育測定 カリキュラム開発講座

研究会』教第6回研究会，1-18。

──────（2016）「市民のための批判的思考力と市民リテラシーの育成」楠見孝・道田泰司編『批判的思考と市民リテラシー──教育，メディア，社会を変える21世紀型スキル』誠信書房，2-19頁。

グリフィン，パトリック，バリー・マクゴー，エスター・ケア，三宅なほみ監訳，益川弘如・望月俊男訳（2014）『21世紀型スキル──学びと評価の新たなかたち』北大路書房。

厚生労働省（2018）『人口動態統計月報年計（概数）の概』（https://www.mhlw.go.jp/toukei/saikin/hw/jinkou/geppo/nengai18/dl/gaikyou30.pdf）。

近藤勲（2012）「教育メディアの概観」近藤勲・黒上晴夫・堀田龍也・野中陽一編『教育メディアの開発と活用』ミネルヴァ書房，1-22頁。

菅谷明子（2015）『メディア・リテラシー──世界の現場から』岩波書店，11頁。

政府統計の総合窓口（2016）『統計で見る日本』（https://www.e-stat.go.jp/statsearch/database?page=1&query=%E9%80%B2%E5%AD%A6%E7%8E%87&layout=dataset&statdisp_id=0003147040）。

総務省（2019）平成30年通信利用動向調査（https://www.soumu.go.jp/johotsusintokei/whitepaper/h30.html）。

田中辰雄・浜屋敏（2018）「インターネットは社会を分断するのか？」富士通総研（https://www.fujitsu.com/jp/group/fri/column/opinion/2018/2018-7-6.html）。

中橋雄（2014）『メディア・リテラシー論──ソーシャルメディア時代のメディア教育』北樹出版，71頁。

中山幹夫（2008）「高校教科「情報」の効果と情報教育──情報教育の黎明期から発展期へ」『コンピューター＆エデュケーション』24，83-89。

平山るみ（2017）「批判的思考力の認知的要素──正しい判断を支える力」楠見孝・道田泰司編『批判的思考──21世紀を生き抜くリテラシーの基盤』新曜社，34-37頁。

船守美穂（2013）「世界で広がる無料のオンライン講義とは　21世紀の新たな教育形態 MOOCs」『リクルート　カレッジマネジメント』181 July August，37-40。

法務省（2019）『民法改正』（http://www.moj.go.jp/MINJI/minji07_00218.html）。

道田泰司（2017）「近代知としての批判的思考」楠見孝・道田泰司編『批判的思考──21世紀を行きぬくリテラシー基盤』新曜社，2-7頁。

文部科学省（1992）『学制百年史』（http://www.mext.go.jp/b_menu/hakusho/html/others/detail/1317552.htm）。

──────（2005）『我が国の高等教育の将来像（答申）』「新時代の高等教育と社会」（http://www.mext.go.jp/b_menu/shingi/chukyo/chukyo0/toushin/attach/1335581.htm）。

─────（2008）『学士課程教育の構築に向けて（審議のまとめ）』（https://www.mext.go.jp/component/b_menu/shingi/toushin/__icsFiles/afieldfile/2013/05/13/1212958_001.pdf）。

─────（2013）『新たな未来を築くための大学教育の質的転換に向けて：生涯学び続け，主体的に考える力を育成する大学へ』（答申）（http://www.mext.go.jp/b_menu/shingi/chousa/koutou/055/gijiroku/__icsFiles/afieldfile/2013/04/04/1331530_6.pdf）。

─────（2015）『情報化の進展と教育の情報化』（https://www.mext.go.jp/b_menu/shingi/chukyo/chukyo3/059/siryo/__icsFiles/afieldfile/2015/11/11/1363276_08_1.pdf）。

─────（2016）『教育の情報科の推進』（http://www.mext.go.jp/a_menu/shotou/zyouhou/detail/1375607.htm）。

─────（2018a）『児童生徒の問題行動・不登校など生徒指導上の諸課題に関する調査』（https://www.mext.go.jp/a_menu/shotou/seitoshidou/1302902.htm）。

─────（2018b）『2040年に向けた高等教育のグランドデザイン』（https://www.mext.go.jp/content/1411861_004.pdf）。

─────（2019a）『学校における携帯電話の取扱い等に関する有識者会議』（https://www.mext.go.jp/b_menu/shingi/chousa/shotou/150/index.htm）。

─────（2019b）『Society　5.0時代の教育・科学技術の在り方について』（https://www5.cao.go.jp/keizai-shimon/kaigi/minutes/2019r/1113/shiryo_06.pdf）。

モロウ，キース，和田稔・高田智子・緑川日出子・柳瀬和明・齋藤嘉則訳（2013）『ヨーロッパ言語共通参照枠（CEFR）から学ぶ英語教育』研究社。

レイヴ，ジーン，エティエンヌ・ウェンガー，佐伯胖訳（1993）『状況に埋め込まれた学習──正統的周辺参加』産業図書。

第Ⅲ部

シャロームの実践

第 7 章

人間の安全保障の視座からの地球共生

1　地球社会の分断と共生

　本書の共通テーマであるシャロームでは，神との平和，隣人との平和，自己との平和，環境との平和の4つが柱となっている。本章では筆者が1990年代から研究を重ねてきた「人間の安全保障」の視座から平和を追究する地球共生を取り上げる。これはシャロームの4要素のうち特に隣人との平和，環境との平和を軸とし，地球社会の中での多様なアイデンティティを持つ人々の「共生」によるシャロームの実現を考察する。

　「共生」という言葉は日本ではそもそも生物学的な概念から始まり，現在では社会的な脈絡でも用いられている。21世紀の地球社会においては人々のアイデンティティを構成する民族，歴史，言語，信仰，価値観などの多様性が広がるにつれて，差異が強調される傾向も生まれ，社会に亀裂が走り，これが分裂や分断を生むことが増えた。そのために様々な共生が話題にのぼることが増えてきた。共生は生物の世界において異なる種——例えばイソギンチャクとヤドカリ，ホンソメワケベラと魚，フジナマコとカクレウオのように——がお互いに協力するために共棲するという意味で用いられた。現在では社会的な脈絡における共生が口端にのぼることが多い。しかも生物学的共生には一方的な場合（片利共生）と双方が裨益する（相利共生）場合がある（福島 2019：18-19）。

　共生を筆者は紛争解決の研究の脈絡において紛争地での対立者の間，紛争地の平和構築に取り組む国際協力の担い手と現地の市民，さらには自然災害の場

合の被災地での被災者同士，あるいは被災者と支援者の間の脈絡において研究
してきた。さらにグローバル化が加速度的に進展する地球社会では，多文化共
生ないしは多様性（ダイバーシティー）に富んだ社会の共生として，移民，難民，
外国人人材（ゲストワーカー）などの人の移動に伴う国籍や民族の異なる人々の
コミュニティにおける共生が，カナダ，オーストラリアなどの多様な共生の先
駆的な国々をはじめとして，欧州やアジア各国でも課題として取り上げられて
きたことにも注目してきた（福島　2019：40-46）。

　さらに社会の変化により身体障碍者と健常者との共生，若者と高齢者との共
生など様々な形態で社会的な共生が論じられるようになっている。このような
多様な共生が実現しなければ，地球社会は平和，安定，繁栄を享受することが
できないという認識は次第に共有されてきている。しかしながらアイデンティ
ティの異なる人々の共生は語感の響きの良さとは裏腹に実現することは極めて
難しいことが多い。

　それでは，地球社会の共生の目的は何か。究極的な目的はシャローム，地球
社会の平和・安定・繁栄であることは言うまでもない。地球社会が平和でなけ
れば，経済の繁栄を期待することはできず，そこに生きる人々の安寧も期待す
ることはできない。また，逆も真なりである。かつては安全保障と経済の連結
性を議論することには賛否両論があったが，安全保障の脅威のハイブリッド化
とともに，平和の実現のためにはこの連結性について異論を唱える向きは少な
くなっている。国連の持続可能な開発目標（SDGs）の中でも「平和が確保され
なければ経済的な発展は期待できず，経済成長がなければ平和の定着も期待で
きない」ことが指摘されている（福島　2019：51-52）。

　それではこのような平和と共生をどのように実現するのか。平和への道は1
つではなく，平和という頂きをめざす道は複数あるであろう。その1つが基本
的な人間の安全保障（ヒューマン・セキュリティ），とりわけ3つの自由，すなわ
ち「恐怖からの自由」「欠乏からの自由」そして「尊厳を持って生きる自由」
を人々が享受することではないか。本章ではこの人間の安全保障というフレー
ムワークのもとで人々が共生する社会の実現へのアプローチを考察したい。

　私たちが暮らす地球社会には，歴史的対立，民族的対立などから紛争やテロ，グローバル化の光と影から生まれる経済格差の拡大，突然の経済状況の悪化などからの恐怖感，不満など多種多様な要因により亀裂が走り，これが解消されない場合には亀裂が深まって分断に発展し，時には暴力的な紛争にエスカレートする。これを防止するためには亀裂は早い段階で埋めることが必要であり，分断さらには分裂に至らない架橋の努力が求められる。

　本章では筆者のこれまでの研究調査成果を用いて分断を埋める事例の中でグローバル化の波の中で翻弄されている文化・芸術・スポーツ分野から紹介し，グローバル化と反グローバル化のモメンタムに揺れる地球社会の共生実現へのシャロームの道を考察する。なお，亀裂や分断の溝を埋め，共生を促すには，経済，政治，社会，文化など多分野を組み合わせなければならない。本章では紙幅の制約から文化に焦点をあてるが，文化のみで平和や共生を実現することはできない。

2　人間の安全保障と共生

　本節では地球社会における共生の実現を人間の安全保障の視座から検討する。そのためにまず「地球社会における共生とは何か」，「人間の安全保障とは何か」を考察する。

地球社会における共生とは何か
　地球社会の平和を実現するためには，そこに暮らす人々が多様なアイデンティティの差異を超えて共に生きること，すなわち共生することが大前提となる。その共生が相利共生であれば持続性は高まるであろう。他方，地球社会の中で民族，信仰，価値観，言葉，歴史，生活様式などのアイデンティティが異なることから反目し，対立するケースが増えており，そこには平和は成り立ちにくい。それどころか多様な理由により対立が継続されている場合には，対立が生み出す亀裂が係争，さらには暴力的紛争に発展しかねない。そして一旦紛

争になれば，人々の対立はさらに先鋭化し，アイデンティティの反目も深まる。

　このアイデンティティという用語は発達心理学者のエリク・ホーンブルガー・エリクソンが使い始めたと言われている。のちにアイデンティティという言葉は精神分析学や心理学にとどまらず，政治学や社会学でも用いられるようになった。

　そもそも「アイデンティティは１人に１つ」と決めつけることが対立の原因になり，紛争の原因にもなることを想起しておきたい。筆者は1990年代から現在に至るまでバルカン地域，とくにコソボ，ボスニア・ヘルツェゴヴィナ，マケドニア，セルビア，さらに21世紀に入ってからはアジアではアフガニスタン，東ティモール，アフリカでは南スーダン，ソマリア，ウガンダなどの紛争地における平和構築推進のための現地調査を行なった。いずれの地域においても共通するのは紛争前には民族や言語などのアイデンティティの違いを超えて子ども達は共に学び，共に遊び，親達もそのような交流を容認していた。そもそも親の世代では異なる民族の間での婚姻も行われていたのであった。しかしながら一旦紛争になれば，民族的なアイデンティティの相違により線引きが行われ，極端な場合にはアイデンティティの異なるグループを抹殺しようという民族浄化を目的とする戦闘もバルカンやルワンダなどで行われた。しかも停戦や和平合意後もアイデンティティ対立の亀裂がコミュニティに強く残り，紛争前のある程度お互いの存在を容認する寛大なアイデンティティには戻らなかった現状を思い知らされた。特に紛争中に親や兄弟を敵対した民族に目の前で殺されたり，自宅から追い出され，歩いて隣国に逃れた，自宅を焼き払われたなどの記憶が残った場合には，紛争前のアイデンティティ認識を取り戻すことは極めて難しいか，不可能な状況を目の当たりにした（福島 2012：20-24）。例えばボスニア・ヘルツェゴヴィナでは停戦から30年近くを経ても民族別教育が実施されていることが紛争によるアイデンティティの対立の厳しさを物語っている。

　このような対立を超えて紛争後に共生するためには，紛争中に先鋭化したアイデンティティを紛争前の状態に戻すことは，不可能であるにしても相手の立場も理解し，容認するようなコミュニケーションを促進し，先鋭化したアイデ

ンティティを昇華する必要がある。ここで重要なことは「人には複数のアイデンティティがある」ということを受け入れることである。筆者はこの考え方を2005年7月に東京で開催された世界文明フォーラムの仕事の中でアマルティア・セン教授から学んだ。センは自らのアイデンティティを「アジア人，インド人，アメリカまたはイギリスの住民，経済学者，哲学者，男性」と語り，個人的，文化的，社会的という単一的アイデンティティに拘束されないことが平和の始まりと筆者に説いた。そもそも社会的アイデンティティは先天的に持って生まれてくるわけではなく，成長する過程で身につけるものである。しかも時間の経過や経験をへて，生きる環境により変化するものでもある。ひとりの人間には複数のアイデンティティがあることを認めることが共生の出発点でもある。

　地球社会の共生を筆者は「異なる背景や立場，アイデンティティや価値観をもつ人々が平和裡に共存することを越えて，何らかの相互関係を積極的に持ちながらともに尊厳を持って生きる状態。その相互作用は共通の目的である地球規模課題の解決と究極的な地球平和のために協働や共創する段階にも至る」（福島 2019：28）と考えている。このような単に同じ場所，コミュニティに存在し，お互いが関係を持たないレベルの「共存」を超えた「共生」をどのように実現したらよいかを次節の具体例を通じて考えたい。

人間の安全保障とは何か

　地球社会の共生を論ずるにあたり，人間の安全保障（ヒューマンセキュリティ）の理念を援用したい。人間の安全保障の理念のルーツは国連開発計画『1994年版人間開発報告書』の執筆者の1人であるアマルティア・センが引用しているようにエマニュエル・カントの人間の尊厳に関する理論にまで遡る。すなわち，人間の人権が守られることを重視する考え方であり，センが1970年代から展開したケイパビリティ論につながる。センは人間の選択の幅をひろげること，人間の発展を支えることを重視し，これが人間の安全保障論では後述するようにエンパワーメント論に結びついていった（長 2012：84-85）。

　「人間の安全保障」が国際政治の舞台で脚光をあびるようになったのは冷戦後である。これは究極的な米ソ核戦争の危険が去ったとの認識が共有された中で，安全保障の概念がかつてのように戦争がない状態が即平和ではなく，より幅広い脅威認識に広がり，安全保障認識の裾野が広がったことに起因する。冷戦終焉後は国家間の戦争が減少した一方で，アイデンティティの対立をはじめとして様々な理由による内戦型の紛争が増えたことが背景の１つである。そこで戦争に安全保障上の脅威認識を限定せず，発生すると人命をも損ないうるその他のリスク，例えば感染症や環境劣化，気候変動，自然災害からテロまで多様な脅威が安全保障上の問題として認識されるようになったことが，人間の安全保障という考え方につながった。ヨハン・ガルトゥングの言葉（Galtung, 1990：292）を借りるならば戦争のない状態，消極的平和（negative peace）が達成されれば地球社会が平和になるとは限らず，平和を持続的に維持できる環境を整える意味での積極的平和（positive peace）が求められるようになった。

　このようにして生まれた人間の安全保障の考え方が地球社会で活発に議論されるきっかけになったのは，アマルティア・セン等が起案した1994年版国連開発計画（UNDP）『人間開発報告書』であった。同報告書の副題は「人間の安全保障の新しい次元」であった。同報告書は冷戦が終焉したことを受け，「平和の配当」としてそれまでの軍事費を開発協力に充てることを提言した。そして，人間開発の概念に沿って安全保障が再定義されており，「人間の安全保障」の概念が導入された。人間の安全保障は飢餓・疾病，抑圧などの恒常的な脅威からの安全の確保と，日常生活から突然断絶されることからの保護の両面を含む概念として示された。そして平和が確保されていなければ開発は実現せず，逆に開発なくしては平和もまた成立しないと開発と安全保障の関係が規定された。同報告書は，人間の安全保障の対象として経済安全保障，食糧安全保障，保健安全保障，環境安全保障，個人の安全保障，地域社会の安全保障，政治的安全保障の７つをあげた（UNDP 1994）。

　しかしながら，このように安全保障の対象を戦争から拡大して議論することの適否が大いに議論を呼んだ。そのため人間の安全保障をめぐっては1990年代

には賛成派と懐疑派に分かれて激論が戦わされた。主要な論点はまず人間の安全保障は，国家安全保障を代替するのか否かである。安全保障は本来国家レベルで考えるべきものであり，人間のレベルで議論することは相応しくないとの反論が展開された。これに関連して人間の安全保障が損なわれているとの事由から海外からの内政干渉，それも武力行使を伴う介入をされること懸念する国々は強く反対した。このため国連専門機関である国連開発計画が提案したにもかかわらず，国連総会の文書で人間の安全保障が取り上げられるまでには2005年の国連首脳会議の成果文書の採択まで約10年の月日を要したのであった。

　いまひとつの論点は人間の安全保障の定義をめぐる論争であった。人間の安全保障を狭義に解釈する立場は，あくまでも紛争や暴力からの自由を軸に消極的平和に徹した。すなわち「恐怖からの自由」（Freedom from Fear）に力点を置いた。したがって紛争予防，紛争収拾に尽力し，そのために国際的な規範を構築して人々の恐怖につながるような事態を回避し，かつ仮に紛争が発生した場合には武力行使をしても解決することに力をいれた。この狭義の解釈の旗手となったのは，カナダ，ノルウエーなどの国々であった。そして具体的な成果としては対人地雷禁止条約の締結，クラスター爆弾禁止条約の締結や小型武器の移転の抑制などが例示された。さらに狭義の立場では武力行使を必要な場合には是とする立場をとった。そのため武力介入の是否，武力行使が人間の安全保障の理念に含まれるか否かが争点になった。1990年代のバルカン戦争では北大西洋条約機構（NATO）の空爆が行われたが，これが紛争解決に役立ったのか否かの激論をまねいた。そこでカナダが中心となり「介入と国家主権に関する国際独立委員会」（ICISS）が設立された。同委員会では紛争に対してまずは予防のための努力を行い，それでも収拾の目処がたたない場合には最後の手段として人々の恐怖からの自由を確保するために国連安保理での決議がある場合にのみ武力介入をみとめるとの結論を出した。さらに国際社会には「（武力）介入する権利がある」というよりも主権国家が機能していない場合には国際社会には「保護する責任」（Responsibility to Protect）があるという考え方を導入した。

　一方，人間の安全保障を広義に解釈する立場は，戦争のみならず人々が食料や資源はもとより安心して暮らすことができるための「欠乏からの自由」（Freedom from Want）を幅広く重視し，かつカントの流れを汲んで人々が「尊厳をもって生きる自由」（Freedom to live with Dignity）を享受できることを重視した。そのためには経済格差に苦しむ国々への開発協力を手段として用いるアプローチをとった。この広義の解釈は貧困，気候変動，感染症など幅広い脅威を安全保障の対象とするために曖昧で目的がはっきりしない，開発援助が対象ならばわざわざ「安全保障」という用語を用いなくともよいのではないかなどの反論が展開された（福島 2010：34-54）。

　この人間の安全保障をめぐる論争は換言すれば国際政治学の立場で解釈するグループと開発経済学の立場から解釈する立場との論争でもあり，前者が狭義の解釈，後者が広義の解釈の立場であった。このような人間の安全保障を巡る論争はなかなか収束しなかった。日本はこの論争を解消するべく2000年の国連ミレニアムサミットにおいて当時のコフィ・アナン国連事務総長の呼びかけに応えて人間の安全保障委員会を設置して定義を明らかにすることを目指した。そして同委員会の共同議長を務めたアマルティア・センと緒方貞子は2003年に「安全保障の今日的課題」（Human Security Now）と題した報告書を国連事務総長に提出した。同報告書では国家安全保障と人間の安全保障の両方が必要であることが提言され，さらに人間の安全保障には「欠乏からの自由」と「恐怖からの自由」の両方が含まれるべきであり，もって「尊厳をもって生きる自由」を享受できるようにすべしと以下のように人間の安全保障を定義した。

　　人間の安全保障とは人が生きていく上でなくてはならない基本的自由を擁護し，人間を広範かつ深刻な脅威や状況から守ることである。また，人間の安全保障は人間に本来備わっている能力と希望に拠って立ち，人々が生存・生活・尊厳を享受するために必要な基本的手段を呈することができるよう，政治，社会，環境，経済，軍事，文化といった制度を一体として作り上げていくことを意味する（人間の安全保障委員会 2003：11）。

　また，同報告書において人間の安全保障の確保のためには単に保護するだけではなくエンパワーメント（能力強化）も行い，将来危機に見舞われた時に人々がこれに自ら対応するだけの強靭性（レジリエンス）を涵養することが提言された。換言するとトップダウンの保護だけではなくボトムアップの能力強化のアプローチも重要であることを提言した。この両方の要素は現在に至るまで人間の安全保障のアプローチの根幹をなすものとして重視されている。

　しかしながら，このような定義の整理にも関わらず人間の安全保障をめぐる論争がなおも続いたため，2005年の国連首脳会議の成果文書に人間の安全保障に関する以下のパラグラフが挿入された。

143. 人間の安全保障

　我々は，人間が自由と尊厳を持ち，貧困と絶望から解放されて生きる権利を持つことを強調する。全ての人は，特に弱い立場の人々が恐怖と欠乏から自由に生き，全ての権利を享受し，人間としての潜在力を十分に開発する平等な権利を持つことを認識する。そのために，総会において人間の安全保障の理念を議論し，定義することを約束する（国連決議 A/RES/60/1, 2005）。

　この文言が国連サミットの成果文書に盛り込まれたことが国連本体の公式文書に人間の安全保障が盛り込まれた初めてのケースとなった。そしてこの成果文書に基づき，定義問題を含めて国連において人間の安全保障について本格的な議論が重ねられることになった。日本政府は翌年に「人間の安全保障フレンズ会合」を立ち上げた。同会合はメキシコが日本とともに共同議長を務め国連人道問題調整事務所（OCHA）が共催する形で国連本部において毎年開催され，関心のある加盟国，国際機関が参加して議論が重ねられた。そして同会合の勧告により国連事務総長による人間の安全保障報告が発表されるようになった。また人間の安全保障に関する国連総会公式討論も開催され，人間の安全保障の考え方や理念が整理されるようになった。そしてこれらの議論の集大成として2012年9月には人間の安全保障に関する「共通理解」（common understanding）

が国連総会決議A/RES/66/200として採択された。この共通理解では，人間の安全保障の理念は次のように理解された。

　　人々は自由と尊厳のうちに生存し，貧困と絶望から免れて生きる権利，すべての人々，特に脆弱な人々はすべての権利を享受し，彼らの持つ人間としての可能性を開花させる機会を平等に有し，恐怖からの自由と欠乏からの自由を享受する権利を有する。……人間の安全保障は武力による威嚇もしくは武力行使または強制措置を求めるものではないこと，人間の安全保障は国家安全保障を代替するものではないこと……（部分抜粋）（国連総会決議，A/RES/66/200，2012）。

　この決議により人間の安全保障は「恐怖からの自由」「欠乏からの自由」を確保し，もって人々が「尊厳を持って生きる自由」を享受するという幅広い概念であると定義された。また武力介入は人間の安全保障の範疇外とされた。これに伴い前述のような論争にも終止符が打たれた。以降は人間の安全保障をどのように実践するか（operationalize）に国際社会の力点が移ってきている。日本が中心となって国連に設置した人間の安全保障基金において分野横断的に保護とエンパワーメントの両面からのプロジェクトの実践が進められている（黒澤　2017：106-110）。

　日本は，平成27年2月10日に発表した「開発協力大綱」において人間の安全保障を「開発協力の指導理念」と位置づけている。これに基づき日本の政府開発援助（ODA）をはじめとする開発協力が具体的に進められている。その他，各国においてアフリカ地域における貧困や紛争問題への取り組みのために人間の安全保障の視座からのアプローチがなされている。例えば欧州が対外協力の支援の枠組みとして「人間の安全保障ドクトリン」を検討したことは知られているが，英国は2019年に人間の安全保障を国防政策のコアと位置づけ，人間の安全保障センター[(1)]も設立した。これは脆弱な人々が人権を侵害されたり，性的搾取と虐待（SEA）の犠牲になることから守ることに軸足を置いた取り組みで

ある。

　人間の安全保障は国家は無論のこと人々やコミュニティのレベルで分析・実践されるフレームワークであり，3つの自由，すなわち「恐怖からの自由」「欠乏からの自由」を確保し，人々が「尊厳を持って生きる自由」の実現に軸足が置かれ，分野横断型の包括的なアプローチが強調されている。このような自由が確保された時に背景が異なろうとも人々はコミュニティにおいて，また広くは地球社会において共生することが可能になる。そして，これが実現された時に共生の究極的な目的であるシャロームが達成されるであろう。

共生への人間の安全保障フレームワーク

　地球社会の共生を実現するには多様な要因や背景によって対立関係にある人々が，お互いの存在を認めて共存することから始まらなければならない。そのためにはお互いの考え方や生活様式が違うことを認めることが出発点であろう。お互いの存在を否定しているままでは無視による共存は可能であるとしても，コミュニティの共生は不可能である。そのような共生を可能とするのが，人間が人間らしく生きることができる人間の安全保障の確保であり，それがあって初めて共生への環境を整備することが可能となる。そのうえで対立の構図を生み出している亀裂の修復と架橋，すなわち対立者の間の絆を結ぶことが共生への道を開く。

　人間の安全保障の確保には，前節で述べたように「欠乏からの自由」と「恐怖からの自由」が享受できることがまず不可欠である。これらの自由が奪われていると将来に向かっての夢を抱くことができず，絶望に苛まされ，人々は置かれている状況のみが人生と受け止め，地球社会からの孤立感と絶望感にさいなまされる。そのような状況では共生への芽は生まれない。さらに欠乏からの自由では，資源へのアクセス，必要物資へのアクセス，経済活動へのアクセスやガバナンスへのアクセスが損なわれている状況が長く継続すると，そこに生きる人々は自分の生に焦点を絞り，他との関係まで考える余裕はない。恐怖からの自由では，再び暴力行為の犠牲になるかもしれない，戦闘にまみえるかも

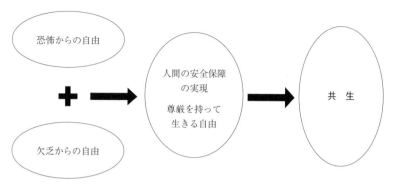

図7-1　共生実現への人間の安全保障フレームワーク
出所：筆者作成。

しれない，家族の安全が損なわれるかもしれない，性的搾取と虐待（SEA）の犠牲になるかもしれないという不安を抱えて生きなければならない環境の中では対立者との関係を改善しようという機運はなかなか生まれない。

　このような状況にあっては対立者の反目の溝は「相手のせいでこのような辛い状況に追い込まれている」「あのグループが勝手なことをするから自分たちは貧困に苦しむ」という考えからますます深まる。このような事情は紛争の場合のみならず，コミュニティの中の犯罪者，ビジネスをめぐる対立，被災地での被災者の中，あるいは被災者と支援者の間でも展開する。それがコミュニティの中の亀裂を生み，これが分断にも発展しかねない。

　このように共生を可能とする環境を整えるには図7-1に示すように「欠乏からの自由」と「恐怖からの自由」を確保し，これらの自由をもとに人々が「尊厳を持って生きる自由」を享受できることが肝要である。

3　共生への道

地球社会の共生へのハードル

　本節では上述の人間の安全保障フレームワークに基づきシャローム実践の道として共生実現へのアプローチを考察したい。

　まず，恐怖からの自由であるが，紛争後の社会で恐怖のタネとなるのは，敵と味方の対立であり，紛争のために先鋭化したアイデンティティの対立である。和平合意が成立してもそれで紛争地が瞬時にかつ自動的に平和になるわけではない。特に国境で隔てられる国家間紛争と異なり，同じ地域で銃撃戦まで闘わした相手と同じ地域社会で生きていかなければならない内戦型の紛争後は，紛争中の記憶も生々しく再び銃撃されるのではないか，再び暴力をふるわれるのではないかという恐怖はすぐには消えない。そのため敵と味方が同じコミュニティーで接触を持たずに共存することすらおぼつかない。ましてや両者が接触して，協働するということは容易ではない。しかしながら，共生が可能な環境が整わない限り恐怖からの自由は実現しない。そのためには敵と味方に別れて戦った当事者がお互いの経験，お互いの苦しみを伝え合い，ある程度共有していくことが必要である。そのためには和解のための政治的な話し合い，経済的復興を実現するための協力などを促していかなければならないが，対立した相手と席を同じくして話し合うことは仲間を裏切るという側面があり，難題である。たとえ，政治的な話し合いの場を持ってもお互いの従来からの主張を繰り返すばかりで平行線を辿ることが多い。

　一方，欠乏からの自由については，緊急援助や経済的復興支援は敵味方に関係なく，お互いに裨益するので対立軸を緩和することに役立つが，そのプロセスでは少しでも自分たちが得をしたいという気持ちが先行してお互いの利害の対立を生むことも少なくない。緊急人道支援でも子供の多い民族グループの方に実際上の支援が多く流れることになり，不公平感を生む。経済復興支援にしても対立する相手側に国際的な援助が多く入っているとの不満を耳にすることが紛争地では多く，国際社会はある特定のグループに味方しているとの不満の声を聞く。民間企業の投資でも資源のあるところへ集中するために居住地によっては地球社会から見放されているという不満と絶望感が高まる。この不満が膨れ上がると再び戦闘が再発した例も多くある。欠乏からの自由を確保するために国際社会が援助した結果，紛争の再燃に繋がる例が少なくない。

　このような対立軸の１つであるアイデンティティの対立を解消することが共

生へのアプローチの重要な１つといえよう。お互いが恐怖からの自由と欠乏からの自由への希望を見いだすことができたときに人々が尊厳を持って生きる自由が実現し，共生への基礎ができる。

このように共生へのアプローチは政治のみ，経済のみ，人権のみではなく，文化なども含めて分野横断的に取り組まなければならないことも人間の安全保障フレームワークが示唆する点である。

アイデンティティの対立を越えて

共生を実現するためには文化的なアプローチも必要であると論じると２つの反応がある。１つは衣食住足りて礼節を知るという表現にも見られるように紛争地では何もかもが不足しており，まずは人々が暮らせるように衣食住を確保することが重要であり，文化はその後で良いというのが１つの反応である。文化は政治や経済と比べると劣後した領域であり，「たかが文化」と一蹴する意見である。今ひとつの反応は文化の差異が紛争を引き起こしているという意見である。前者については，情報通信技術の発達などを受けてジョゼフ・ナイが提唱したソフト・パワーの考え方などを契機としてグローバル関係を論ずるときには文化的な側面も重要だとの認識が高まってきた。したがって「されど文化」の発想が浸透しつつある（福島 2019：169-171）。後者については文化戦争や文化摩擦などの表現を用いて論ずる立場である（福島 2019：171-172）。さらには文化そのものが戦争を引き起こしたとして論じられる。これは1969年にエルサルバドルとホンジュラスの間に勃発した戦争が翌年のW杯最終予選の結果から始まったとされて俗に「サッカー戦争」と呼ばれるケースである（福島 2012：28，63）。いずれも文化の差異のみで戦争が惹起されたわけではないが，戦争へ人々を誘う口実に用いられている。

そこで共生へのアプローチの中で，前項で挙げたようにアイデンティティの対立の緩和，昇華へのアプローチが共生への道の１つである。そのためには対立によって分断が起き，意思疎通がなくなってしまったグループの間のコミュニケーションを図らなければならない。ところがこれが一筋縄ではいかない。

この対立による亀裂に橋をかけて対立者がお互いを理解するためにはこれを助ける何らかの触媒が必要である。そもそも対立により，時空間を共有することができなくなっている人々を対象とするのであるから政治的な和解，経済復興，発展への目的の共有などが必要であるが，それと合わせてアイデンティティの昇華や対立の緩和のためには，共通に熱意や関心のある媒体が必要である。それが文化・芸術・スポーツの持つ共感力であり，これが立場の違いを越えて人々が時空間を共有できる触媒となりうるのである。

4　共生への共通言語としての文化・芸術・スポーツ

　本節では触媒となりうる文化・芸術・スポーツの事例を具体的に紹介し，共生に向けてどのような役割を果たしているかを検証したい。なお，本章では文化を音楽，演劇，絵画，彫刻，文学等という要素のみならず信仰，価値観をはじめとして，広く生活様式までも含めて考える。したがって文化の中に芸術，スポーツも含まれるが，中にはスポーツを文化から除外して論じる向きもあるので念のためスポーツを明示した。また，本節では文化・芸術・スポーツの持つ架け橋の役割に焦点を当てるが，これがシャロームの実現に向けて逆効果をうむ場合もあることも念頭に置き，課題として後述したい。

分断社会に橋を架ける音楽

　「音楽には国境はない」と言われる。そこで音楽の持つ共感力に着目した様々な試みが世界各地で展開されている。オーケストラ指揮者のダニエル・バレンボイムはイスラエルとパレスチナの和平を願って，パレスチナ系アメリカ人文学者のエドワード・サイードと協力してウエスト＝イースタン・ディヴァン管弦楽団を設立し，アラブ地域の若手音楽家を集めた活動を1999年以来展開してきた。同楽団は，ワイマールで誕生し，その後スペインをベースにリハーサルと演奏会を毎年行ってきた。バレンボイムはこのプロジェクトを非政治的なものとし，「中東が良くなるためには，中東地域に多少なりとも心の通う共

通基盤に基づくある種の共存が成立すること」が必要であると楽団結成の理由を説明している（バレンボイム 2002＝2015：291）。この音楽を政治的な目的に利用しないという姿勢は，いずれの文化・芸術・スポーツのプロジェクトでも成果をあげる必要条件である。2016年にはドイツのベルリンにバレンボイム・サイード・アカデミーが設立され，プロジェクト活動が恒久化されている。

　このアカデミーでは中東諸国から選抜された奨学生が3年間学んでいる。それぞれの楽器や音楽の勉強は無論のこと，討論の時間も設けられている。バレンボイムはこのプロジェクトで「普段接触することのないアラブ諸国の音楽家が寝食をともにして時間を共有することを通じ，音楽への情熱を触媒にして互いに知り合ってほしい」と述べている。すなわち，オーケストラは平和を配達できないが，音楽活動を通じてお互いを知る足がかりを得てほしいと語っている。いみじくもサイードはこの楽団を「共存への架け橋」と呼んだのである（福島 2019：197-200）。

　また，日本人指揮者柳澤寿男はコソボ・フィルハーモニーの首席指揮者をつとめながら，やはり「音楽に国境があってはならない」という信念のもとに2007年多民族混成のバルカン室内管弦楽団を設立した。バルカン地域では旧ユーゴ時代にはアルバニア人，セルビア人，ボスニア人，マケドニア人などの民族混成のオーケストラが結成されていたが，バルカン紛争中に楽団員が次々とやめていった。その結果紛争後に設立されたコソボフィルではアルバニア人のみのオーケストラになるなど単一民族による楽団がつくられていった。紛争後10年を経過しても民族による分断が各都市に残る地域で，柳澤は多民族混成のオーケストラを立ち上げ，毎年域内は無論のこと，ニューヨーク，ウイーン，ジュネーブ，東京などで演奏会を開いている。2009年にはコソボ紛争の激戦地北部ミトロヴィッツアで民族別に居住し，アイデンティティ対立の残る街で通称分断の橋と呼ばれる橋の両側で演奏会も開催した。柳澤は「多民族の楽団で音を作り出すのには信頼関係が必要。この信頼の音色を聴いてほしい」と語っている（福島 2019：200-201）。

　柳澤はこのオーケストラのことを決して「民族融和」のため，あるいは「和

解」を目指しての活動とは呼ばない。それはバルカンの地で紛争のために先鋭
化されてしまったアイデンティティの対立を解消することが如何に難しいかを
熟知しているからであろう。あくまでバルカン室内管弦楽団は「民族共栄」の
ためのオーケストラだと語る。民族が共存し，ともに栄えるために協力をする
ということならば，対立してきた民族の奏者たちも席を同じくできるというわ
けである。とは言っても練習のために集まると楽団員たちは民族別に分かれて
挨拶も交わさないという光景もある。多民族が1カ所に集まることが危険視さ
れることから演奏会の会場でのリハーサルができず，第三国で練習しなければ
ならなかったり，演奏会の案内に奏者の名前を出すと民族が異なることがわか
るのでそれもできないということもある。それでもバルカン室内管弦楽団に奏
者が参加するのは，バルカン地域の音楽家たちは1990年代紛争のために楽器も
思うように手に入らず，ましてや指導者もいない中でなんとか楽器のスキルを
上げたい，演奏会で演奏したいという夢を持つ。これが民族の違いを越えるい
わばマグネットである。楽団員たちの言葉を借りると「不幸な過去の傷が治る
には時間がかかるでしょう，でも私たちは音楽をやりたいという気持ちだけで
集まってきました。」「セルビア人とアルバニア人の間にはデリケートな問題が
あります。でも……音楽がその問題を乗り越える手助けになる。一緒にコン
サートを成功させたいという一心が民族の違いを乗り越えさせる」と語る（栁
澤 2015：107）。

　それでも紛争の記憶といかに対峙するかは紛争後のアイデンティティの昇華
にとって大きな課題である。その意味ではバルカン室内管弦楽団の2010年のサ
ラエボでの演奏会におけるショスタコーヴィッチの『室内交響曲』の演奏が筆
者は忘れられない。この作品は戦争の悲劇や音楽家の人生を描いたものでファ
シズムと戦争の犠牲者に捧げられたものである。楽曲の奏でる音は時に苦しく，
嘆きの音の響きが感じられる。作曲家が当時のソビエトの政治的情勢に苦しん
だ精神状態を表すと言われている。曲の中では爆撃の音や暴力の音，さらにド
アをノックする音にも聞こえる和音もある。コソボのあるヴァイオリニストは
演奏会の後で筆者に「紛争中にコソボのアルバニア人がセルビア兵に脅され，

家を追われた時の記憶が蘇る。演奏するのは辛い」と訴えていた。しかし，柳澤は「楽団員たちはこの曲に出会ってよかったと言います。今までは紛争の記憶を封印することで，その悲しみから乗り越えてきたのです。しかし，この作品に出会い紛争に向き合い，自分自身を乗り越えたのではないでしょうか」と述べている。（柳澤 2012：183-184）そしてバルカン室内管弦楽団の演奏会によって「民族対立によってまるで交流のない人々に奇跡とも言える音楽の架け橋」になることができたと柳澤は書き留めている（柳澤 2012：11）。

　他方，紛争地の人が中心になって立ち上げたのがイラク・ナショナル・ユース・オーケストラ（NYOI）である。2003年のイラク戦争後にピアニストのズハル・スルタンという女性が中心となって国際社会に訴え，イラクの若い人たちが音楽によって戦争の荒廃から立ち直ろうとした事例である。ズハルはバグダード音楽学校に通っていたが，戦争により教師が出国していなくなり，ニューヨーク在住のピアノ教師からスカイプで指導を受け勉強を続けた。そしてブリティシュ・カウンシルの「グローバル・チェンジメーカーズ」にも選ばれた。15歳でイラク国立交響楽団にも入団した。しかし戦争で多くの楽団員が外国に去り，若手奏者がその穴を埋めたが，楽器と指導者不足に苦しんだ。しかしイラク国立交響楽団の中での連帯感を是非とも外にも伝えたいと考えて，NYOI の立ち上げを思いついたという。しかし戦争により国外への通信が容易ではない中でズハルはイラクのクルディスタン地域のスレイマニヤからインターネットを通じてオーケストラの設立と指導者，マエストロを求めた。この働きかけが指揮者ポール・マカランダンにたどり着き，NYOI の立ち上げにつながった（マカランダン 2016＝2019：19-33）。

　そして NYOI にはアラブ人，クルド人，アメリカ人，イギリス人が参加したが結成の朝，ホテルで朝食をとった時には団の警戒心が伝わるほど楽団員の間には緊張が走ったとマカランダンは回想する。最初は自分のパートもろくに弾けない状態からはじまり，集中講習でなんとか演奏できるところまで到達することは容易ではなかったとも述懐している。しかし，演奏が続けられ，オーケストラが現在まで続いている背景には何があったのだろうか。楽団員の

声などからマカランダンは「お金がなくとも貧しくとも音楽ではみんなが共通の目標と興味を持っているから過去は関係ない。アラブ人とクルド人は激しくぶつかってきたが，演奏会では楽団員がお互いを認め合った」と述べている。さらに「オーケストラはクルドでもアラブでもなく中立地帯。みんなで音楽に熱中できて新しい友達ができる」とも振り返っている（マカランダン　2016＝2019：90）。さらに自らの役割として NYOI の楽団員は「教材も指導者もほとんどなく，独学でやってきた彼らは打たれ強い。社会が危機的な状況にあっても絶対に成功すると心に決めている。そんな若者を集めてより大きくて安全で質の高い集団にすることが役目である」と語っている（マカランダン　2016＝2019：369）。

　一方，NYOI の楽団員の言を借りると「自分が演奏する音楽を楽しみ，その気持ちを聴衆に投げかけることを教わった。音楽とは与えること，ありったけの情熱と時間と努力を注ぎ込まないと，聴衆の心に届かない」という認識が奏者の中で共有され，練習に打ち込んで演奏会が開けるまでになっていった（マカランダン　2016＝2019：378）。

　バレンボイムや栁澤の事例では紛争地の外部の指揮者が現地でアイデンティティの異なる演奏家を集め，団員がお互いを理解しあう場を提供した事例である。普段接触の機会がないか，対立している人々をオーケストラという場で時空間を共有してもらうことでお互いのわだかまりや対立を徐々に溶かしていくプロセスでもある。バレンボイムはアイデンティティの差異を乗り越えられるのは，「音楽は人々を一つにする素晴らしい手段……音楽家は音楽を前にすれば必然的に真剣に取り組み，努力することになる。イスラエルから来ようとパレスチナから来ようと，アラブ人であろうとユダヤ人であろうと問題はない。……相手のことが全くわかっていなくてもあるいは憎しみあっていても一つの譜面台を一緒に使い同じ音符を演奏することになる。——強弱を合わせ，ヴィブラートを合わせて。そうするにはオーケストラで自分の隣人に馴染むしかない」と論じている（バレンボイム　2002＝2015：291）。

　バレンボイムはオーケストラの触媒としての役割について最初は民族というアイデンティティで他者を位置づけていた奏者たちが練習を重ねるごとにメン

バーの技量を認める中で楽団の中のパートでラベルづけするようになる。また，寝食をともにすることでお互いの経験を少しずつ話し合うようになり，そこで他者を知ることができると述べている。オーケストラの練習のプロセスの中で真の意味のアイデンティティの昇華が始まっていると言えよう。

　マカランダンの場合は，イラク在住のピアニストの呼びかけをツイートで見つけて海外在住の指揮者や音楽家が協力した事例であり，異なる民族混成のオーケストラは紛争地から始まった。その動機は指導者不足からマエストロを求めるということと合わせて戦争下にあるイラクの中でも音楽家が連帯していることを知ってほしいということであった。この場合も紛争地発ながらイラクの中だけではユース・オーケストラを結成することはできない中でインターネット，SNSを駆使して関心を呼び覚まし，海外からの支援を得ている。そしてやはり最初は奏者の間，そして指揮者や指導者と奏者の間に緊張感が走った。しかし，NYOIの場合は海外での演奏の機会を得て，楽団員たちはそれまで孤立していたところから世界の多様性に目を開いていった。いずれの事例も音楽を上手になりたい，良い演奏をしたいという音楽家の強い希望がアイデンティティ対立を乗り越える原動力となり，そこから寛容さが身につき，人間性を信ずる力が生まれていると言えよう。

　そして音楽の場合は奏者だけの共生につながっているのみならず，演奏を聴く聴衆との間にも共通言語として，共感や感動を与える。これはバルカン室内管弦楽団の演奏をサラエボで聴いた時に周りの観客から聞かされたことでもあり，感動の輪が水のように広がっていたことを記憶している。ここでは音楽でもクラッシックの例を紹介したが，ポップスなど他のジャンルでも同じように人々の共通言語として音楽が連帯感を生み出している。世界で同時に同じ歌を歌おうというプロジェクトなどもその例である。

分断社会に橋を架けるスポーツ

　スポーツへの情熱はアイデンティティ対立の断層を超える。それはスポーツのプレーヤーも観客も含めてである。ネルソン・マンデラは「スポーツは世界

を変える」といい，トニー・ブレアは「スポーツには大きな動員力があり，メッセージを伝える力がある」と述べ，フランチェスコ・ローマ法王は，「スポーツは宗教の障壁を超越する」と述べたことはつとに知られている（金2014：19）。その端的な例が平和の祭典と呼ばれるオリンピックであろう。オリンピックでは紀元前8世紀に古代ギリシャでオリンピック開催の7日前から閉会後7日後まで停戦するという「オリンピック停戦」が行われ，この伝統は守られて現在に至る。無論オリンピックは国威発揚の場であり，自国の選手が活躍すれば国民は熱狂し，各国の獲得メダル数が競われる。観客も選手も勝敗を巡って熱くなりすぎて小競り合いが起きたこともある。しかし多くの場合，スポーツを上手くなりたい，楽しみたいという気持ちは選手にもファンにも共通し，人々の結束や連帯を強める。国家間の関係に緊張が走っていても選手同士の関係が観客に感動を与える場合もある。例えば平昌オリンピックでは，スピードスケート女子500メートルで金メダルを争った日本の小平奈緒選手と韓国の李相花選手がレース後に抱擁し，「チャレッソ」「あなたを尊敬する」と健闘を称え合った様子が「美しいフィナーレ」として報道された。スピードスケートのレースの勝敗に関係なく，人々に感動を与えたシーンとして記憶に残った。

　前述のサッカーもまた選手が技を競い，ゴールに向けてシュートを蹴り，ファンは熱烈な声援を送る。このサッカーが紛争後の平和構築でも異なるアイデンティティを持つ人々の間で「共通言語」として先鋭化したアイデンティティの昇華に重要な絆の役割を発揮している。

　日本代表チームでキャプテンを務め，現在はガンバ大阪監督の宮本恒靖はボスニア・ヘルツェゴヴィナの激戦地で現在も民族の対立が続くモスタルで多民族混成のキッズ・サッカー・アカデミーを開いている。同氏は選手引退後FIFAの大学院に進み，卒業制作でこのアカデミーのプロジェクトを企画し，かつ卒業後実践している。ボスニア・ヘルツェゴヴィナは和平合意後も民族の対立が続き，ナショナル・チームも2つできたためにFIFAのW杯に出場できないという状況も続いたが，日本代表監督も務めたイビチャ・オシム等の努

力によりなんとか統一ナショナル・チームを結成し，W杯に出場したという経緯もあるほどに対立の根は色濃く残る。しかしサッカーを上手になりたいという子供たちの気持ちは強く，宮本が現地のサッカー協会を説得して実現にこぎつけた。宮本は「一緒にボールを蹴れば民族の違いは関係ない。スポーツを通じて相手をリスペクトすることやフェアネスを伝えたい」と語っている（福島 2019：193）。

　サッカーの事例はアジアにも見出せる。独立後の東ティモールで対立の残る東部グループと西部グループの子供達を混成で練習させて，子どもたちのトーナメントであるリベリーノカップで優勝させた事例もある。この優勝には東ティモールの国民は大喜びし，独立まもない東ティモールの連帯感が深まったと伝えられている。このプロセスは映画「裸足の夢」に制作され，フィクションの形であるが事実に即して記録されている（福島 2012：89-91）。

　また，イスラエルとパレスチナの和平を願ったサッカー・プロジェクトも実施された。これはフットボール・フォー・ピースと名付けられ，イギリスのブライトン大学のジョン・スグデン教授等が中心となり，2000年からサッカーの指導を通じ，北イスラエルのガリラヤ地方を中心にユダヤ人とパレスチナ人の間で相互理解や融和を促進するために実施された。スグデンはコミュニティの垣根を超えた社会的接触を持つ機会の提供，相互理解の促進，平和的共存を目指し，サッカーの技術や知識の向上に取り組んだと語る。当初イスラエルとパレスチナの融和も目的に掲げられたが，それを直裁に追求するのではなく，サッカーの指導を中心にフェアプレーの5原則として中立，平等と社会的一体性，尊厳，信頼，責任を学ぶ場として提供している（Sugden 2007：1-2）。これをヒントにして日本のNGOである「ピース・キッズ・サッカー」（現在はピース・フィールド・ジャパンに改称）は2004年からイスラエルとパレスチナの子どもたちを日本に招き，日本の同世代のこともたちと共同生活をしながら，サッカーを体験してもらい交流の絆を深めるプロジェクトを実施した（福島 2012：83-87）。

　なぜサッカーが平和構築にこれほど活用されているのだろうか。それは何と

いっても紛争地の多くの子供達はサッカーが大好きでもっと練習したい，もっと上手になりたい，そしていつかヨーロッパ・リーグでプレーしたいという願いから対立グループが混じって練習することへの恐怖感を乗り越えて参加するからであろう。さらに他のスポーツと比較して，サッカーはボールがあればそれも正式のボールでなくとも，あり合わせの布を巻きつけて作った手製のボールでもあれば，すぐにプレーできるからである。だが，オーケストラが平和を配達できないようにサッカーをすることで対立する民族が折り合える訳ではない。しかしサッカーを一緒に練習する中で，一緒に試合に挑む中で相手の子どもを当初は民族のラベルのみで特定したのが，次第にその子どものポジションで特定するように変化し，複数のアイデンティティを認めるようになる。無論民族のラベルは決してなくならないが，サッカーをしているときはポジションのスキルで評価し，尊敬する気持ちも芽生えてくる。また，多民族チームとして試合をするためにはチームの中の連携も不可欠であり，そのためにはチームメートは意思疎通を図らなければパスひとつ通らない。そして休憩時間にもお菓子をつまみながら次第に話をするようになり，その中で少しずつではあるが紛争当時の記憶も共有され，自分たちの民族ばかりが犠牲になっていたと思い込んでいた子供達が次第に相手もまた辛い思いをしていたことを知る。紛争中の辛い記憶，憎しみは消えないが，対立した相手の苦しみを「知る」ことが民族対立の断層に橋をかけることにつながる（福島 2019：194-195）。同じルールを共有する，そうでなければサッカーという1つの世界，ゲームそのものが成り立たないということを子どもたちに教えることにもなる。

　スポーツではサッカー以外にも柔道，マラソン，野球などが共通言語としての役割を果たしている。バルセロナ・オリンピックで銀メダル，アトランタ・オリンピックで銅メダルをとったマラソン選手であった有森裕子はカンボジアのアンコールワット国際マラソン大会に関わっている。カンボジアは対人地雷で手足を失っている人がたくさんいて，手足がないことが一番辛いのがわかるのは，ランナーだからチャリティレースに出てくれと誘われて関わったという。最初は600人の参加者であり，「なぜ走るのだろう」というのが地元の反応で

あったが，1997年に２回目は地元の人たちがお祭りを見るように楽しみにする
ようになったという。このマラソンは国際大会といっても最初は日本とカンボ
ジアの人たちだけが参加したが，現在では世界各国から選手が参加する大規模
なイベントになっており，カンボジアの人たちが連帯感を感じる場になってい
るという（有森 2014：27-28）。

　また，一種目に限らない総合スポーツ大会も紛争後の平和構築で一役かって
いる。日本では学校教育の段階で年一回運動会を開催して子どもたちの絆を深
めている。また，毎年国民体育大会，いわゆる国体も開かれているが，これを
海外支援にも活用している例がある。日本は2005年の包括和平合意直後から南
部スーダンに支援し，独立後の南スーダンのインフラ整備や基礎的社会サービ
スなどの分野において技術協力と無償資金協力を行ってきた。例えば，ナイル
架橋建設計画が有名である。ナイル川は南スーダンを縦断するが仮設の古い橋
しかなく，崩落の危険性があるとのことで新しい橋をかけて南スーダンの東西
を結ぼうという計画である。このような従来からのインフラ整備支援ばかりで
はなく JICA や PKO で展開していた自衛隊，日本企業が協力をして南スー
ダンで国体を実現した例がある。これは南スーダンでは独立後もディンカ族，ヌ
エル族など64の民族の対立が続き，戦闘も勃発していた。国民としての結束は
程遠く，相互理解，相互不信の払拭が平和構築にとって不可欠と言われてきた。
さらに紛争影響国に多い現象だが人口の75％が30歳未満の若者で失業率が高く，
「暴力の文化」が根付いていた（古川 2019：76-77）。そこで南スーダンの人々の
連帯感を醸成するべく，国体を開催しようということになり，「National
Sports Day Celebration – Peace, Unity and Reconciliation」のスローガンのも
とに「国民結束の日」として国体の企画が進んだ。種目としては南スーダンで
全国的に人気があるサッカー，そして陸上競技などであった。この企画には一
部から「国内で保健も教育も十分に行き渡っていないのに，なぜスポーツのよ
うな文化活動を支援するのか，支援の優先順位が間違っているのではないか」
という疑問が提起された（紀谷 2018：134）。このような疑義や批判は文化・芸
術・スポーツによる紛争地支援では必ずといっていいほど提起される。しかし，

南スーダン政府も熱心であり，国体は2016年1月実施され，350名が参加した。
当時JICA南スーダン事務所長であり自らもサッカーをプレーする古川は，第
1回の国体を振り返って「選手たちやコーチ，審判にはフェアープレイの重要
性については徹底してもらうようにした。しかし選手たちは地元を代表して選
出されたことの誇りがある。絶対に負けたくない。自然と試合は白熱した。対
戦相手には異なる民族やこれまで敵対している民族の選手がいる。しかし，試
合が始まるとそこにあるのは，自分の地元を代表して選ばれたサッカープレイ
ヤーがゴールを目指し，また，ゴールを入れられまいとして頑張るだけである。
……サッカーは不思議である。丸いボール1つに気持ちが集中する。そこに国
籍や肌の色などは関係ない。ひとたびボールに触れると一体感が生まれるので
ある。異なる民族を越えて，彼らはサッカーの試合を通じて1つになっている
様子がそこにはあった」と述懐している（古川 2019：115）。南スーダンのス
ポーツ担当局長であったエドワードは「第1回国民結束の日は若者たちが一堂
に集まり，ともに寝泊まりし，ともに会場に移動し，ともに汗を流し，時には
一緒にダンスするなどを通じてこれまで接することのなかった他の民族の人々
との友情を芽生えさせた。……スポーツは国民の結束と文化を1つにする」と
語っている（古川 2019：130）。このケースはスポーツが対立するアイデンティ
ティを昇華し，民族間に橋を架けた事例といえよう。

文化・芸術・スポーツの共生へのポテンシャルと課題

　前項，前々項で音楽とスポーツの共生への触媒としての事例を取り上げた。
その役割は対立者の架け橋になり，文化・芸術・スポーツが共通言語となって
対立者が相手を「知る」ことができる。これが，対立者がお互いの記憶に対峙
し，アイデンティティを対立軸となっている民族，部族，信仰のみならず別の
側面へと複数化する。このプロセスが徐々に恐怖感を和らげ，恐怖からの自由
への道が開ける。同時に音楽演奏なり，サッカーのスキル向上などにより人間
の安全保障の需要な要素であるエンパワーメントに繋がる。これがまた紛争影
響国に暮らす人々の誇りと自信を回復することにも繋がり，尊厳を持って生き

る自由への道が開ける。

　しかしながら，一方で文化・芸術・スポーツといえども政治の動向の影響は受ける。前述のイスラエルとパレスチナの子どもたちを対象としたサッカープロジェクトでは，政府当局が子どもたちが海外で和平を目的としてサッカーをプレーすることを禁止するという方針が打ち出し，プロジェクトの継続が困難になったことがある。オーケストラ活動にしても奏者の出身国によっては演奏会開催地への入国査証がなかなかおりなかったり，国際的なオーケストラに自国の奏者が参加することを政府当局が認めないということもある。紙幅の関係で詳細は記述できないがいずれのプロジェクトも存続の危機をなんども経験し，関わる人々の筆舌に尽くしがたい忍耐力と努力で実現している。しかも文化・芸術・スポーツのプロジェクトを実施し，人々の間に橋がかかったと思っても数年後に訪れるとアイデンティティの対立が再燃し，居住区にバリケードがつくられていて挫折感を味わうことも少なくない。

　また，南スーダンの国体の事例で紹介したように紛争直後には文化・芸術・スポーツよりも資金援助，医療援助，インフラ支援を優先してほしいという声も強い。また，元紛争地には危険もあり，それを回避しプロジェクトを企画実現するには相当の熱意とグローバル社会の協力が不可欠である。したがって文化・芸術・スポーツといっても共生への努力のハードルが高いことは覚悟しなければならない。

　そして前々項で音楽家たちが強調しているように，これらの企画が，文化・芸術・スポーツの政治利用と受け止められるようでは成果は上がらない。文化活動を文化活動そのものとして推進することが第一義的に認識されていなければ共生にもそして究極的なシャロームにも繋がらないことを忘れてはならない。

5　地球社会の共生と人間の安全保障

　シャロームを目指し，地球社会の共生を実現することは言葉の響きの良さとは裏腹に厳しい現実と困難がある。しかしながら，人間が欠乏や恐怖から解放

されて尊厳を持って共生できる地球社会を築こうという努力なくして持続的な平和は期待できない。

その道のりにおいては政治的，経済的なアプローチと並行して文化的なアプローチを組み合わせて，包括的かつ持続的な平和を目標に地球社会の共生への道を分野横断的かつ重層的に取り組まなければならない。地球社会，国家，地方自治体，コミュニティと様々なレベルにある対立や亀裂に橋をかけるには複数のアイデンティティを受け入れることが不可欠である。

地球社会の共存を超えて共生を実現する道は険しくとも挑戦していかなければなければない。共生に背を向けて生き，社会の分断を放置することはもはや選択肢ではない。共生は科学技術の未曾有の発達により地球をより小さくしてしまった私たちに人間の安全保障の実現への不断の努力を求めるのである。

注

(1) Kim Sengrupta, 'UK first country to put "human security" at core of defence policy' *Independent,* April 4, 2019（https://www.independent.co.uk/politics/human-security-defence-policy-uk-army-military-mod-a8855556.html）.

参考文献

Galtung, Johan（1990）"Cultural Violence," *Journal of Peace Research,* Vol. 27, No. 3.

Sugden, John and James Wallis（2007）*Football for Peace : The Challenges of Using Sport for Co-Existence in Israel,* Oxford : Meyer and Meyer Sport Ltd.

UNDP（1994）*Human Development Report 1994 : New Dimension of Human Security,* New York : Oxford University Press.

有森祐子（2014）「よろこびを力に――わたしの社会活動」，国際シンポジウム国際交流とスポーツ外交報告書，青山学院大学。

長有紀枝（2012）『入門　人間の安全保障』中央公論新社。

紀谷昌彦（2019）『南スーダンに平和をつくる』筑摩書房。

金雲龍（2014）「Sports Diplomacy in the Seoul and Pyeong Chang Olympic Games」国際シンポジウム国際交流とスポーツ外交報告書，青山学院大学。

黒澤満編著（2017）『国際共生と広義の安全保障』東信堂。

人間の安全保障委員会（2003）『安全保障の今日的課題』朝日新聞社。

バレンボイム，ダニエル，蓑田洋子訳（2015）『ダニエル・バレンボイム自伝』音楽之友社。

福島安紀子（2010）『人間の安全保障』千倉書房。

───（2012）『紛争と文化外交』慶應義塾大学出版会。

───（2019）『地球社会と共生』明石書店。

古川光明（2019）『スポーツを通じた平和と結束』佐伯印刷出版事業部。

マカランダン，ポール，藤井留美訳（2019）『求むマエストロ──瓦礫の国の少女より』アルテスパブリッシング。

栁澤寿男（2012）『戦場のタクト』実業之日本社。

───（2015）『バルカンから響け　歓喜の歌』晋遊舎。

第8章
現実の中で「生きる」ための実践

1 問題意識

　本章では，タイ北部の山地民（hill-tribe）[1]を事例として，社会の中で周縁に置かれた人々とその環境の中での実践を描き出す。

　タイの山地民は，未開，貧困，麻薬，焼畑による森林破壊といった様々なネガティヴなイメージや言説の中で語られ，タイ国家における「内なる他者」として大多数を占める「タイ人」とは線引きされてきた人々である。線引きされるだけではなく，山地民は「一般の国民と区別され，文化的に劣り，近代国家建設を妨げることはあっても，貢献することがなかった」（ダニエルズ 2014：10）というようにみられてきた。

　本章で取り上げる地域では，深刻な犠牲が生じるような紛争状態といった対立は生じていないが，国家の内部で様々な「差異」が明確に存在している中での共存状態であると位置づけられよう。もちろん，このような環境では，既存の社会構造に抗い，抜本的な構造の変化を模索することは，周縁化された少数派にとって一つの方法であろう。しかし，一概に「数は力」と言えないものの双方の数に大きな開きがある場合，少数派が置かれた状況を抜本的に変えていくことは非常に困難である。そこで，社会構造の抜本的な変革が困難な中であっても，現実の中で生きるための環境形成の模索が，少数派にとって必要となる。タイの山地民の場合も，不条理や不公正が存在する社会の中で，よりよく，しなやかに生きるための模索と実践が確認できる。この部分に関しては，

30年以上支援活動を行ってきた日本人女性とその団体の取り組みから考察していくことにしたい。

　本書を貫くテーマである「平和」（シャローム）は包括的な概念であり，当事者が置かれた環境や状況で，その実現に向けた実践も多種多様なものとなる。本章では，社会的に周縁に置かれてきた人々とその人々に対する支援活動から，「平和構築」に向けての実践の一例とよりよい社会構築への手がかりを提示することができればと思っている。

2　内なる他者としての山地民

国家と山地民の形成

　いわゆる「山地民」とされる人々は，現在約100万人がタイ国内に居住しているとされる。タイ国内における比率は，山地民全体で約１％強である。この山地民とは，単一の民族集団を示すものではなく，複数の民族集団を内包するカテゴリである。この複数の民族集団を一律的に「山地民」とみなすようになったのは要因がある。そこには，タイにおける国民国家建設とその後の国境管理政策が関係している。

　タイにおける国民国家建設が本格化するのは，19世紀に入ってからである。この国民国家建設のプロセスで重要となったのが，領土概念と「タイらしさ」（Thainess）という概念である。

　ウィニッチャクン（2003）によると，近代の地図作成作業によって明確な領土としての「タイ」（シャム）の姿が実体化されてきた。そして，首都バンコク中心の版図が出来上がり，隣国との国境を接することになったタイ北部は必然的に周縁として位置づけられていった。さらに，その領土内に住む「国民」としての「タイ人」が発明され，その「タイ人」の有するものが「タイらしさ」という概念であると指摘している。

　この「タイらしさ」はその範囲が明確に規定されてこなかった。そこで，「タイらしくない」というものを積極的に規定していくことで，「タイらしさ」

を浮き彫りにしてきた（ウィニッチャクン 2003：26）。その「タイらしくない」というものは特定の他者に付随するものであり，リーチ（1995）が指摘した，一つの民族が自らを規定するためには他との違いを見出すという概念と合致したものである。

このような中で出てきた「タイらしくない」対象の一つがタイ北部の少数民族集団である。中心としての「タイ＝タイ人」が確立していくのに従い，周縁としての「非タイ＝少数民族」が形成され，その境界が引かれてきた。民族集団の中には，タイ国内にのみ居住しているのではなく，東南アジア大陸部から中国にかけて越境的に居住している人もいる。見方を変えると，彼らが居住していたところに「国境」が引かれてきた。そして，どの国家でも多数派を形成できない彼らは，必然的に国家内の少数派となった。

ただし，19世紀末から20世紀半ばまでは，山地民に対して中央政府はそれほど関与することはなかった。このような方針が変化するのが，1950年代である。その背景には，冷戦構造に伴う隣国の共産主義化で，この国境地域の政治的重要性が高まってきたことがある[2]。また麻薬撲滅の国際的な広がりで，この地域で栽培されているケシも問題となってきた。このような要因で，国境地域を国家の管理下に置く必要性が生じたのである。この中で「タイらしさ」を有していない人々の国民国家への統合を企図し，開発政策などを通じて介入を強めていった。

そこで，その政策対象を明確に規定する必要性が生じてきた。結果として，多様な民族集団は画一化された「山地民」（チャオ・カーオ）というものに集約されることになった。1959年に開発政策を司る山地民福祉委員会が設置された際に，公的なカテゴリとしてカレン，モン，ラフ，アカ，ヤオ，リス，ルア，ティン，カムー，ムラブリが非タイ系の「少数民族」として定められたのである[3]（片山 2006：125，Buadaeng 2006：362，須永 2012：115-116）。

このカテゴリの創出は単に行政上のカテゴリを生み出しただけではない。それまでエスニック・アイデンティティが希薄であった山地民の間に，上記の「名づけ」により山地民の間に「われわれ」という意識が醸成した[4]（Buadaeng and Boonyasaranai 2008 : 61)。国家が主導したエスニック・カテゴリの創出に伴い，現在の山地民という概念が，名実ともに実体化したと言えよう。[5]

　この実体化された山地民に対して展開された諸政策は，基本的にタイ社会への「同化」を目指したものであり，主に公文書への登録，公教育，そして仏教という三要素から展開されてきた。[6]これら全ては，多数派である「タイ人」を体現化したものであった（McCaskill, Leepreecha, and Shaoying 2008 : 14-18)。国民国家タイへの編入を通じて，一体感を醸成し，国境管理をより容易にする意図があったのである。ただし，タイへの国民統合を企図したとはいえ，山地民が実際に「タイ人」と同等になれたのではない。タイの国民国家内部に住んでいるものの「民族的・宗教的・イデオロギー的に周縁に位置し，タイ社会に受け入れられない少数民族の存在」（ウィニッチャクン 2003 : 312）であるがゆえに，常に管理され，警戒される対象として認識され続けてきた。

　このように，山地民というカテゴリは，多数派であるタイ人側が構築した概念である。そして，管理される対象であり，国民国家内部での同一体の構築過程の中で生じた内なる他者としてのカテゴリである。この公式のカテゴリは現在でも有効であり，博物館表象にも反映している。

博物館における山地民

　公的なカテゴリとしての山地民が最も可視化されている場の1つが博物館である。山地民に関する展示を主とした博物館は数カ所あるが，ここではチェンマイ市にある博物館を取り上げたい。

　チェンマイの博物館は，2002年に解散した山地民研究所（Tribal Research Institute）の資産を受け継いだものであり，現在は社会開発・人間保障省の管轄のもと「Hill Tribe Discovery Museum」として運営されている。この博物館の館内の構成は，以下のようになっている。

　訪問者が入ると，まず1階でビデオ上映がある。山地民に関する一般的な知識だけではなく，ラーマ9世の山地民開発事業に関する内容も含まれたものである。2階では，民族集団別の展示である。カレン，モン，ヤオ，アカ，リス，

ラフー，カムー，ラワ，フーティン，ムラブリの10の民族集団に分けられ，伝統的な生活様式や文化に関する展示と説明がなされている。3階では，山地民の開発の歴史，現状に関する展示と説明がある。そして，4階では，ラーマ9世の山地民開発事業に特化した展示がされている。

　この博物館の構成から見えてくるのは，開発の主体としての政府（国王）と開発の対象としての山地民という関係性である。特に山地民政策に強い関心を持っていた前国王のラーマ9世の業績に大きなスペースを割いている。

　このような博物館展示における政治性は，それを管理する主体との関連性が指摘されてきた。この博物館の場合，国家機関の管轄下にあるため，国家の集合記憶との密接な関連性がある。この博物館の構成も，このような政治性を帯びたものとして捉えることが可能である。

　石井は，先住民ではなく新入移民としての山地民が強調され，タイ人と山地民の間のヒエラルキーが創出されてきたこと，そして山地民の中の民族分節化と山地民へのイメージ付与という点を，山地民関連の博物館の展示から読み解いている。特に，山地民という存在が，タイ人と山地民と明確な境界を持ったものとして表象され，かつ「兄」としてのタイ人と「弟」としての山地民という関係性が浮き彫りになり，「後進性」「野蛮性」「マイノリティ性」というイメージが展示を通じて付与されていることを指摘している（石井 2003：14-18）。このような石井の一連の指摘は，実際の展示のいたるところに現れている。

　博物館という公的な場所での語りは，「民族の創造過程で通時的な連続性を与えられていく」（石川 1997：138-139）だけではなく，実体化した民族が社会の中で言説として存在していることも意味する。チェンマイの博物館の語りには，国家の開発の対象としての山地民と山地民の周縁性が，タイにおけるオフィシャルな言説として存在していることを示している。そこには，山地民とタイ人の間には，明確な「境界」が引かれていることが読み取れるのである。

3　変化する環境，変化しない周縁性

変化する環境

　山地民は，民族集団の「独自」の衣装を着用し，「独自」の信仰体系を有し，近代的な生活を送っている我々とは異なった「独自」の生活様式を依然として保持しているというイメージが支配的であろう。

　その表象の一つとして航空会社の機内誌に取り上げられた記事を見ていくことにしたい。その記事は「バンコクと比べて緩やかな空気の流れるチェンマイ」という書き出しから始まり，チェンマイ郊外の「バーントンルアン」[7]（図8-1）という山地民の村のことを描き出している。その後に続く記事を要約すると，自然に身を委ねながら暮らす，異なる価値観，食文化，衣服を身にまとっている人たちの存在に関して，先進国で島国の日本ではあまり考える機会はない。ところが都市と地方にそれなりの格差が残るタイでは，山岳民族と呼ばれる人々が，違う言語，宗教，文化，装束を保ったまま，これといったいさかいもなく平和的に共存している，という内容である（ANA「翼の王国」編集部 2016：90）。

　この文章から読み取れるのは，「山岳民族」は独自の文化習慣を保った人々であること，そして，それは先進国である「日本」では出会うことができない人々であり，先進的で社会整備の進んだ場所ではなく，地方との格差があるタイであるので，保持されているといったものである。とかく山地民の「独自性」と「非先進性」というものが色濃く反映している記事になっている。

　このような点が，本章で扱う山地民のイメージにおいて支配的であるのは事実である。先の機内誌に記載されている「村」を訪問すると，確かに近代的な光景とは対極のものが広がっている。そこには，藁葺きや茅葺を用いた建屋に，民族ごとに異なった色とりどりの民族衣装を着た山地民の人々がいて，織物などの手工芸品を作っている。

　ただし，この「村」は元々からこの場に存在していたのではない。多様な民族集団が混住しているような「村」であるが，一部の民族集団を除くとそこに

は生活の匂いというものが感じら
れず，展示するために作られたよ
うな空間が広がっている。[8] 村内に
は，学校があるものの，そこに学
んでいる子供たちはいない。教会
もあるものの，そこに信徒や聖職
者の姿を見ることはない。そもそ
も，この村落に入場する際に入場
料を支払う必要があり，いわば

図8-1 バーントンルアン
出所：筆者撮影（2018年8月）。

「テーマパーク」としての様相が非常に強い。それは「民族」の配置構成にも
反映しており，商業的要素が高く，訪問者が期待すると考えられるカヤン（パ
ダワン）[9] 族が入場ゲートより最も奥に配置されている。つまり「観光」のため
の「村」であることは一目瞭然であり，訪問者＝観光客が「期待する」山地民
の村落の風景が広がっている。

1970年代には山地民が国際観光の枠組みの中に組み込まれてきた（片山
2006：126）。以後，「未開」「純粋」「無垢」といったイメージが前景化すること
になり，近代性と対極な山地民の生活様式や文化は，「観光のまなざし」（アー
リー 2004）の対象となってきた。イメージが強く作用する観光の場では，従来
通りの山地民イメージが強く表象されている。それはゲストが求めているもの
で，山地民がこのような生活を送っているという部分を展示することで，観光
資源となる。このようなイメージの投影と再生産は，観光の場で特に可視化さ
れている。

このような山地民観光から，山地民を取り巻く環境自体が変化してきたこと
も読み取れる。山地民の社会が，自給自足といったような孤立した環境ではな
く「外部」と関連性の中で動くようになってきたのである。

実際，山地民を取り巻く環境は大きく変化してきた。例えば，道路などのイ
ンフラ整備などの結果，山地民の居住環境は山岳部に限定されなくなってきた。
都市部だけではなく，国外へ出稼ぎに行く人も出ており，山地民＝山で居住す

る人々とは一概に言えなくなっている。中には，都市に移住し，起業する事例
も報告されている（Trupp 2017）。特に，道路の開通は，単に村から都会へのヒ
トの移動を促すだけではなく，山地民の社会自体が，平地の社会とより密接な
関係性が構築されていくことを意味している。それに伴い，山の生活や人々の
ライフスタイルも大きく変化している。

　山地民の村々をつなぐ道路は非舗装の道路から舗装道路になり，バイクや
ピックアップトラックで，麓の街に降りることはもはや珍しいことではなく
なってきた。家々は，藁葺きの家からコンクリートやトタンの家屋に変化して
きた。電気が利用可能になり，ラジオやテレビといった新しい情報伝達手段を
村にもたらした。さらに近年では，インターネットの普及も進み，人々は携帯
電話やスマートフォンのアプリを通じて連絡を取り合っている[10]。村の人々は，
観光の場で見るような色彩豊かな伝統的な民族衣装ではなく，ジーンズやシャ
ツなどの洋服を着こなしている山地民の姿が目立つようになっている。さらに
宅急便も利用可能な山地民の村もあり，平地と様々なモノのやりとりが容易に
なっている。

　上記に挙げたのは変化の一部であろう。少なくとも，自給自足で生活をして
いる環境とは異なる環境が形成されており，そこで見る山地民の姿は，一般的
にイメージされるような姿ではない。皮肉なことに，我々のイメージが最も可
視化されているのは，観光の場である。そこでは，その「独自」の民族性や，
「非先進性」が差異の記号として，観光の場における商品価値を生み出してい
るからである。

変わらぬ周縁性

　山地民が実際に生活する環境は，その程度の差があるとはいえ，観光の場で
表象されているような環境からは変化している。山地民らしいものとして結び
付けられてきた前近代性，未開，自給自足といった要素は，大きく変化してき
た。少々乱暴な言い方をすれば，北タイの山地民の社会において，未開は消滅
したと言っても過言ではない。

　もちろん，そこには推進されてきた開発政策の成果がある。先述したようにインフラの整備が進められてきたためである。また農業面では，国王主導のロイヤル・プロジェクトの実施などで，1970年代に入ると麻薬・アヘン対策のため作物転換が奨励されてきた。アヘンから他の換金作物に転換することで，アヘンの生産を減少させてきた。

　一方で，国際情勢の変化に伴い，北部周辺国境地域の情勢も大きく変化してきた。政府の山地民への関心の源泉であった冷戦構造や国内情勢は1990年代にはその変化が決定的なものとなった。同時にタイ政府は，その安全保障面での関心が南部国境地域に移っていくことになる。南部では，イスラームのファンダメンタリズムの浸透が顕著になり，2000年代初頭からその活動が活発になってきた。同時に，タイ政府側は，山地民問題に関しては解決済みというスタンスを取るようになった。アヘン栽培が抑制できたこともその要因の一つである。先に挙げた山地民研究所の解散もこの流れの中にある（Buadaeng 2006）。

　この「解決済み」というスタンスが明確に現れたのが，2018年7月タイ北部チェンライ県で起きたサッカーチームの少年たちとコーチが洞窟に閉じ込められた出来事である。彼らは，2週間以上洞窟の中で閉じ込められていたが，全員無事に救出される結果となり，世界中に大きな感動を与えた。様々なメディアがこの救出劇を伝えたが，その中で，一つのことが話題となった。それは，13人の中に4名の無国籍者が含まれていることであった。当初は，奇跡のヒーローとして取り上げられ，政府や自治体も「national hero」として彼らを利用していた。しかし，皮肉なことに，ナショナルな領域に包摂されていない人々が「national hero」として称えられていることを意味していた。このことがメディアで取り上げられると，タイ政府はあまり触れて欲しくないような態度を明確にするようになった。その後，救出の翌月に国籍が付与されることになったものの，このタイ北部における国籍の問題が，現在においても存在していることを示す一つの事例となった。

　タイ北部の山地民社会では，この国籍は長らく問題化されてきた。山間部の僻地であるため政府の調査が及ばない，公文書記載の不備などで，国籍の取得

をできない山地民が多く存在しており，山地民の法的身分は不安定なもので
あった。展開されてきた政府によるタイへの同化政策は，結果的には「国籍な
き同化」(片岡 2013：243) であったことは否めない。もちろん山地民の国籍取
得が進んでいるものの，依然として国籍を取得できない人々が存在しているの
である。国民国家タイにおいて，彼らはタイ社会に置いて周縁化された「他
者」として見なされてきたことを強く示す象徴的な事象である。

　仮に，国籍を取得できても「社会的周縁」からは逃れられないケースも指摘
されている。一例として，タイ国民が保有する ID カードの番号によって，新
規に国籍を取得したものとして判明することが可能になっており，国籍を取得
した後も「元無国籍者」として取得後も周縁性が刻印されていることが，チェ
ンライ県のタイ・ルー族の新規国籍取得者を事例として報告されている (尾田
2015)。

　山地民社会では，前近代的な環境が薄らいできたのは事実である。ただし，
山地民のイメージを規定した環境が変化しても，山地民はタイ社会における
「内なる他者」のままである。綾部 (2007) はタイの山地に「排除の入れ子」
構造が存在し，タイ人と山地民の間には明確な境界線が文化的かつ法的に存在
していることを指摘している。実際に，メディアの中の山地民像は，依然とし
て従来のままであることも指摘されている (綾部 2003：149)。

　タイ社会において，ネガティヴなイメージや他者性は常に山地民に刻印され
ている一種の「スティグマ」となっている。圧倒的な多数派がコントロールす
るタイ社会の根本的変化が無い状況では，山地民の置かれた環境の抜本的な変
化を見出すことは難しいのが現状と言えよう。

4　現実に「生きる」ために

ルンアルン・プロジェクトの概要

　これまで山地民を取り巻く全体像とタイ社会に内在する他者性や周縁性を見
てきた。ナショナル規模での強大な多数派の存在があり，この権力関係を抜本

的に転換することは容易ではない。現在の状況を念頭に置いた場合，実現することはほぼ不可能である。

　そこで，山地民が逃れられない幾重ものスティグマがタイ社会の中で刻印されている状況では，そのスティグマをどのように薄めていくのかという点が現実的な方策の1つとなる。ここで，1つ重要になるのは，非政府組織（NGO）などの活動である。ナショナルという枠組みから一線を画したアプローチは，有効な方法となる。ここで取りあげる事例もそのような非政府組織の実践の1つである。それが，30年以上長きにわたりチェンライ県で活動を行ってきた「ルンアルン・プロジェクト」である。

　「ルンアルン」とは「暁」を意味し，このプロジェクトを主宰しているのが中野穂積氏である。中野氏は，青山学院大学文学部教育学科を卒業後，会社員生活，1985年に参加した熱帯農業研修を経て，1987年にチェンライ県メースワイ郡にリス生徒寮を設立した。この生徒寮設立が，このプロジェクトの出発点である。その後，1993年に「高地民教育と開発財団」の傘下に入ったのち，1995年に2つ目の生徒寮である「暁の家」を設立した。また，同時期に奨学金制度を確立し，山地民にとって最大の問題であった教育支援を中心に行ってきた。今日では，従来の教育面の支援に加え，植林や有機栽培のコーヒー栽培など，多角的なプロジェクトを展開している。

活動の変化とその背景

　上述したように，中野氏の活動は，山地民の教育支援から始まっている。その要因として，やはり当時の最大の問題が教育問題であったことがある。特に山地民の中等教育支援目的で寮を設立したが，最初に設立した寮は2000年にその役目を終え，1995年に設立した寮も2015年をもって寮としての役目を終えている。その背景には，タイ社会における教育環境の変化がある。14歳までの中等教育まで義務教育化されたように，タイにおける教育機会の拡大は目覚ましいものがある。2017年のタイにおける初等教育就学率は99.6％に達している（Unesco 2019）。この教育機会の拡大は山地でも例外ではない。実際に，筆者が

訪問した地域は，主要道路からさらに１時間程度入った標高1000m以上であ
るが，最も奥に位置する村落であっても，中等教育までの学校が設置されてい
る。

　そのため，プロジェクトでは直接的な教育支援から若干の変化を見せること
になる。生徒寮として使用していた建物を流用して，職業訓練センターとして
の役割を担うことになった。同時に，日本からのスタディツアーの受け入れな
どの宿泊，研究施設としての機能を持つようになった。今日，暁の家には山地
民のスタッフが在籍し，これらの運営を行っている。

　もう１つの変化は，この生徒寮の運営を終えるのと同時期に，有機農業を拡
大してきたことである。

　その背景には，山地民の農業が，ケシ栽培からキャベツ，トマト，トウモロ
コシなどの換金作物への転換を果たしてきたものの，いくつかの問題点を抱え
ていたことにある。

　それらの換金作物の栽培には，結果的に多量の化学肥料が必要となる。つま
り，作物を栽培するのに化学肥料の購入が必要となり，その購入のために作物
を栽培しないとならないという循環が存在している。ゆえに，仮に作物の価格
が暴落したとしても，保存がきかないものは売らないといけない。時には，借
金が増大する要因にもなる。また収入を増やすためには耕地面積を増やさない
とならない。そのためには，森を切り拓き，山の方まで作物を栽培する畑を
作っていく。そうすることで，保水機能を有している森が失われ，また水源で
ある場所近くで化学肥料を使っていくことで水源の汚染が進んでいく。また，
道路などのインフラ整備が整ってきたとはいえ，大量の収穫物を運搬すること
は平地と比較しても分が悪い。このようなシステムにおいて，生産者である山
地民側が主導権を握っていくことは難しい。

　中野氏は上記のような（悪）循環から脱するための方策として，有機栽培農
法に着目した。有機栽培であれば，化学肥料を購入することもなく，住んでい
る土地や環境に負荷をかけることもない。もともと暁の家では，自給用に米や
野菜を有機栽培していたが，それを援用し，標高1000mの山地民の村でも行

うことにしたのである。その主たる作物としてコーヒーに着目した（図8-2）。また，植栽の方法として，混植を取り入れた。コーヒー栽培の土地に，梅，桃，柿，アボカドなどの果樹を同時に植え付ける。こうすることで，コーヒーの栽培がうまくいかない時にも他の作物で収入を補うことできるだけではなく，より自然に近い多様な植生となることで，害虫の発生を抑えることができると考えたためである。実際に訪問してみるとそこに

図8-2　ルンアルン・プロジェクトが有機栽培のコーヒを栽培している畑
出所：筆者撮影（2019年8月）。

はイメージするような「畑」というよりも，自然の森の中にコーヒーが育っているというような印象を受ける。中野氏は「コーヒーも昔は自然栽培，有機栽培であったはず」と述べている。まさしくその自然というものがそこには広がっていた。また，耕作する土地を確保するために，山を切り拓き，焼く必要もない。そこには，山地民のネガティヴなイメージの1つである「自然の破壊者」というものとは，対極の光景が広がっている。

現実の中で生きるための実践

　このような有機農業の実践と拡大は，単に山地民の教育環境が整ってきたため，従来の教育支援からシフトしたというだけではない。そこには，「現実」の世界でいかに生きるのか，もしくはより良く生きるのか，とったより大きな意図が見えてくる。

　市場経済や近代化の浸透の中で，山地民の社会は大きく変化してきた。その変化は「平地」「都市」からの力であり，かつ強大な力を持っている。ヒト・モノの流動性は顕著になり，自律的な空間としての山地民の世界は終焉したといっても過言ではない。あわせて，ナショナルな規模での多数派の存在がある以上，国家としての枠組みが劇的に変化することもほぼ不可能である。山地民

の立場からすると，タイ社会における認識と制度の両面で，様々な不公正や不条理が存在している。このような状況を否定し，異議申し立てを行うことは一つの手段かもしれない。ただし，その変化には，長い時間がかかり，結果として変化は見込めない可能性もある。その間にも現実の世界は存在し，人々に作用する。人々は，そのような環境の下で「生きていく」必要性がある。

　中野氏の有機コーヒー栽培は，山地民が現実のもとで，より良く生きていくための手段の1つであると解釈できる。先に述べたような自然環境などの問題点を修正することができるだけではなく，市場経済という枠組みの中で，いかに山地民が収入を増やすことができるのかということ，経済的に自立できるのかということを含んでいる。山地民の社会が隔絶された環境として存在していない以上，連関を有した環境という枠組みで思考していく必要性が求められている。事実，「世界各地で栽培されているコーヒーと競合していくためにも，安全で美味しいコーヒーを作ることが一番だと思われました」と中野氏は述べている（中野 2017：37）。現実世界の中で生きるために，所与の条件のもとでの選択肢を構築していくことが求められているのである。

　ただし，中野氏の活動は，山地民社会の変化に合わせているものの，それが平地の論理に基づいたものだけではない。中野氏のこのような実践の背景には「山の人が山で生きるために」という思考がある。山地民の社会が変化する中でも，現金収入を求めて街に出ていくだけではなく，山で山地民が生きるための環境作りを行っているのである。そこには，平地からやってきた「市場」という論理を流用しつつ，かつ，これまでの自らの社会を維持していくための選択肢を構築していこうとするしなやかな戦略がある。観光の場で見られるような民族衣装を着用しているといった，一種のステレオタイプに満ちた山地民の姿ではないかもしれない。しかし，土地の知識（Local Knowledge）を継承しつつ，現代社会で生きていく術を見出そうとする確かな「山地民」の姿が見えてくる。

　このような中野氏の活動には，これまでの活動で培ってきた「信頼」が根底にある。有機コーヒー栽培に関しても，リス生徒寮と暁の家の卒業生が非常に

多岐に渡って関わっている。コーヒー栽培を行っている土地も，われわれが山
地民の村を訪問した際に宿泊する家も卒業生関係の実家などである。またコー
ヒー栽培を委託している村内を取りまとめているのも卒業生が中心となってい
る。ある村の収穫したコーヒーの買い付けに同行した際に，この信頼というも
のを強く感じさせる出来事があった。買付けは，豆を収穫した村に行き，その
豆の出来具合や量を確認して買い，個々人に現金を渡す方式である。その際に
計算間違いがあり，村人に規定より多く現金を渡そうとしていたのだが，その
取りまとめをしている1人が「先生，多いよ，間違っているよ」と指摘し，余
剰分の現金を中野氏に返していた。そして他の村人も納得している様子であっ
た。

　上記の出来事は，非常に些細な出来事かもしれない。ただこの出来事から強
く感じるのは，生産に携わる村人と中野氏側が信頼をもとにしたネットワーク
を形成しているという点である。またその関係性は，中野氏からの支援という
よりも「協働」という部分が強く感じられる。実際にコーヒーの苗木を植える
といった作業に中野氏はスタッフや村人とともに参加している。

　そして，中野氏の姿からは，青山学院が教育理念の中で掲げている「サーバ
ント・リーダー」という言葉が想起される。そして，中野氏が30年に渡り地域
で活動してきたことが，教え子にもサーバント・リーダーとしての資質が継承
されているように見える。このような資質が継承されていく背景には，個々人
が受動的というよりも自発的に参画できるような資質を育むような環境がある。
その一端が，現在のルンアルン・プロジェクトのミーティングにも反映してい
る。ミーティングは毎週日曜に行われているが，そこでは中野氏が中心となっ
ているのではなく，山地民のスタッフが主体的に運営している。週間の予定な
どを決め，共有し，議論する。組織上のトップである中野氏の意向が下達され
ていくのではない。

　これらの中野氏の一連の活動から，強く意識されるのが，山地民が現実の中
で生きるためのエンパワーメントである。有機コーヒー栽培は，現実社会で経
済的に自立していくための模索であるだけではなく，それを通じて周縁化され

ている人々が，いかに自尊心を持って生きていくことができるのかということ
にもつながる。そのための仕掛けというものが，プロジェクト全体のいたると
ころでうかがえるのである。そして，社会的に周縁化された人々がネットワー
クとしてつながることで，様々な不確実性を回避することができるレジリエン
スを強化している。そのためには，自身の利益だけを追求することのない「信
頼」できる人間が互助することで強化されていく（三浦 2018）。

　また，当事者のエンパワーメントを図り，持続可能なコミュニティを構築し，
そして，人間が人間らしく生きる環境を目指す。これらは「人間の安全保障」
（山影 2008）という概念にも合致したものであり，このような点も，ルンアル
ン・プロジェクトの実践から見出すことができる。

5　実践から学ぶことの意義

　本章の前半部分で指摘したように，タイ北部の山地民が，社会の中で周縁化
された他者ということは１つの社会的事実となっている。繰り返しになるが，
このような状況を抜本的に変革し，解決することは，現在の状況では難しいと
言わざるを得ない。

　そもそもの社会構造自体を変革していく動きを模索することはもちろん重要
である。ただし，所与の条件のもとで，より良い状況形成を目指していくのか
という思考や実践も同時に重要なものである。現実社会の中で，いかによりよ
く生きることが可能な環境を構築していくのか，１つの所与のものだけではな
くオルタナティブな選択が可能な状況を創るのか，そして，周縁化されている
人々が，「らしく」生きていくような環境を創ることができるのか，といった
点は，現在の流動的な社会の中で広く求められるものであると確信している。
本章で取り上げた，中野氏の一連の活動は人々と協働しつつ，様々な不条理の
中でより良き「生」のために模索し，新しい形の「山地民らしさ」というもの
を，現代に適応した新しい形で構築していこうとする実践例として解釈できよ
う。

　社会において，ある特定の人々は社会的に周縁に置かれ，線引きされ，当事者はスティグマを抱えていく。このような状況のもとで，われわれができることは何か，何をすべきなのか，ということは，今後も常に問われ続けるものであろう。同時に，明確な答えを導き出すことが難しい問題でもある。あるモデルが他の社会でも通用するとは限らない。仮に，信頼関係の構築といっても，三浦（2018）が指摘するように「信頼」というものが社会的構造や文化的アイデンティティと関連するためである。文化や社会構造が異なるため，1つの定型化できるような確実なモデルはない。そこで，様々な実践から何を援用できるのかという知恵を働かすことが重要だ。われわれができうることは，ミクロレベルでの様々な理念や実践例を学び，検証し，紡いで，流用していくことである。その実践例が，本章で触れた北タイで長きに渡って活動してきた1人の女性の活動とそのネットワークにある。そこでは，マクロレベルでの理想的な状況が構築されているとは言い難いものの，様々な協働を通じたミクロレベルでの実践は，確かに芽吹きつつある。このような点は，広義の「平和」に向けた実践に必要なものであろう。

　そして，これらを体現化してきた先達から学び，継承し，そして発展させていくことができるような人材を育てていくこと，このことが最も重要なことであると，特にサーバント・リーダーの育成を掲げる青山学院の教員という立場において，強く感じている。

謝　辞

　本章を執筆するにあたりルンアルン・プロジェクトの中野穂積氏には，現地訪問や聞き取りなど多大な協力を頂いた。この場を借りてお礼を申し上げたい。また，筆者がルンアルン・プロジェクトに関わるきっかけを作ってくれた青山学院大学地球社会共生学部4年（執筆当時）原田健斗さんにも同様にお礼を申し上げたい。

注

(1) Hill-tribeを示す言葉として，タイ語のカテゴリである「チャオ・カーオ」や「山岳民族」「山岳少数民族」などの表現もあるが，本章では「山地民」という表現で統一していくことにしたい。

(2) 1949年の中華人民共和国の成立，1950年のラオス愛国戦線（パテト・ラーオ）の成立が挙げられる。

(3) ここでは非タイ系の民族集団を列挙しているが，タイ系であればタイ・ヤイ（Tai-Yai）やタイ・ルー（Tai-Ru）族などが挙げられる。前者は隣国ミャンマーのシャン族と同系統であり，後者は中国西双版納タイ族自治州のタイ族と同じ系統である。いずれも，現代タイのマジョリティであるタイ人とは，異なる存在として見なされている。

(4) 同様の見解として，国家が自らの下にある様々な規模の共同社会を「民族」という範疇に秩序づけていく過程を「名づけ」と呼び，その名づけに対するものを「名乗り」とし，民族の実体化がこの相互作用でおこなわれているという，内堀の指摘がある（内堀 1989：32-35）。

(5) 補足するならば，このカテゴリの策定に関しては，調査研究という名目で海外の文化人類学者，社会学者なども参画している。

(6) このうち宗教面で代表的なのは「タンマチャーリック・プロジェクト」である。タンマチャーリックとは山地民部落に仏教僧を派遣し仏教の伝道を行い，仏教への改宗を通じて，タイ人としての意識を持たせることをねらったものである。そこには，タイ人の精神的紐帯として認識されている仏教の存在がある。このプロジェクトは1965年から開始された（石井 1973：357）。このようなタイらしさの象徴的存在である仏教の布教の一方で，山地民の間にはキリスト教の布教と受容も顕著である。筆者が訪問したアカ族の村は仏教の寺院はないが，カトリックとプロテスタントの教会があり，住民はほぼどちらかを信仰しているとのことであった。

(7) タイ語の表記では「バーン」が村を意味するので，「トーンルアン村」と表記するのが正しいのかもしれないが，ここでは資料内に書かれていた表現をそのまま使用している。

(8) 筆者が訪問した際には，一部の民族集団には，実際にそこに居住しているような感じがあった。その一部とは，カヤン（パダワン）族，パヤー族であり，タイ語の非流暢さ，かけてあったカレンダーのビルマ文字などから判断するとミャンマー側からやってきた人と推測できた。

(9) カヤン（パダワン）族はいわゆる「首長族」として知られているカレン族の支族である。そのほとんどが現在のミャンマー側に居住していたが，内戦などの影響でタイ側に移住してきたと考えられている。

(10) 2018年の8月に，山地民のある村落を訪問した際には，政府がwi-fiを村内に設置していた。その電波が入る周りでは，子供達がスマートフォンのゲームに興じていた。

(11) 山地民の法的身分は複雑な体系であるが，大きく①タイ国籍保持者，②国籍は保

持していないが山地民証を保持している者，③無国籍者の三つに分けられる（片岡 2013：244）。

⑿　この節に関しては，2018年8月，2019年3月，2019年8月に訪問した際の参与観察，2019年3月18日に行った中野氏への聞き取り，および中野穂積（2017）より構成している。また，文中に登場する中野氏とルンアルン・プロジェクトに関しては，実名で記載することを中野氏に承諾いただいている。

⒀　筆者のゼミ生も2019年8月後半に訪問する機会があった。全行程二泊三日で，一泊は暁の家に，もう一泊は山地民の村に宿泊した。

⒁　この中野氏と同じような考えは，有機栽培を実践している他の場所でもしばしば耳にする。一例として，筆者が2019年3月に訪問した北部プレー県の20代の姉妹である。彼女たちはバンコクの大学を卒業後に，県庁所在地から20キロほどの両親の農場を継いだ。そこで，多角的な作物の栽培を始め，隣接した土地にカフェを併設し，自身の農場で栽培している野菜などを使った料理を提供し，生産だけではなく，ビジネスとして展開しようとしている。訪問した際に，有機栽培でやっていくことは，新しいことなので色々と大変なのではと尋ねたところ「両親の時代，いやそれ以前の状態に戻すだけです，昔は自然の中でやっていけていたから」と答えてくれた。

⒂　中野氏は，村の人々や卒業生からは「先生」（アジャーン）としばしば呼ばれている。アジャーンとはタイ語で主に高等教育の教員に使用される単語であるが，これは尊敬の念を込めたものと理解している。

⒃　サーバント・リーダーとは，端的に述べると，上から目線ではなく，他者の心に共感し，愛と思いやりを持って人を導くことのできるリーダーである。青山学院はこのリーダー育成を教育方針として掲げている。詳細は，青山学院HP「サーバント・リーダーと青山学院」（https://www.aoyamagakuin.jp/rcenter/2014winter_story.html）などを参照されたい。

参考文献

Buadaeng, Kwanchewan（2006）"The Rise and Fall of the Tribal Reserch Institute（TRI）: "Hill Tribe" Policy and Studies in Thailand," *Southeast Asian Studies* 44（3）: 359-384.

───── and Panadda Boonyasaranai（2008）"Religious Conversion and Ethinc Identity: The karen and the Akha in northern Thailand." Don McCaskill, Prasit Leepreecha and He Shaoying（eds.）*Living in a Globalized World: Ethnic Minorities in the Greater Mekong Subregion,* Chiang Mai: Mekong Press.

McCaskill, Don, Prasit Leepreecha, and He Shaoying（2008）"Globalization,

Nationalism, Regionalism and Ethnic Minorites in the Greater Mekong Subregion: A Comparative Analysis," Don McCaskill, Prasit Leepreecha and He Shaoying (eds.) *Living in a Globalized World: Ethnic Minorities in the Greater Mekong Subregion*, Chiang Mai: Mekong Press.

Trupp, Alexander (2017) *Migration, Micro-Business and Tourism in Thailand-Highkanders in the city*, London and New York: Routledge.

Unesco (2019) UIS Stastics (http://data.uis.unesco.org　アクセス日：2019年9月15日).

ANA「翼の王国」編集部『翼の王国』（2016年12月号）全日本空輸。

アーリー，ジョン，ヨーナス・ラースン，加太宏邦訳（2014）『観光のまなざし（増補改訂版）』法政大学出版局。

綾部真雄（2003）「『後住』少数民族としての山地民」綾部恒雄・林行夫（編）『タイを知るための60章』明石書店。

―――（2007）「タイの山を貫く排除の入れ子構造――グローバリゼーションは周縁的少数者にとっての福音か」綾部真雄・阿部年晴・新屋重彦（編）『辺縁のアジア〈ケガレ〉が問いかけるもの』明石書店。

石井香世子（2003）「国民国家による「少数民族」の創出過程――タイにおける山地民博物館の展示から」『NUCB journal of language culture and communication』5(2)：11-21。

石井米雄（1973）「タイ国における国民統合と仏教サンガの役割」『東南アジア研究』11(3)：338-359。

石川登（1997）「民族の語り方――サラワク・マレー人とは誰か」青木保・内堀基光・梶原景昭・小松和彦・清水昭俊・中林伸浩・福井勝義・船曳建夫・山下晋司（編）『岩波講座文化人類学第5巻　民族の生成と論理』岩波書店。

ウィニッチャクン，トンチai，石井米雄訳（2003）『地図がつくったタイ――国民国家誕生の歴史』明石書店。

内堀基光（1989）「民族論メモランダム」田辺繁治（編）『人類学的認識の冒険』同文社。

尾田裕加里（2015）「『国籍法の周縁部』から再びタイ人への道のり――チェンライ県メーサイ郡A村のタイ・ルーの国籍問題とID番号に関する社会的事象について」『年報タイ研究』15：59-80。

片岡樹（2013）「先住民か不法入国労働者か」『東南アジア研究』50(2)：239-272。

片山隆裕（2006）「タイにおける山岳少数民族ツーリズム――歴史的経緯，影響，そして持続可能な観光開発の試み」『西南学院大学国際文化論集』21(1)：113-146。

須永和博（2012）『エコツーリズムの民族誌——北タイ山地民カレンの生活世界』春風社。

ダニエルズ，クリスチャン（2014）「序論」クリスチャン・ダニエルズ（編）『東南アジア大陸部山地民の歴史と文化』言叢社。

中野穂積（2017）「コーヒーの木と暁の家」『クルンテープ』タイ国日本人会。

三浦敦（2018）「持続可能性と社会の構築——ハイブリッドな現実の社会過程の多元的な分析の必要性」前川啓治・箭内匡・深川宏樹・浜田明範・里見龍樹・木村周平・根本達・三浦敦『21世紀の文化人類学——世界の新しい捉え方』新曜社。

山影進（2008）「地球社会の課題と人間の安全保障」高橋哲哉・山影進（編）『人間の安全保障』東京大学出版会。

リーチ，エドモンド，関本照夫訳（1995）『高地ビルマの政治体系』弘文社。

第9章
教育と共生

---

1 シャロームとの関わり

キリスト教における最も大切な教えである愛を重んじた生き方の性質は，「シャローム」（平和）である。第1章『シャロームについて』で言及されたように，この「シャローム」（平和）には，共同体における他者との「共生，和解，その他，平和を促進していくことになる土壌作り」（27頁）が含まれる。本章では，「隣人（他者）との平和」を核とし，「シャローム」（平和）実現のための「共生」のあり方について論じる。具体的には，日本における外国にルーツを持つ子どもたちの教育実践の例に注目し，「共生」を考えるための手がかりとする。

外国にルーツを持つ子どもたちは，国際的な流動性の高まりとともに，世界各国で増加している。日本においても，2008年に導入された留学生30万人計画や2019年に施行された改正出入国管理法などにともない，今後もこれまで以上に多くの外国人留学生および労働者が増加すること，そして，これらの人々と共に，多様な文化背景により外国にルーツを持つ子どもたちがさらに増加することは，想像するに難くない。このような子どもたちの増加とともに，その教育が関心を集めている。この動向は，世界各国に共通し，各国の教育関係者は，かつてないほど諸外国および地域の教育実践例に注目している。そこで，本章では，日本における外国にルーツを持つ子どもたちのための教育実践の例に着目する。その教育実践が進められた背景や実践内容，課題を探りつつ，日本の

教育における「共生」について考えてみたい。

2　国際的動向

　多様な文化背景を持つ子どもたちが増加する中，欧米などを中心として，教育における「共生」のあり方が議論されてきた。例えば，1960年代のアメリカ合衆国では，マーティン・ルーサー・キング Jr. 牧師（Martin Luther King, Jr., 1929-1968）が指導したアメリカ合衆国の公民権運動をひとつの起源とし，「多文化教育」が関心を集めた。これは，あらゆる人種や民族，文化，ジェンダー，社会階層の子どもたちが平等に学習機会を持てるよう支援することで「共生」の実現を目的とした，教育実践および教育改革運動である。本節では，「共生」を目指した教育概念であるこの「多文化教育」の発展の歴史を探りつつ，その国際的動向を俯瞰する。

多文化教育の出現と発展

　「共生」を目指す教育運動が出現したのは，文化的多元主義が現れた1960年代であろう。この文化的多元主義は，複数の民族により構成される国家では古くから存在していたが，近年では，アメリカ合衆国を代表とする移民国家などにおいて注目を集めてきた。アメリカ合衆国のような移民国家においては，民族や人種，文化の多様性とともに歩む社会を構成するため，この文化的多元主義についての議論が活発に行われてきた。この文化的多元主義の出現とともに，民族的，人種的，そして，社会階層的な平等を求める動きが活発になり，教育では，「民族学習，多民族教育，反人種主義教育を含む幅広い概念」である「多文化教育」が注目を集めるようになったのである（田中 2010：58）。

　このアメリカ合衆国を中心として発展した「多文化教育」は，まずは，1970年代を通じて，マイノリティ[1]である子どもたちの文化の尊重を基盤とし，「社会的不遇の解消，平等で公正な処遇の実現をめざす教育の思想・実践」として注目を集め，広まった（江淵 1994：18）。当初，「多文化教育」（multicultural education）は，民族的マイノリティの子どもたちを対象とし，「多民族教育」（multiethnic education）や「異文化間（相互理解）教育」（intercultural education）と呼ばれることもあった。教育カリキュラムにそれぞれの民族集団の歴史や文化を学ぶことができる仕組みを導入することから始まり，さらには，その多様な民族の背景を持つ子どもたちが個々の民族集団の歴史や文化の学びの機会を獲得するとともに，マジョリティの子どもたちと同等の教育機会を得ることが可能となるよう学校環境を変化させようとする動きへと発展した。その後，民族的にマイノリティであった子どもたちだけでなく，人種的，社会階層的にマイノリティであった子どもたちの平等な教育機会をも包括する概念へと変化した。さらに，1980年代には，その対象が，民族，人種，社会階層だけでなく，障がいを持つ子どもや女子などにまで拡大され，「多文化教育」は，あらゆるマイノリティカテゴリーに属する子どもたちを含めた教育的平等を目指す運動を率いる概念へと発展した（江淵 1994；田中 2010）。その後，この「多文化教育」は，当時のアメリカ合衆国を中心としたリベラルな社会思潮の影響を受けながらより大きく進展し，国際的にも注目を集める1つの学問領域としての地位を築くに至った。例えば，アメリカの多文化教育論の主唱者である J. A. Banks が，1980年代に国際的な影響力を持つアメリカ教育学会において学会長を務めたことは，その象徴的な例である。このような進展の中，アメリカ合衆国の多くの州では，教育制度の一環として，カリキュラムや教科書，教員養成研修などに「多文化教育」に携わる規定が導入されるに至った（田中 2010）。J. A. Banks は，この「多文化教育」を，1985年に出版された『国際教育学事典』（International Encyclopedia of Education）において，「少数民族及び移民の子どもたちの学力を高め，またマジョリティの子どもたちに国内の少数民族の文化や経験について教えることを目的として計画されたプログラムや実践」と定義している（Banks 1985：3440）。

　このように，「多文化教育」は，アメリカ合衆国をはじめ多様な背景を持つ子どもたちが共に生きる社会において，その多様性を尊重し，教育機会を平等に追求していくことを目指す概念として出現し，発展した（Banks 1981, Lynch

1983)。文化的多元主義とともに出現したこの「多文化教育」は，すべての子どもたちが，その多様性により不利益を被ることのない平等を重んじた教育実践および概念として，「共生」の実現を目指し，発展したのである。

多文化教育の最近の動向

　上述のように，「多文化教育」は，アメリカ合衆国の公民権運動をひとつの起源とし，多様な背景を持つマイノリティの子どもたちの平等な教育機会を求める運動から生まれ，発展した教育概念であるが，それは今，どのように変化を遂げているのであろうか。

　「多文化教育」の具体的な実践内容は，当初，マイノリティー文化の食べ物（food）や，お祭り（festival），衣装（food）などのテーマを取り扱うにとどまる傾向から「表層的な理解を促すツーリスト・アプローチと揶揄されるような取り組み」とされ，異なる文化を表面的に理解するにとどまるものであると批判されることもあった（松尾 2013：210）。このような取り組みへの批判と反省から，2000年代以降の「多文化教育」では，積極的に社会の不公正さを克服しようとする批判的教育理念を取り込んだ新たなアプローチへと移行している（Ramsey & Williams 2003）。松尾によれば，このアプローチは，ポスト構造主義やポスト植民地主義，批判理論，フェミニズム理論などの批判的社会理論が影響し，「不平等な社会の変革を目指すアプローチ」へと変化しているという（松尾 2013：211）。現在の「多文化教育」は，批判的社会学の理念を取り込みながら，個々の社会構造を再構築しようとする視点をもたらす教育概念へと変化しているのである。

　このように，「多文化教育」は，現在も，社会構造の再構築という新たな視点とともに，より平等な共生社会の実現を目指す教育的概念として，発展し続けている。この動向は，日本においても同様であろう。多様性が拡大し続けている日本の社会構造を再構築しようとする試みとして，その「共生」を目指した教育的アプローチはどのように変化しているのだろうか。次節以降にて，日本の特徴を探る。

3　日本における共生と教育

　本節では，「共生」を実現するための教育的アプローチを探る手がかりとして，日本における外国にルーツを持つ子どもたちの教育にフォーカスを当てる。2019年現在，日本には，総人口の2.2％を超える外国籍の人々が在留しているほか（総務省統計局 2019；法務省 2019），多様な文化背景を持つ人々が存在する。このような多様な文化背景を持つ人々の内，主に外国にルーツを持つ人々の在留状況を捉えるとともに，その子どもたちのための教育の変遷をたどり，日本における外国にルーツを持つ子どもたちのための教育実践の状況を調べる。

多文化社会としての日本

　日本は，単一民族国家であるというイメージが浸透している。それは，例えば，ルース・ベネディクト（Ruth Benedict）の『菊と刀』（*The Chrysanthemum and the Sword : Patterns of Japanese Culture*）（1946）などにおける「日本人論」（Japaneseness）が，日本を単一民族国家であることを前提として論じられていることや，「公職にあるものが『日本は単一民族国家である』という発言をしばしば繰り返している」ことなどに所以がある（毛受・鈴木 2007：17）。しかし，現在の日本には，多様な国籍や民族の人々が存在している（Tsuneyoshi 2010）。それは，アイヌ民族の人々や琉球民族の人々をはじめとし，国境を越えた移動の進展に伴う外国籍の人々やそれらの人々の内日本の国籍へ帰化した人々，そして，国際結婚により在住している人々や帰国子女（海外勤務者の子ども）など，様々である。

　中でも，近年における日本に住む外国籍の人々の増加は顕著である。1980年代には100万人に満たなかった外国人登録者数が，2019年6月末時点では282万人を超えた（法務省 2019）。第二次世界大戦後は，旧植民地の出身者とその子孫が外国人登録者数の多くを占め（「オールドカマー」と呼ばれることもある），1970年代頃からは難民法改定によりインドシナ難民が，そして，1990年以降は

移民法改定により，日系人を中心とした新たな外国籍の人々が，仕事を求め労働者として移住した（「ニューカマー」と呼ばれることもある）。その数は，バブル崩壊後の不景気を経た現在もなお増加し続けている。2019年時点での総人口における日本に住む外国籍の人々の割合は，2.2％を超えており，この数字は欧米諸国と比較すると小さい数値ではあるが，この20年間の変化を見ると，その割合は2倍近くに増加，この35年間の変化では3倍近くに増加している（法務省入国管理局 2018）。その国籍も多様化し，2019年現在は，195の国・地域（無国籍を除く）の出身者が日本に滞在している。出身国，地域の上位は，中国（27.8％），韓国（16.0％），ベトナム（13.1％），フィリピン（9.8％），ブラジル（7.3％）であり，増加が顕著な国・地域は，ベトナム（前年度に比べ12.4％増），インドネシア（前年度に比べ8.4％）である（図9‐1）。高齢化社会そして人口減少社会となった日本では，2008年に導入された留学生30万人計画や2019年に施行された改正出入国管理法を例に見ても，今後も多くの外国人留学生および労働者が増加し，日本に住む人々の文化背景の多様化が拡大していくことが予測される。

　外国籍を持つ人々の増加のみならず，日本国籍を保持しながらも外国にルーツを持つ人々も増加している。それは，例えば，外国にルーツを持ちながら帰化により日本の国籍を取得し日本に滞在する人々や，保護者の仕事の都合などで外国に長期滞在する帰国子女，そして，国際結婚の増加などによる。国際結婚については，外国籍の人々が日本国籍を取得した後に結婚するケースや，国際結婚をした家族に生まれた子どもが日本国籍を取得するケースの増加など，日本社会に多様な文化的変容をもたらしている。このように，日本国籍所有の有無は，外国にルーツを持ち多様な文化背景を持った人々であるかどうかを判断する基準としては必ずしも一致しなくなってきており，上述の日本に在留する外国籍保持者の増加以外にも，日本における多様性の拡大をみることができる。

　このような社会における文化的変容と共に，様々な公共サービスもその多様性に対応する動きが盛んになっている。その対応の一例として，言語の多様化

の拡大があげられる。
例えば，日本在住者を
対象とした全数調査で
ある国勢調査は，1990
年調査より多言語対応
を始め，1995年，2000
年，2005年，2010年と
対応する言語は追加さ
れ，2015年度は27言語
の対訳表が用意される

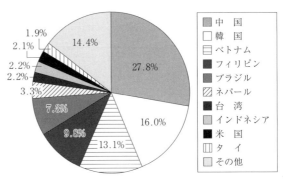

図 9 - 1　在留外国人の構成比（国別・地域別，2019年 6 月末）
出所：法務省（2019）『令和元年 6 月末現在における在留外国人数に
ついて（速報値）』をもとに筆者作成。

に至っている（総務省統計局 2015）。これは，日本の多文化社会化を象徴する事
例の 1 つである。このように，日本の多文化社会化は，社会構造のあり方を含
め，今まさに変化期を迎えているのである。

　ただし，日本の多文化社会化については，地域により大きな差があることに
留意する必要がある。それは，日本における外国人居住地域は，特定の地域に
集中しているからである。都道府県別に見ると，外国人人口が最も高い東京都
は，外国人の総人口の20％以上を占めているのに対し，最も低い秋田県は，わ
ずか0.15％程度である（図 9 - 2 ）。市町村別でもその差は大きく，在留外国人
数が0.1％に満たない地域がある一方で，大阪府大阪市生野区（2017年時点での
地域人口における外国人人口は14.8％）や群馬県邑楽郡大泉町（2017年時点での地域
人口における外国人人口は12.5％）のように，地域総人口の 1 割以上を在留外国
人が占める自治体もある（総務省 2018）。また，外国籍の人々が同じように集
住する地域であっても，居住する人々の国籍や性別，年代などの属性が異なる。
例えば，大阪府大阪市生野区では，韓国籍の人々が全体の77.9％と最も多く，
群馬県邑楽郡大泉町では，ブラジル籍の人々が最も多く，54.8％を占める（総
務省 2018）。それは，大阪府大阪市生野区が，第二次世界大戦後から外国人
（オールドカマー）を受け入れ外国人街として知られてきた地域であること，ま
た，群馬県邑楽郡大泉町は，工業地帯として多くの労働者（ニューカマー）を

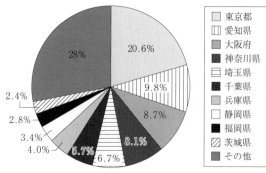

凡例：
- 東京都
- 愛知県
- 大阪府
- 神奈川県
- 埼玉県
- 千葉県
- 兵庫県
- 静岡県
- 福岡県
- 茨城県
- その他

28%　20.6%　9.8%　8.7%　8.1%　6.7%　5.7%　4.0%　3.4%　2.8%　2.4%

図9-2　在留外国人の構成比（都道府県別，2019年6月末）
出所：法務省（2019）『令和元年6月末現在における在留外国人数について（速報値）』をもとに筆者作成。

受け入れてきたという背景が影響している。このように，日本では，地域によって外国籍の人々を受け入れてきた歴史的，文化的，産業的な背景が大きく異なるため，各地域における集住率や属性に大きな差があるのである（毛受・鈴木 2007）。後節では，このような日本の地域の中でも，特に，外国にルーツを持つ人々が集住し，かつ，その歴史が比較的長い地域の教育における取り組みの例に着目し，日本における外国にルーツを持つ子どもたちのための教育実践の状況を調べる。

日本における外国にルーツを持つ子どもたちのための教育政策とその変遷

　日本における外国人登録者数が増加するとともに，外国にルーツを持ち，多様な文化背景を持つ子どもたちも増加している。例えば，日本語指導が必要な児童生徒数の増加は顕著である。文部科学省の「日本語が必要な児童生徒の受け入れ状況などに関する調査（平成30年度）」によると，2018年5月1日現在，日本の公立小学校，中学校，高等学校，中等教育学校および特別支援学校に在籍している日本語指導が必要な児童生徒の数は，外国籍と日本国籍の児童生徒を合わせて50,759人であり，10年前である2008年度の同調査結果と比較すると，その人数は1.5倍に増えている（図9-3）。このように増加する日本語指導が必要な児童生徒を対象とし，文部科学省をはじめ，教育委員会や学校，教員，地域住民ボランティアなどの様々な人々が，各児童生徒のニーズに合わせた学習環境の実現のために取り組んでいる。以下に，その教育政策および施策の変遷を辿る。

　その取り組みは，1960年代および1970年代を通して，アメリカ合衆国の公民

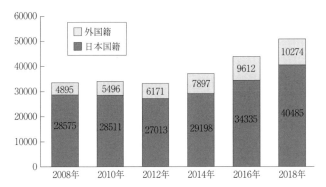

図 9 - 3　公立学校における日本語指導が必要な児童生徒数
（外国籍・日本国籍）の推移（2018年 5 月 1 日現在）
出所：文部科学省（2019）『「日本語指導が必要な児童生徒の受入状況等に関
する調査（平成30年度）」の結果について』をもとに筆者作成。

権運動の影響を受けながら，韓国や中国との国交の回復をきっかけとして始め
られた。1960年代の日本では，アメリカ合衆国の公民権運動の影響を大きく受
け，民族的平等だけでなく，社会階層的平等や，高齢者ないし母子の権利をも
包括する運動が盛んになった。1961年には被差別部落問題解決のための「同和
対策審議会」が設置されたほか，1963年には「老人福祉法」，1965年には「母
子保健法」などが国により制定された。このような人権侵害問題を撤廃しよう
とする社会風潮の中，在日韓国人および朝鮮人のための教育が展開され，公立
学校において民族差別を撤廃しようとする運動が活発になった（小沢 1973）。
その結果，1965年には，日韓条約締結に伴い，永住が許可された韓国人および
朝鮮人子女の公立小・中学校への入学および授業料と教科書の無償化が文部省
により通達され（1965年12月25日付），平等な教育機会を目指した取り組みが始
められた。ところが，その通達は，韓国人および朝鮮人子女を特別に扱わない
ことを前提とし，結果的には，児童生徒の独自の民族性を認めずに日本への同
化を推進させるものであった。つまり，当時，日本で導入された外国籍の児童
生徒を対象とした教育政策は，前述した「多文化教育」とは異なる性質を持ち，
同化主義の傾向の強いものであった。しかし，その日本への同化を軸とした教
育政策は，1970年以降，徐々に変化を遂げていく。

　1970年代には，民族的にマイノリティである子どもたちのための特別な言語教育の導入が進められた。そのきっかけのひとつとなったのは，1972年の日中国交回復である。1972年の日中国交回復とともに増加した中国引揚子女に対応するため，文部科学省は，教育施策の導入を進めた。この施策の導入に伴い，1976年には「中国引揚子女教育研究協力校」を指定し教育実践研究を推進したほか，1970年代から1980年代にかけては，中国語を理解する教員の手配や日本語学習のための教材の作成が進められた（中西 2001）。この動きは，中国語だけでなく，その後，様々な言語を包括する動きとして発展した。さらに，同時期である1970年代から1980年代には，インドシナ難民受け入れに伴うベトナム・ラオス・カンボジアなどからの外国人児童生徒，そして，1990年の入管法改正とともに急増した日系ブラジル人などの外国人児童生徒のための教育施策が展開された。例えば，1991年には「日本語指導が必要な外国人児童生徒の受け入れ状況などに関する調査」が開始され，1992年には日本語学習教材の作成，配布および外国人子女日本語指導に対応する専任教員加配についての施策が導入された。1993年および1994年には，日本語指導者を養成するための研修の開催やその協力者の派遣事業が始まり，1995年には教師用指導資料『ようこそ日本の学校へ』が作成されるなど，1990年代には，外国人児童生徒のための施策が継続的に導入された。その後，2000年代も同様に，外国人児童生徒のための教育施策が導入され続けた。2001年には「帰国・外国人児童生徒教育研究協議会」などが開催され，1990年代から増加が顕著となっていた帰国子女も日本語指導の対象とされることとなった。このように，1960年代までは特別な教育措置を否定した同化主義的な教育施策が導入されていたのに対し，1970年代から2000年代は，主に中国引揚子女や帰国子女，ニューカマーの子どもたちを対象とした日本語指導などの特別措置を中心とした教育施策が継続して導入された。しかし，佐藤（2009）によれば，これらの施策は，外国人児童生徒を多く抱える限定された地域および学校などの教育現場からの要望に対し，いわば対処療法的に日本語指導を中心に展開された施策が多く，アメリカ合衆国などで発展した「多文化教育」のように，児童生徒の母語や，出身国，地域の文化を考慮

した体系的な施策とは異なる性質を持つという。しかし，この側面についても，2010年代以降，大きく変化を遂げる。

　2010年代以降になると，それまでの日本語を中心とした言語教育の特別措置だけでなく，子どもたちそれぞれの民族を尊重した言語教育や文化教育，すなわち，「多文化教育」の要素，そして，マイノリティとマジョリティが「共生」する社会構造を再構築しようとする視点，さらにはその体系的な制度化についての工夫が，教育施策に取り入れられるようになった。このような2010年代における文部科学省導入の外国人児童生徒受け入れの施策の展開は，2008年6月に導入された『外国人児童生徒教育の充実方策について』，そしてその方策をより詳しく解説し展開させる形で2011年3月に導入された『外国人児童生徒受入れの手引き』，そして2012年度に設置された「日本語指導が必要な児童生徒を対象とした指導の在り方に関する検討会議」を経て改正された『学校教育法施行規則』などに表れている（佐久間 2014）。

　まず，『外国人児童生徒教育の充実方策について』では，その初頁にて，外国籍の子どもたちの教育が「無償」であること，そして学校が「日本語指導や適応指導」をし，「外国人の子どもの教育を受ける権利を保証」することを明記している。

　そして，この充実方策を発展させる形で2011年に導入された『外国人児童生徒受入れの手引き』では，「多文化共生」という表現を積極的に用い，多文化社会において外国にルーツを持つ子どもたちないしマイノリティの子どもたちが平等な教育機会を得ることで共生を実現することを目指した教育施策を導入している。例えば，外国人児童生徒を受け入れるプロセスを，学校，教育委員会，学校責任者，そして地域住民に至るまで詳細に示したほか，子どもの母語や母文化を「尊重し，習得を援助することが望まれる」（『外国人児童生徒受入れの手引き』9頁）としている。また，この手引きでは，「多文化共生」の理念を繰り返し主張するとともに，外国人児童生徒だけでなく，日本の学校や外国人児童生徒以外の日本の子どもたちの育成促進についても言及されている。それは，外国にルーツを持つ児童生徒を積極的に受け入れることを日本の子どもた

ちの異文化リテラシーの向上に繋げ，それが結果的に外国にルーツを持つ子ど
もたちの学校や社会への適応の促進を促すというものである（『外国人児童生徒
受入れの手引き』61頁）。この手引きからは，日本語や母語，母文化にとどまら
ず，マジョリティである日本の子どものリテラシー改革とともに，日本の社会
構造を再構築しようとする視点が垣間見える。

　最後に，『学校教育法施行規則』の改正では，それまでの地域や学校により
格差が大きかった日本語指導を制度化するため，日本語指導を正式に特別の教
育過程として位置づけ，全国共通の体制を整えた。改正前の日本語指導は，学
校にその取り組みの裁量を委ねていたが，この改正により，日本語指導が必要
な児童生徒の日本語指導を各学校の義務としたうえ，その指導体制の責任の所
在を学校長および教育委員会と定め，体系的な制度化を促進している。

　このように，2010年以降の外国にルーツを持つ子どもへの教育施策は，「互
いに助け合える共生を目指した学級，学校」を目指し（『外国人児童生徒受入れ
の手引き』9頁，傍点筆者），「同化教育や日本社会・文化への適応教育ではなく
多文化教育」（佐久間 2014：43，傍点筆者）を推進している。『外国人児童生徒受
入れの手引き』によれば，多文化社会における共生（多文化共生）とは，「受け
止める側がどこまで相手のことを理解し，その違いをどのように受け入れるこ
とがでいるかという，心の内側にまで入りこむもの」（『外国人児童生徒受入れの
手引き』47頁，傍点筆者）であり，その教育には，「全ての児童生徒が互いの
『違い』を『違い』として認め合い，多様な価値観を受容しながらともに生き
ようとする意欲や態度を養う多文化共生の心を育む視点が必要」（『外国人児童
生徒受入れの手引き』47頁，傍点筆者）であると示された他，「多文化共生教育」
とも表されている。個々の社会構造を再構築しようとする視点をもたらす教育
概念へと変化し続けている「多文化教育」の国際的動向と同様に，現在の日本
の教育も，マイノリティである外国にルーツを持つ子どもたちへのアプローチ
だけでなく，マジョリティである日本の児童生徒をも包括する教育実践を通し
て，多文化化するこの日本社会における「共生」の実現を目指した社会構造の
再構築を推進しようとしているのではないだろうか。現在の日本の教育施策は，

さらなる平等な社会への変革を目指すため，体系的な制度とともに「多文化教育」の概念を導入した他，多文化化する日本の社会構造再構築の手段として，マイノリティとマジョリティの両方へのアプローチを取り込むなど，積極的に推進している。

　このように，現在の日本では，外国にルーツを持つ子どもたちのための教育政策や施策が導入されているが，これらの教育現場における実践に注目したい。それは，外国籍児童生徒を含む外国にルーツを持つ子どもたちの教育環境は，ドロップアウトや学力低下，進学率や就職率の低下，不就学など，多くの課題を抱えている（OECD 2015；Okano 2006；Tsuneyoshi 2018）からである。たとえば，2019年9月，文部科学省は義務教育相当年齢の外国籍児童生徒である12万4,049人の15.8％に当たる1万9,654人が「不就学」である可能性があると発表した（文部科学省 2019）。1万9,654人の内，小学生相当児童は8万7,164人，中学生相当生徒は3万6,885人である。推進し続ける教育施策に対し，このように平等な教育の機会を得られない児童生徒が存在し続けるのはなぜだろうか。次節にて，平等な教育機会とともに「共生」を目指す教育実践状況につき，神奈川県の例をもとに考えてみたい。

4　日本における共生と教育の実践

　これまで述べてきたように，日本は，近年の多文化社会化が著しい中で，社会の「共生」の実現を目指し，教育政策を導入してきた。特に，2010年代以降に文部科学省により導入された施策内容は，アメリカ合衆国を中心に発展した多文化教育の概念と大きく重複した教育理念であるだけでなく，多文化社会化する日本の社会構造を再構築しようとする視点を含んだ教育アプローチを推進している。しかし，外国籍児童生徒の不就学をはじめとし，外国にルーツを持つ子どもたちが抱える教育課題は少なくない。

　そこで，筆者は，「共生」の実現を目指した教育が実際に実践されている現場の状況を探るため，ある教育プログラムの運営者および実践者へのインタ

ビューを実施した。具体的には，神奈川県において外国にルーツを持つ人々が多く集住する集合住宅団地である「いちょう団地」周辺の子どもたちのために，これまでに30年近くに渡り多くの教育的な取り組みを実施してきた「NPO法人かながわ難民定住援助協会」により実践されている教育プログラム（「上飯田親子の日本語教室」）についてのインタビューを行った。「NPO法人かながわ難民定住援助協会」およびそのプログラムを調査対象として選択したのは，このNPOが日本の諸地域の中でも比較的早い段階から先駆的に日本語教育に取り組んできた歴史があるからである。また，NPO法人を調査対象として選んだのは，日本における日本語教育を中心とした外国にルーツを持つ人々へのサポートの中心的な担い手が，NPOや市民ボランティアであるからである（Okano 2006；Tsuneyoshi 2018；伊藤・河北・新居・宮崎・山西・山辺 2018）。インタビューは，NPO法人かながわ難民定住援助協会会長である櫻井ひろ子氏，協会理事の松本典子氏，そして，日本語教室を運営されるボランティアの方々を対象とした[4]。本調査では，対象地域およびNPOの背景や，当該地域における教育プログラムの導入背景とその実施内容，教育プログラムが抱える課題，そして，その教育プログラムが目指す「共生」のあり方を中心にインタビューを行った。本インタビューから，多様性が拡大し続けている日本の社会構造を再構築しようとする試みが，どのように「共生」を目指した教育的アプローチに反映されているかを探る。

いちょう団地

　神奈川県大和市と横浜市にまたがる県営・市営「いちょう団地」は，外国にルーツを持つ人々が多く集住する集合住宅団地である。1980年代に当時の建設省が外国籍移住者の入居を認め，それ以来，外国籍住民の受け入れにおいて先進的な集合住宅地となっている。これは，1980年に大和市に開設されたインドシナ難民定住センター（別称「大和定住促進センター」）の近隣地域である影響が大きい。当時は，インドシナ難民定住センターで日本での生活についての研修を受けた移住者が，近隣の企業に就職し，雇用促進住宅などで生活の基盤を整

えた後，いちょう団地を含む近隣の集合団地へ
入所するというケースが多かったという。

　このいちょう団地では，当初はベトナム，ラ
オス，カンボジアの3カ国の難民を中心とし，
中国残留邦人や南米の人々など10戸程度の入所
であったが，1990年の外国籍世帯数は30戸以上
に，それが2003年には500戸にまで増加した。
インドシナ難民定住センターそのものは1998年
に閉鎖したが，その後も，家族の呼び寄せや，
住民の出身国，地域の人々の移住により，団地
への入居者数は増加し続け，現在も，多様な出

図9-4 いちょう団地内の交通標識
出所：筆者撮影。

身国と地域の人々が，団地の住民の多くの割合を占めている。2019年現在にお
いても，この団地内には，日本語，カンボジア語，ベトナム語，中国語，スペ
イン語，英語の6カ国語で表記された標識や看板が多く見られる（図9-4）。
交通ルールから，ゴミの捨てかたなどの生活のルールに関連したものまで，
様々な言語で書かれた標識や看板が，異なる生活文化の橋渡しの役割をし，す
べての住民が円滑に暮らすための地域のルールの共有に役立っているという。

　また，いちょう団地がある大和市のホームページも，日本語，英語，中国語，
韓国語，スペイン語，ポルトガル語で閲覧できるほか，横浜市のホームページ
も英語，2種の中国語，韓国語，スペイン語，ポルトガル語，フランス語，や
さしい日本語で閲覧可能である（2019年現在）。また，役所や，福祉施設などの
行政窓口，学校，保育園などにボランティア通訳を派遣するなど，多言語対応
が積極的に進められている。

　大和市における2019年現在の行政としての教育推進のあり方としては，国際
教育担当者会の実施や，外国人児童生徒のニーズに応えるための教育相談の実
施，学校のニーズにより派遣される外国人児童相談員，日本語指導員の派遣，
外国人児童生徒支援コーディネータの配置，日本語教育アドバイザーの配置，
そして日本語指導巡回教員の配置などがある。横浜市においても，大和市に類

似した促進内容に加え，母語を用いたボランティア活動や，学校通訳ボラン
ティア，各種ガイドブックの発行や日本語指導者養成講座実施などを進めてい
る。このように，いちょう団地周辺は，外国籍の人々の集住が歴史的にも根づ
いた地域であり，教育を含めた行政レベルの生活支援サポートが，国内のほか
地域と比べても比較的先駆的に整えられてきた地域なのである。

NPO 法人かながわ難民定住援助協会

　NPO 法人かながわ難民定住援助協会は，1986年12月，神奈川県大和市中央
林間に事務局を開き，近郊に住むインドシナ難民定住者のアフターケアを提供
するボランティア団体として設立した NPO 法人である。当初の名称は「神奈
川県インドシナ難民定住援助協会」であったが，定住援助の対象をインドシナ
難民定住者ばかりでなく，その他の難民の受け入れも想定し，2003年現在の名
称となった。1979年から日本が受け入れを開始したインドシナ難民は，国連難
民高等弁務官事務所（The Office of the United Nations High Commissioner for
Refugees，略称：UNHCR）が長崎にて受け付けた後，品川国際救援センターを
介し，財団法人アジア福祉教育財団のサポートのもと，定住後の支援を進める
ための事業本部として設置した姫路定住促進センター（兵庫県姫路市，
1979-1996）と大和定住促進センター（神奈川県大和市，1980-1998）に振り分けら
れ，その周辺地域に集住した。2019年現在も，難民定住者の半数以上が神奈川
県に在住しており，特に，神奈川県央地区（横浜市泉区，大和市，相模原市）に
は，インドシナ三国（ベトナム・ラオス・カンボジア），そしてブラジル人日系人
を中心とした南米出身の人々が多く定住している。このように，1980年に神奈
川県大和市に難民定住促進センターが設置され，その影響を受け周辺地域に難
民定住者が増加したことを背景に，「NPO 法人かながわ難民定住援助協会」は，
その周辺地域に定住する難民および外国人を対象に，日本語教室や学習室，生
活・法律相談を開催し，外国人定住者の自立につながる事業活動を30年以上に
渡り運営している。

上飯田親子の日本語教室

　NPO 法人かながわ難民定住援助協会は，定住外国人のための様々な支援事業の一環として，神奈川県大和市および横浜市を中心に，日本語学習支援を中心とした活動を行っている。2019年現在は，「井戸端日本語教室」や，「まいにちべんきょうする日本語教室」「絵から始める外国につながる子どもの日本語教室」などの学習室が開催されている。これらの活動の内，本インタビューでは，外国にルーツを持つ子どもたちのための日本語教室である「上飯田親子の日本語教室」について，インタビューを行った。

　「上飯田親子の日本語教室」は1992年から続けられている活動である。当初そのその名称は「インドシナ難民子弟への日本語指導教室」であったが，運営形態の変化に伴い，2019年現在は「上飯田親子の日本語教室」の名称で運営されている。主に地域に住む小学生とその保護者を対象とし，平日の放課後を中心に開催されている。1992年の運営開始当時は，週に１回程度の頻度で，地域の公共機関などを借用し，週末の午前・午後や平日の夜間などに開催されていた。2019年現在は，年に３回ほどの短期集中型（平日夕方週２日，４週間程度）の日本語教室を，地域の公立学校と連携しながら運営している。運営に携わっているボランティアの背景は，定年退職者や現役の教師，大学生，主婦，研究者などで，年代は20代から80代までと様々である。対象者は，地域の児童，生徒，そしてその保護者などで，開設当初は，高校生や大学生もまれに参加していた。参加児童生徒数は，開設当初から2019年現在に至るまで，数名から15名程となっている。開設当初は，定住外国人の子どもたちが持参する学校の宿題や試験勉強のサポートを中心に進めたり，時には高校生や大学生の論文作成のサポートを手がけたりしていた。2019年現在は，教室運営側で用意した学習教材を用いて各児童生徒の日本語レベルに合わせた日本語学習を進めながら，短期集中授業の最終日までに作文を執筆し，保護者や姉弟を招いて作文を発表する機会を設けている。このように，「NPO 法人かながわ難民定住援助協会」は，1992年から現在に至るまでその周辺地域に定住する難民および外国人を対象に，様々な生活支援の一環として，児童生徒やその保護者の個々のニーズに対応し

た学習支援を行っている。

教室運営が抱える課題

「上飯田親子の日本語教室」が抱える現在の課題は主に３つあるという。(1)ボランティアの確保，(2)資金の確保，そして(3)地域学校との連携である。

(1)　ボランティアの確保

　1992年に学習教室を開設してから継続している課題の１つは，運営者および実施者の確保である。上述したように，NPO であることからも教室運営がボランティアの働きによるため，安定した人員確保が難しい。特に，開設当時は，ボランティアの75％ほどが主婦であったため，個々の家庭の事情による流動が止まず，安定した人員による教育活動の実施が難しかった。2019年現在も，その不安定さは変わらない。大学生の参加も，就職活動や卒業により，長期的な参加は望めず，被雇用者のボランティア参加についても，雇用元の都合などにより参加は不安定になりやすいという。

　人員確保の不安定さは，教室運営の質にも大きく影響する。開設当初，「学習補講のボランティア」の養成講座などを開き，個々のボランティアの教授スキルのレベルアップをはかる試みもしたが，その講座を受講した個々のボランティアそもそもの継続的な参加が難しかった。また，実際に教室を運営し学習指導に関わる講師も，不安定な人員による教室運営のための共有可能な情報量の制限による，教室運営の仕組みづくりの向上にも限界が生じてしまっていることを懸念している。この点は，「NPO 法人かながわ難民定住援助協会」の会長である櫻井ひろ子氏が2005年に執筆した『多文化共生の学校づくり』にも，教室運営の仕組みの見直しの機会を逃し続けた結果，学習者に「真に役に立つ学習を何も提供することができ」ず，「場当たり的な対応や対処療法にならざるを得ない」という課題を抱えていたと記されている（櫻井 2005：190）。このように，人員不足は，設置当初から現在まで続く課題である。

(2)　資金の確保

　上述の他，開設当時から続く課題の1つに，資金確保の難しさがあげられる。児童生徒の教室への参加は無料であるため，教室運営の資金は協会が準備する必要がある。教室運営のために必要な資金は，主に教材作成代金や，ボランティアの交通費，必要に応じ学習教室の借用費などがある。その資金の捻出そのものが難しいため，新たな教材の検討を含め，教室運営内容の検討にも限界が生じるという。

(3)　学校との連携

　3点目の課題は，教室運営と学校との連携である。この課題も，教室開設当時からの課題である。この点についても，会長の櫻井ひろ子氏が2005年に執筆した『多文化共生の学校づくり』に，子どもたちの学習環境の向上のための学校との連携の大切さと難しさについて，以下の記録がある。

　（子供たちの日本語学習環境についての議論の）結論は，学校と連携して日本語を体系的に一定期間集中して勉強できるプロジェクトを立ち上げることはできないかということ……そしてそのプロジェクトは地域の学校と日本語の専門家そしてボランティア団体が協力し，連携すること，つまり学校生活の中で日本語で困難をきたしていることは何なのかを学校の先生方から教えていただき，体系的な日本語を効率よく指導すること，そのためには専門家が必要であること，また，その補助者として長年子どもたちの学習の手伝いをしてきたボランティアの協力も欠かせないということでした。

（櫻井 2005：191）

　この連携の大切さは，2000年に立ち上げた近隣のいちょう小学校と飯田北小学校との連携プロジェクトから得た気づきだという。このプロジェクトにより，アジア福祉教育財団難民事業本部から資金を獲得し，専門家を交え，後には文化庁事業ともなる「子供の日本語教室」を設置するに至った。この教室は，

1回2時間の授業を1クール15回で実施するプロジェクトとなり、設置当初はいちょう小学校1校での開催だったものが、2003年には飯田北小学校にも会場を増やすほどに教室数も参加者数も増え、大変盛況となった。文化庁事業となってからは、子どもたちの保護者も参加するようになり、その名称を「上飯田親子の日本語教室」と変更した。そのプロジェクトにより、地域の学校、教育委員会、地域行政、関係機関、専門家、NPOの連携が成立し、子どもたちへの日本語学習の環境づくりを整えるきっかけを得ることができた。

　しかし、その連携の継続は、困難なものであるという。それは、教室運営が、周辺の各公立学校の個々の運営方針に左右されるものであるという現状があるためである。たとえば、現在には、連携プロジェクト立ち上げた当時の周辺公立学校の先生方が他地域学校へ異動となったことで各学校の運営方針が変更されたことなどから、日本語教室と学校との連携の形が変わった。それは、NPOがどれだけ積極的にアプローチしたとしても、各学校の方針によって、そして、その学校の窓口となる担当教員の意向によって、いかようにも連携の形が変わってしまうからであるという。このように、学校との連携もまた、個々の学校や教員の方針によるという現状から、不安定であるという点もまた、教室運営の課題の1つである。

「上飯田親子の日本語教室」が目指す教育

　上述のような課題を抱えながらも、「上飯田親子の日本語教室」は、「NPO法人かながわ難民定住援助協会」が実施する他の様々な事業活動と同様に、その周辺地域に集住する難民および外国人を対象に、外国人定住者の自立につながる事業活動の一環として継続され続けている。その運営の目的は、大和市および横浜市に定住しようとする難民および外国人が、近隣住民と共に地域社会の中で生きるための基盤を整える支援を行うことで、地域社会に寄与することである（かながわ難民定住援助協会 2019）。日本語教室についても、子どもたちがこの地域社会で共に生きていく力を育むことを目的とし、運営を継続している。この力を育むため、短期的には、学校に通うモチベーションを上げたり、

学校の学習についていくことができたりする日本語力の向上を目的としている。また，中長期的には，学校の学習についていくことができる日本語力を向上させることで学校に通い続け，学習効果を上げ，マジョリティの日本の子どもたちと同等の教育機会を得ることで，日本で進学，就職して，生きていく力を育むことを目的としている。

　この目的を達成するためには，「連携」が重要であるという。上述した地域公立学校との連携プロジェクトが盛況だったのも，それは，地域の学校，教育委員会，地域行政，関係機関，専門家，NPO の連携が図られたからである。子どもたちをはじめ，難民および外国人定住者が「共生」を実現するための支援には，組織間の連携が欠かせないと，「NPO 法人かながわ難民定住援助協会」の会長である櫻井ひろ子氏，協会理事の松本典子氏は主張する。

　また，そのような連携が叶わないときも，「NPO 法人かながわ難民定住援助協会」は，「生徒たちの精神面でのよりどころとしての役割を大事に受け止めて，学習室を開き続け」ることを，開設同時から現在に至るまで，運営の指針として大切にしているという（櫻井 2005：190）。

日本の教育と共生——「上飯田親子の日本語教室」の例を通して

　このように，本節では，「かながわ難民定住援助協会」が運営する「上飯田親子の日本語教室」を例に，日本における外国にルーツを持つ子どもたちの教育実践例に注目した。そして，この運営の導入背景，実践，課題，そして目指す「共生」について，運営者および実践者にインタビューを実施した結果，日本の教育と共生について，いくつかの特徴ないし課題を確認することができた。

　まずは，現在の日本における外国にルーツを持つ子どもたちへ実践されている教育の限界である。インタビューから，調査対象とした「NPO 法人かながわ難民定住援助協会」が，日本語教育を含めた外国人の定住サポートを担う NPO として，法人や学校，地域行政との連携事業の実施も含め，十分な歴史も実践経験もあることが確認できたが，一方で，そのような力がある団体であるにもかかわらず，資金と人材の安定した確保が難しいことがうかがえた。安

定した資金と人材の確保の難しさは，提供可能な教育の質の限界を生む。これ
により，NPO やボランティアによる外国にルーツを持つ子どもたちへの教育
実践内容は，生活のための最低限の日本語指導にとどまり，母語や母文化を尊
重する，いわゆる「多文化教育」の実施例を確認することはできなかった。教
育内容の精査や向上までを含めた学習教室運営のためには，資金と人材の確保
が必要であるが，NPO およびボランティアで構成されている団体であるとい
う性質上，これらの確保が難しいというのが現状である。

　次に，NPO をはじめボランティア団体が教育実践において求め続けている
地域の学校や行政との連携である。現在の日本の教育施策が「多文化教育」の
概念を導入した上，多文化化する日本の社会構造再構築の手段として，マイノ
リティとマジョリティの両方へのアプローチを取り込もうとしていることにつ
いては前述した通りであるが，「NPO 法人かながわ難民定住援助協会」が運営
する日本語教室の運営者や実践者は，さらなる平等な社会への変革を目指すた
めの社会構造を再構築する教育的取り組みとして，地域連携を挙げている。
2010年以降の日本では，学校教育を中心とした教育政策が積極的に導入され続
けてはいるが，日本語教育を中心とした外国にルーツを持つ人々へのサポート
の多くが，NPO やボランティアの働きによって支援されているという現状が
あることからも（Okano 2006；Tsuneyoshi 2018；伊藤・河北・新居・宮崎・山西・
山辺 2018），このような NPO をはじめとしたボランティア団体による教育サ
ポートまでをも連携させるような仕組み作りが求められている。

　このように，インタビューから，外国にルーツを持つ子どもたちの教育支援
の多くを担う NPO をはじめとしたボランティア団体が運営する教育実践の現
場では，資金や人材不足および地域学校や行政との連携の不安定さを課題とし
て抱え続けていることが確認できた。他方，国レベルでは，学校教育における
「多文化教育」の導入や，マイノリティである外国にルーツを持つ子どもだけ
でなくマジョリティの日本の子どもたちをも対象としたアプローチの推進など，
日本の多文化社会化を促進する仕組みが整えられつつある。多文化社会化が進
む現在の日本において「共生」を実現させるためには，国レベルにおける教育

政策推進とともに，より効果的な教育的アプローチのための地域組織の連携および安定した資金，人材の確保など，教育実践の現場である地域での取り組みに着目したアプローチが求められている。

5　教育の役割

　本章では，今後日本が「シャローム」（平和）を実現していくための「共生」のあり方を考える手がかりとして，国際的動向を確認するとともに，日本の動向と「NPO 法人かながわ難民定住援助協会」が運営する「上飯田親子の日本語教室」を例に，日本における外国にルーツを持つ子どもたちの教育実践例に注目した。

　前述したように，2019年現在，日本の国レベルで導入されている教育政策としては，「共生」や「多文化教育」を唱えるものが多い他，外国にルーツを持つマイノリティの子どもたちだけでなくマジョリティである日本の子どもたちへのアプローチを含んだものが多く，今後増加することが予想される外国にルーツを持つ子どもたちとともに生きていく社会づくりを目指した教育制度を推進している。しかし，日本における外国にルーツを持つ子どもたちの教育運営の実態は，地域の学校や教育委員会，NPO やそのボランティア団体などの連携により実施されている他，その運営状況は地域により大きくばらつく他，不就学児の存在など，多くの課題を抱えている。そして，子どもたちの教育サポートに多く取り組む NPO やボランティア団体は，その運営のための資金や人材，そして地域学校との連携において常に不安定な状態で運営を続けている現状があるという。それは，地域により難民および外国人定住者の集住度合いにばらつきがある点や，地域の NPO や学校などの組織間の連携をはじめとする教育実施のための運営方法が各地域の裁量に委ねられているということなどが原因であろう。

　しかし，国レベルでの教育施策も，教育実践者である NPO や学校も，それぞれに目指す教育実践のゴールを「共生」に向けていることは明らかである。

「多文化教育」が変化し続けているように，現代の日本における「共生」を目指した教育的アプローチも，そのコンテンツだけでなく，地域連携の推進をはかる工夫をも取り入れていくなど，現在の日本の社会構造の変革を目指すアプローチへと変化していくことが求められている。日本において外国にルーツを持つ子どもたちが増加することが予測される今，「シャローム」（平和）実現のために，教育が果たすことができる役割は大きいのではないだろうか。

注
(1)　本章における「マイノリティ」とは，少数の民族，人種，社会的階層などの集団に属することで，何らかの偏見や差別の対象となり，社会的に不利益を被ってきた人々を表す。
(2)　共通の頭文字から「3F」と表されることもある。
(3)　2019年6月1日現在の日本の総人口1億2,623万人（総務省統計局 2019）に対し，同年6月末における在留外国人数は282万9,416人（法務省 2019）である。
(4)　インタビューは，2019年10月3日と11月7日，12月5日に実施した。
(5)　「井戸端日本語教室」は，対象を主に大人とし，地域で高齢期を過ごすための老後生活や介護サービス，生活保護などについての話し合いの場を提供している。

参考文献

Banks, James A. (1981) *Multicultural Education: Theory and Practice*, Allyn and Bacon.

——— (1985) Multicultural Education, in Husen, T., Postlethwaite, T. N., (eds.), *The International Encyclopedia of Education*, Pergamon Press.

Benedict, Ruth (1974) *The Chrysanthemum and the Sword: Patterns of Japanese Culture*. Tokyo: Charles E. Tuttle Co. (orig. 1946)（長谷川松治訳『菊と刀——日本文化の型』社会思想社 1948初版，1995）

Lynch, James (1983) *The Multicultural Curriculum*, Billing and Sons.

OECD (2006) *Where Immigrant Students Succeed: A Comparative Review of Performance and Engagement in PISA 2003*, PISA, Paris: OECD Publishing.

Okano, K. (2006) The global-local interface in multicultural education policies in Japan, *Comparative Education* 42 (4), Routledge, 473-491.

Ramsey, P. G. & Williams, L. R. (2003) *Multicultural Education: A Source Book* (2nd Ed.), RoutledgeFalmer.

Tsuneyoshi, R. (eds.) (2010) *Minorities and Education in Multicultural Japan-An interactive perspective*. New York and London : Routledge.

——— (2018) *Globalization and Japanese Exceptionalism in Education : Insiders' Views into a Changing System*. New York and London : Routledge.

伊藤祐郎・河北祐子・新居みどり・宮崎妙子・山西優二・山辺真理子（2018）「地域日本語教室の居場所づくりとは」『多文化共生の地域日本語教室をめざして』松柏社。

江淵一公（1994）「多文化教育の概念と実践的展開——アメリカの場合を中心として」『教育学研究』61(3)，18-28。

小沢有作（1973）『在日朝鮮人教育論 歴史編』亜紀書房。

垣野義典・初見学（2010）「外国籍住民の郊外団地居住の実態——神奈川県いちょう団地を事例として」『日本建築学会計画系論文集』75(652)。

かながわ難民定住援助協会（2003）『NPO法人 かながわ難民定住援助協会とは？』（http://www.enjokyokai.org/　アクセス日：2019年10月15日）。

佐久間孝正（2014）「文部科学省の外国人児童生徒受け入れ施策の変化」『専修人間科学論集』社会科学編 4(2)，35-39。

櫻井ひろ子（2005）「学校とボランティアの連携」『多文化共生の学校づくり——横浜市立いちょう団地の挑戦』明石書店。

佐藤郡衛（2009）「日本における外国人教育施策の現状と課題」『移民政策研究』創刊号，44-46。

総務省（2018）『住民基本台帳に基づく人口，人口動態及び世帯数（平成30年1月1日現在)』。

総務省統計局『国勢調査』（各年版）。

——— (2019)『人口推計 令和元年6月報』。

田中圭治郎（2010）『多文化教育の世界的潮流』ナカニシヤ出版。

中西晃（2001）「中国帰国子女の教育——多文化共生に向けての学校教育」天野正治・村田翼夫編『多文化共生 社会の教育』玉川大学出版部。

法務省（2019）『令和元年6月末現在における在留外国人数について』（速報値）。

法務省入国管理局（2018）『在留外国人を取り巻く最近の状況と課題』（https://www.kantei.go.jp/jp/singi/keizaisaisei/miraitoshikaigi/suishinkaigo2018/koyou/dai5/siryou6.pdf　アクセス日：2019年12月15日）。

松尾知明（2013）『多文化教育がわかる事典』明石書店。

毛受敏弘・鈴木江里子（2007）『「多文化パワー」社会——多文化共生を超えて』明石書店。

文部科学省『日本語が必要な児童生徒の受け入れ状況等に関する調査』（各年版）。
―――――（2019）『外国人の子供の就学状況等調査結果（速報）』。

あ と が き

　本書は，青山学院大学総合研究所の研究プロジェクト「多元共生の思想と動態：現代世界におけるエイレーネーの探求」の2016年から2018年の３年間にわたる研究会，そしてそれに続く2019年の１年間の出版準備のための研究会での各メンバーの研究発表が，そのたびごとの共同討議と，それにもとづくその内容の再「検討・構成・推敲」の繰り返しをつうじて，現在の形へとまとめあげられてきた，その「目に見える形」での研究成果である。いうまでもなく，それは，社会科学の用語でいうならば，いわば「集合知」ともいうべき「目に見えない形」での研究成果をふまえたものである。

　ここで，「成果」という表現を用いたが，本書をその具体的な形態という点から見るならば，それは，いわゆる「論文集」というものである。しかし，それぞれの「章」という形で提示された，各メンバーが執筆した「作品」としての「論文」――ここでの表現は，内田義彦『作品としての社会科学』（岩波書店，1981年），をふまえている――は，決して「固定的」（static）なものでも，「閉鎖的」（closed）なものでもない。それぞれは，一方で，時間をかけて「現在の形」に形成されてきたものであるという意味において「動的」（dynamic）なものであることとともに，他方で，そのような知的営為における「自己」と「他者」との相互作用をとおして創発されてきたものであるという意味において「開放的」（open）なものである。

　ここに，このような２つの面をあわせ持つ「作品としての研究成果」を上梓できたのは，３年間にわたるわれわれの共同研究が，総合研究所の研究プロジェクトとして支援されてきたからにほかならない。しかし，支援は，そのような共同研究の推進という形にとどまるものではなかった。それはさらに，共同研究の成果の刊行という形でもなされたのである。こうして，さらに１年間

の出版準備期間を経て，本書の誕生に到った。

　本書は，9篇の論文と1篇のコラムで構成されている。それらは，さまざまなテーマと視座のもとに執筆された。まず，前者のテーマということに関しては，「キリスト教社会倫理学と平和主義」「ポスト・グローバル時代の空間秩序像」「インターネットにより口語化する社会」「宗教多元主義の方向と平和の探求」「タイにおける仏教への信頼の変化」「インターネットメディアを利用した教育」「人間の安全保障」「タイ北部の山地民とその支援団体の活動」「外国にルーツを持つ子供たちのための教育実践」などと，現代社会のリアリティを反映して，きわめて多様である。そして，まさにそうであるからこそ，それらはいずれも「社会的な問題の重要性」（social relevance）のきわめて高いテーマとなっているのである。

　つぎに，後者の視座ということに関しては，それぞれの論文の視座は大きく「理論」「実証」「実践」に区別できる。本書のタイトルである『地球社会共生のためのシャローム』に鮮明に示されているように，われわれはグローバル化の進展する現代社会を「地球社会」として捉え，そのような地球社会の「進化」──ここで「進化」という用語は，R. イングルハート，山﨑聖子訳『文化的進化論』（勁草書房，2019年）をふまえている──の重要なキーワードの1つが「共生」であると確信し，では，「何のための共生か」──この問いかけは，D. リースマン，加藤秀俊訳『何のための豊かさ』（みすず書房，1968年）をふまえている──と問われるならば，それに対しては，「平和（シャローム）のための共生」と答えるという「論の展開」の方向を見定めていた。このような基本的なオリエンテーションのもとに，共同討議は進められた。

　こうして，共同討議は，まず，このような研究領域における中心的な概念や問題をめぐる「理論的考察」から始めた。そこでは先人の知の結晶（文献）の吟味が重要な課題とされた。それが第Ⅰ部の諸論文である。このような「理論的考察」に続いて，われわれの探求は，現実社会のリアリティの観察・記述・分析へと向かっていった。いうまでもなく，そこでの最大の課題は，「evidence」の提示である。そのような諸論文を，本書では，第Ⅱ部の「実証

的分析」としてまとめた。しかし，この研究領域における探求は，そこで終る
ものではない。「理論」と「実証」をふまえた，「人びとが平和な共生社会」の
構築をめざすアクチュアルな実践が求められる。それが第Ⅲ部の「実践的試
み」である。

　以上の各論文のテーマと視座の概観から明らかなように，本書は，一方にお
いては，現代社会論の領域における未開拓の研究に踏み込もうとしてなされた
パイオニア的研究としての学問的意義を持つとともに，他方においては，今後，
さらにその進展が期待される「共生社会」における平和のあり方を示唆すると
いう実践的意義を持つものとなっている。

　われわれは，今後，さまざまな「現代社会論」の試みが展開されることを期
待している。本書がそのための1つの踏石としての役割を果たすことができる
とするならば，それはまさに，われわれの望外の喜びとするところである。

　最後に，本書の出版にあたり，その企画・編集・装丁のすべての工程におい
てお世話になったミネルヴァ書房の中川勇士氏に対して，厚くお礼を申し上げ
たい。中川氏は，京都から青山まで何度も足を運び，われわれの研究成果を文
字どおり「作品」の形に整えていくためにご尽力くださった。ここに，深い感
謝をもって，特筆しておきたい。

　　2019年12月

研究プロジェクト成果刊行編集委員

真 鍋 一 史

執筆者紹介 （執筆順, ＊は編著者）

＊**藤原淳賀** （ふじわら・あつよし）**まえがき, 第1章**

- 1965年　生まれ。
- 1999年　ダラム大学大学院神学部博士課程修了。PhD（Theology, Dunelm）。
- 現　在　青山学院大学地球社会共生学部教授, 宗教主任。
- 主　著　*Theology of Culture in a Japanese Context: A Believers' Church Perspective*, Princeton Theological Monograph Series Book 179, Eugene, Oregon: Wipf and Stock Publishers, 2012.
　　　　　「『断捨離？』としてのプロテスタント宗教改革：21世紀の日本の視点から」『キリスト教と文化』34, 青山学院大学宗教主任研究叢書, 2019年。
　　　　　Co-Ed. "Post-disaster Theology from Japan: How can we Start Again? Central Vision for Post-disaster Japan," *A Theology of Japan*, Monograph Series 6, Seigakuin University Press, 2013.

東方敬信 （とうほう・よしのぶ）**コラム**

- 1944年　生まれ。
- 1966年　青山学院大学経済学部卒業。
- 1970年　東京神学大学修士課程修了。修士（神学, 東京神学大学）。
- 現　在　青山学院大学名誉教授。
- 主　著　『H・リチャード・ニーバーの神学』日本基督教団出版局, 1980年。
　　　　　『神の国と経済倫理』教文館, 2001年。
　　　　　『地球共生社会の神学』教文館, 2015年。

＊**高橋良輔** （たかはし・りょうすけ）**第2章**

- 1974年　生まれ。
- 2006年　青山学院大学大学院国際政治経済学研究科一貫制博士課程修了。博士（国際政治学, 青山学院大学）。
- 現　在　青山学院大学地球社会共生学部教授。
- 主　著　『国際政治哲学』（共編著）ナカニシヤ出版, 2011年。
　　　　　『国際政治のモラル・アポリア』（共編著）ナカニシヤ出版, 2014年。
　　　　　『国際規範はどう実現されるか』（共著）ミネルヴァ書房, 2017年。

樺島榮一郎（かばしま・えいいちろう）**第3章**

1970年　生まれ。
2006年　東京大学大学院人文社会系研究科博士課程単位取得満期退学。修士（行政学，国際基督
　　　　教大学），修士（社会情報学，東京大学）。
現　在　青山学院大学地球社会共生学部教授。
主　著　『メディア・コンテンツ産業のコミュニケーション研究』ミネルヴァ書房，2015年。
　　　　「コンテンツ産業の段階発展理論からみる1972〜83年の北米ビデオ・ゲーム産業」
　　　　『コンテンツ文化史研究』第4号，2010年。
　　　　「インターネットと『過激化』についての考察」『青山地球社会共生論集』Vol. 1，2016年。

＊真鍋一史（まなべ・かずふみ）**第4章，あとがき**

1942年　生まれ。
1972年　慶應義塾大学大学院法学研究科博士課程満期退学。
1984年　法学博士（慶應義塾大学）。
現　在　青山学院大学名誉教授，統計数理研究所データ科学研究系客員教授。
主　著　『社会・世論調査のデータ解析』慶應義塾大学出版会，1993年。
　　　　Facet Theory and Studies of Japanese Society: From a Comparative Perspective
　　　　　Bier'sche Verlagsanstalt, Bonn, Germany, 2001.（ドイツ・ボン大学叢書）。
　　　　『国際比較調査の方法と解析』慶應義塾大学出版会，2003年。

小堀　真（こぼり・まこと）**第5章**

1977年　生まれ。
2005年　日本大学大学院文学研究科社会学専攻博士前期課程修了。修士（社会学，日本大学）。
現　在　青山学院大学地球社会共生学部准教授。
主　著　「宗教と生活意識──公明党を支持する人々の生活評価のあり方」『現代日本の階層状況
　　　　の解明──ミクロ－マクロ連結からのアプローチ　第3分冊　社会意識・ライフスタ
　　　　イル』（科学研究費補助金　基盤研究（A）研究成果報告書）（研究課題番号：
　　　　20243029）東北大学，2011年。
　　　　「宗教団体に属する人びとの社会参加──創価学会員の開放性と性差」『文京学院大学人
　　　　間学部研究紀要』文京学院大学，2013年。
　　　　「2020年東京オリンピック・パラリンピック競技大会レガシーとしてのボランティア活
　　　　動」『日本財団パラリンピック研究会紀要』第5号，日本財団パラリンピックサポー
　　　　トセンター，2016年。

菊池尚代（きくち・ひさよ）**第6章**

1963年　生まれ。
2004年　テンプル大学大学院 TESOL 修士課程修了。（M.S.Ed, Temple University）。
現　在　青山学院大学地球社会共生学部教授。
主　著　『新しい時代の英語科教育法』（共著）学文社，2019年。
　　　　"Motivational factors affecting online learning by Japanese MBA students",
　　　　　Australasian Journal of Educational Technology, 22(3), 389-415, 2006.
　　　　"Students' perceptions of online apprenticeship projects at a university", *Call
　　　　Communities & Culture : EUROCALL*, 215-220, 2016.

福島安紀子（ふくしま・あきこ）**第7章**

　1951年　生まれ。
　1997年　大阪大学大学院国際公共政策研究科博士課程修了。博士（国際公共政策，大阪大学）。
　現　在　青山学院大学地球社会共生学部教授。
　主　著　*Japanese Foreign Policy: The Emerging Logic of Multilateralism*, London, Palgrave
　　　　　　Macmillan, 1999.
　　　　　『レキシコン：アジア太平洋安全保障対話』（著・訳）日本経済評論社，2002年。
　　　　　『地球社会と共生』明石書店，2019年。

齋藤大輔（さいとう・だいすけ）**第8章**

　1976年　生まれ。
　2006年　西南学院大学大学院国際文化研究科博士後期課程満期退学。
　2012年　博士（国際文化，西南学院大学）。
　現　在　青山学院大学地球社会共生学部准教授。
　主　著　『アジアから観る，考える』（共著）ナカニシヤ出版，2008年。
　　　　　『グローバル化時代の文化・社会を学ぶ』（共著）世界思想社，2017年。
　　　　　「グローバル都市における若者文化の生産と消費に関する一考察――タイ・バンコクにお
　　　　　　ける事例研究から」西南学院大学博士論文，2012年。

橋本彩花（はしもと・さやか）**第9章**

　1983年　生まれ。
　2011年　Institute of Education, University of London. Master of Arts in Comparative Education.
　現　在　青山学院大学地球社会共生学部助教。
　　　　　Doctor of Philosophy in Comparative Education (candidate), UCL Institute of
　　　　　　Education, University College London, London, UK.
　主　著　"Why are the government stances on the education of children with a multicultural
　　　　　　background in Japan and Korea so different?" Dissertation: Master of Arts in
　　　　　　Comparative Education, Institute of Education, University of London, 2011.
　　　　　"The relationship between national and local policies and practices with regard to
　　　　　　education provision for ethnic minority children in Post-World War II Japan,"
　　　　　　Paper Submission, World Education Research Association 2019 Focal Meeting in
　　　　　　Tokyo, 2019.
　　　　　"Local Education Policies and Practices for Ethnic Minority Children in Post-War
　　　　　　Japan," Formal Paper Presentation, The 64th Annual Conference of the
　　　　　　Comparative and International Education Society in Miami, 2020.

青山学院大学総合研究所叢書

地球社会共生のためのシャローム

2020年3月31日　初版第1刷発行　　　　　　　　〈検印省略〉

定価はカバーに
表示しています

	藤 真 高	原 鍋 橋	淳 一 良	賀 史 輔
編 著 者				
発 行 者	杉	田	啓	三
印 刷 者	坂	本	喜	杏

発行所　株式
会社　ミネルヴァ書房

607-8494　京都市山科区日ノ岡堤谷町1
電話代表　(075)581-5191番
振替口座　01020-0-8076番

ⓒ藤原・真鍋・高橋ほか, 2020　冨山房インターナショナル・新生製本

ISBN 978-4-623-08984-0

Printed in Japan

西谷真規子 編著　　　　　　　　　　　　　　　　　Ａ５判・392頁
国際規範はどう実現されるか　　　　　　　　　　　本　体 6000円

内藤正典／岡野八代 編著　　　　　　　　　　　　　Ａ５判・258頁
グローバル・ジャスティス　　　　　　　　　　　　本　体 2800円

樺島榮一郎 編著　　　　　　　　　　　　　　　　　Ａ５判・332頁
メディア・コンテンツ産業の　　　　　　　　　　　本　体 5000円
コミュニケーション研究

浪田陽子／柳澤伸司／福間良明 編著　　　　　　　　Ａ５判・380頁
メディア・リテラシーの諸相　　　　　　　　　　　本　体 5500円

武者小路公秀 編著　　　　　　　　　　　　　　　　Ａ５判・328頁
人間の安全保障　　　　　　　　　　　　　　　　　本　体 3500円

広島市立大学国際学部国際社会研究会 編　　　　　　Ａ５判・258頁
多文化・共生・グローバル化　　　　　　　　　　　本　体 4500円

ミネルヴァ書房
http://www.minervashobo.co.jp/